翻译与语言认知研究丛书

口译认知理论研究

王建华　著

中国人民大学出版社

·北京·

图书在版编目（CIP）数据

口译认知理论研究/王建华著 . —北京：中国人民大学出版社，2019.9
（翻译与语言认知研究丛书）
ISBN 978-7-300-27434-8

Ⅰ. ①口… Ⅱ. ①王… Ⅲ. ①口译-研究 Ⅳ. ①H059

中国版本图书馆 CIP 数据核字（2019）第 206868 号

翻译与语言认知研究丛书
口译认知理论研究

王建华　著

Kouyi Renzhi Lilun Yanjiu

出版发行	中国人民大学出版社			
社　　址	北京中关村大街 31 号		**邮政编码**	100080
电　　话	010 - 62511242（总编室）		010 - 62511770（质管部）	
	010 - 82501766（邮购部）		010 - 62514148（门市部）	
	010 - 62515195（发行公司）		010 - 62515275（盗版举报）	
网　　址	http://www.crup.com.cn			
经　　销	新华书店			
印　　刷	天津中印联印务有限公司			
规　　格	170 mm×228 mm　16 开本		**版　　次**	2019 年 9 月第 1 版
印　　张	14.75		**印　　次**	2019 年 9 月第 1 次印刷
字　　数	247 000		**定　　价**	68.00 元

前言

　　口译理论和模型繁多，国外学者在口译理论建构方面一直处于领先地位，近年来口译研究与认知科学紧密结合，产出了不少成果，口译理论基于认知研究进行建设，无疑对于推动口译科学发展有着不可低估的作用和不可估量的前景。该书以认知科学研究为基础，对口译过程进行跨学科研究，把吉尔模型、释意理论与口译的信息理解、记忆和表达以及转换过程相结合，进行相关研究，无疑会推动口译过程研究的科学化和理论化再到实践化。

　　本人多年从事口译理论和实践教学研究，结合认知科学的学科背景对口译研究进行数据化和实证化研究，产生了一些成果，但对于指导研究生的学习来讲，如何把这些研究成果带入课堂切实指导学生学习和研究，这才是该书写作的最大动机。多年来，本人一直有出一本口译理论认知研究方面的专著的打算，无奈由于思路不完善、时间不充分，一直没有成稿。感谢我的博士生李玖、蒋新莉、张星、李静、黄婕和张茜还有硕士生王甜、王天笑、寿盼、张静茗、张玉玲、孙世浩、左欣雅、张宇超、曾兆东和刘吉利。在书稿的写作和修改过程中，学生们积极参与，一起研讨，在搜集资料和校对文稿方面都付出了很多努力；特别感谢山西师范大学青年教师肖风博士，肖老师研究专长是神经心理学，语言认知技术研究部分的 ERP 技术和 fMRI 技术的撰写得到了肖老师的不吝相助，令人感激不尽。本系列专著受到中国人民大学重大科研项目（编号：2015030227）、山西师范大学"语言认知协同创新"项目和山西省挂职副校长科研项目资助，借此一并表示感谢！

由于水平有限，书中纰漏之处在所难免，望同行不吝指正。

王建华

人大明德国际楼

目录

口译理论与模型简介

概要： 口译活动历史悠久，在跨文化交流环境中起着关键作用。然而，口译理论研究仍是一门新兴学科。实际上，口译过程相当复杂，主要包括听力、理解和表达三个部分。本节将介绍口译过程中的主要理论和实验，其中口译过程中的信息理解模型将作为重点来介绍。本节将对以下三个主要理论进行介绍：丹妮卡·塞莱斯科维奇（Danica Seleskovitch）和玛丽安·莱德雷尔（Marianne Lederer）的释意理论（即释意论）、图式理论和丹尼尔·吉尔（Daniel Gile）的口译模型（包括认知负荷模型和理解等式模型）。这三种理论都是关于口译过程研究的，它们不是静态，而是动态的。自这些理论提出以来，相关领域的学者以及理论创始人本人都对这些理论进行了大量的研究，推动了这些理论的发展。因此，本节将关注学者和相关专家在这三种理论建立后所做的研究，以追溯这三种口译理论的发展过程，尤其是口译信息理解过程。

1. 绪论

口译活动有着悠久的历史。由于来自不同国家和文化背景的人们需要相互交流，他们所建立的这种跨文化环境催生了口译。从第一次世界大战结束后的巴黎和会开始，口译成为了一种公认的职业。口译基本上可以分为三种：交替传译、同声传译和视译。在交替传译中，说话人在传递信息时会不时地停顿，以便留出足够的时间让口译员把信息连续地解释给听众。在同声传译中，说话人则不会停顿，口译员需要不断地向听众传达他们获得的信息，而且不能打断说话人。在视译中，口译员接收信息的方式与前两种口译方式有很大的不同。他们不用听译，而是需要阅读用源语言写成的信息，并通过讲话将信息传递给听众。虽然这三种口译各不相同，但它们作为口译仍然有一些共同的特点。例如，所有三种类型的口译都具有不可预知性，所有口译员都要在高压下独立工作。

西方国家对口译的理论研究始于第二次世界大战。直到 20 世纪 80 年代，一些关于口译特点和技巧的文章才公开发表[1]。口译理论研究最初主要集中在口译的结果上。丹妮卡·塞莱斯科维奇的释意理论，即释意派理论，在某种程度上是对口译过程的第一次理论研究。后来，这一领域的研究越来越多，为了进一步研究口译过程，我们也提出并应用了一些其他的理论。不同的理论对于口译过程的划分也不尽相同，但大致上都会包含听力、理解以及表达这三个过程。本节将主要关注口译过程的一部分：信息理解模型。本节将介绍三种已经建立或应用于口译过程研究的理论，并介绍这些理论的后续发展。

2. 研究现状及理论

2.1 丹妮卡·塞莱斯科维奇和玛丽安·莱德雷尔的释意理论

（1）释意理论介绍

释意理论被公认为世界上第一个系统、科学的口译理论，其理论创新令人印象深刻，对口译具有重要的指导意义[2]。20 世纪 60 年代末，巴黎一支由丹妮卡·塞莱斯科维奇和玛丽安·莱德雷尔带领的精英团队创立了释意理论，即释意派理论。释意理论建立在一系列口译实践的基础上，与传统的口译过程研究大相径庭。当时，口译研究的主流是旨在从语言层面研究口译过程的结构语言学[3]。但是，塞莱斯科维奇和莱德雷尔则认为口译是一种复杂的跨文化交流。在他们看来，语言不仅仅是机械的转换编码或简单的形而上学，而是"意义"的载体。他们认为口译侧重于说话者试图传达的隐含和明确的语言意义。因此，口译员无需过多注意语言形式或字面意义。相反，口译员应该努力打破语言形式的限制，以达到交流的真正目的，换句话说，就是要接受核心信息或者说语感。

---

① 张竹君. 吉尔模式下对口译理解的研究［D］. 上海外国语大学，2010.
② 白雅丽. 释意理论视角下的新能源讲座口译实践报告［D］. 湖南大学，2018.
③ 祝怡. 释意理论下政府记者招待会口译策略研究［D］. 北京外国语大学，2018.

丹妮卡·塞莱斯科维奇和玛丽安·莱德雷尔在《国际会议口译——语言与交际问题》（*L'interprète dans les conférences internationales*，*Problèmes de langage et de communication*）一书中提出这一观点之后，其他学者的努力也推动释意理论的发展。塞莱斯科维奇自己也尽了最大努力来完善这一理论。她曾经掌握了遗传心理学和认知语言学的知识，并利用这些知识完善了释意理论。《语言、语言记忆及交替口译笔记练习》（*Langage，langues et mémoire*，*Étude de la prise de notes en interprétation consécutive*）是她在 1975 年撰写的另一本书。1987 年晚些时候，塞莱斯科维奇与莱德雷尔合作出版了《释意理论》（*Interpréter pour traduire*）一书。1994 年，莱德雷尔在《今日翻译：释意模型》（*La traduction aujourd'hui：Le modèle interprétatif*）一书中对释意理论的理论框架和关键概念进行了总结。

（2）释意理论中的信息理解模型

在传统的口译语言学研究中，口译过程只包括两个阶段：输入和输出，即理解和表达。而"三角模型"是释意理论最重要的成就之一。塞莱斯科维奇和莱德雷尔认为口译过程可以分为三个阶段：理解、脱离源语外壳和再表达。

在这个三角模型中，"理解"是口译的第一步。塞莱斯科维奇①曾将其定义为"语言话语的听觉，它通过分析和解释的过程来传递意义、语言形象和对信息的理解"。事实证明，准确理解源语语言意义（如词汇、句法、语音等）的能力是必要的，但对译员来说这还不够。如果他们想要将所有这些片段整合到一个语境通顺有意义的表达中，就需要参考百科知识、语言知识、交际语境等②。这一过程是口译员掌握源语言和目标语言的前提，也是口译员掌握源语言和目标语言的必要条件。除了语言能力，包括情感在内的足够的认知补充③以及语言外的知识对把握语言符号下的意义起着重要作用。

这个"三角模型"的第二个过程是"脱离源语外壳"。这是一个创新的概念，指"果断抛弃措辞，保留文章的的心理表征"④。"脱离源语外壳"的过程发生在源语言所传达的信息得到存储之后，也发生在目的语意图重新表达语言背后的意

---

① Seleskovitch，D. Language and cognition［A］. Paris：Lettres Modernes Minard，1978.

② 白雅丽. 释意理论视角下的新能源讲座口译实践报告［D］. 湖南大学，2018.

③ 刘和平. 口译技巧——思维科学与口译推理教学法［M］. 北京：中国对外翻译出版公司，2001.

④ Seleskovitch，D. Language and cognition［A］. Paris：Minard Lettre Modemes，1978.

义之前。"脱离源语外壳"和"语感"是塞莱斯科维奇在意义理论中提出的最重要的概念之一。在这个过程中，口译员将作为语感载体的语言形式转换或还原为口译员脑中的思想、概念或观念，并将语感而非语感形式储存在大脑中。总之，口译员头脑中储存的信息是非语言形式的，代表了话语中的交际意义。一旦口译员不再停留在听觉感知的过程中，"脱离源语外壳"的过程将会自发、自然地进行。但是，我们应该认识到，像数字、图像、动词符号（如缩写和首字母等）之类的一些语言形式或符号将被保留下来，以引导接收者"脱离源语外壳"。

在这个"三角模型"中，第三个过程是"再表达"。尽管这与信息理解无关，但它在这个模型中起着关键作用。因此，本节仍将简要介绍一下这一过程。塞莱斯科维奇是这样描述这一过程的，"重新表达是目标语言中新话语的产生，它必须满足双重要求：首先要完整表达原始信息，其次必须面向接收者"①。在这一过程中，口译员必须用目的语向观众表达出他们脑中所保留的原始交际信息脱离源语外壳的意义。因此，很明显，口译质量将对听众对演讲者的理解产生巨大影响。事实上，这也表明了传达说话者话语意义的重要性，而不仅仅是语言信息的重要性。

因此，在释意理论中，"脱离源语外壳"和"语感"这两个最重要的概念都与口译中的信息理解相关。在这个释意理论中，口译员将要理解的信息不仅仅是语言本身，而是"语感"。这里的"语感"还包括其他信息，如语言外信息和认知补充。"脱离源语外壳"则是实现这种信息理解模式的途径。

2.2　丹尼尔·吉尔的口译模型

（1）关于丹尼尔·吉尔的认知负荷模型和理解等式模型

在口译过程的研究领域中，丹尼尔·吉尔是一位权威专家。20 世纪 90 年代，他在《口笔译译员培训的基本概念和模式》（*Basic Concepts and Models for Interpreter and Translator Training*）一书中提出了吉尔口译模型。这本书里提到了两个模型：认知负荷模型和理解等式模型。这两种模型以数学公式的形式展示了口译过程，这有助于口译员在口译实践中更有效地把有限的精力分配到不同的部分。根据他的理论，口译员的认知能力是有限的，但口译过程则是多任务同时进行的。因此，他认为口译中有三种认知负荷，包括听力（L）、产出

---

① Seleskovitch, D. Language and cognition [A] . Paris：Lettres Modernes Minard, 1978.

（P）和记忆（M）。根据吉尔的说法，三种负荷的总和无法超越译员有限的认知能力。之后，他还提出了"听力＋产出＋记忆＞容量"（L＋P＋M＞Capacity）的观点。因此，分配整体精力和保持三个方面平衡的重要性就显现出来了。

除了丹尼尔·吉尔，还有其他学者在研究类似的理论。上文中我们已经提到，精力分配是一个动态的、波动的过程，因此，如何同时完成不同的任务成为了这些专家学者面临的最大问题和挑战。在丹尼尔·吉尔之前，格尔弗①认为口译包括接收语言信息、信息存储、信息检索、信息转换和信息传递。而马萨罗②则试图建立一个模型来描述听觉信息的时间流。这一过程以声音信号开始，即说话者的信息，然后到听众的耳朵，最后这些信息在听众的脑海中转换为某种形式的心理表征，这一过程也随之结束③。1987 年，芭芭拉·莫瑟也提出了一个以马萨罗模型为基础的模型。在他的模型中，他提出口译是一项复杂的任务，这一任务不仅需要专业的认知技能，还需要译员同时进行不同类型的信息处理工作。不过，这一分支的研究内容更像是丹尼尔·吉尔的口译模型。

而在丹尼尔·吉尔之后，仍有其他研究人员和学者在对这个领域展开研究。索耶④的模型基于吉尔的认知负荷模型和克拉申的第二语言习得监控模型。在这一模型中，他描述了听、监控和说这三种注意力管理技能之间的相互作用，并解释说监控在口译过程中起着至关重要的作用。在国内，也有一些专家在做这方面的研究，其中最著名的是"汉英项目合作小组"。这个小组由林郁如和杰克·朗尼根领导。在丹尼尔·吉尔模型的基础上，他们提出了可以适用于口译教学的"口译技能模型"。除此之外，仲伟合⑤在前两个模型的基础上提出了"口译员知识结构等式"模型。该模型表明，语言知识、百科知识和口译技能是口译员应具备的必要知识。另外，人们也对吉尔模型在口译实践中的应用展开了其他研究，其中许多研究都是由 MTI 领域的学者和学生完成的。学者们主要分析了两个问

① Gerver，D. Empirical studies of simultaneous interpretation：a review and a model ［A］. In R. W. Brislin（ed.）. Translation：Applications and Research ［C］. New York：Gardner Press，1976：78 - 112.

② Massaro D. W. An information-processing model of understanding speech ［J］. 1978.

③ 洪云霜. 吉尔口译模型下交替传译中精力分配失衡应对策略实践报告 ［D］. 西安外国语大学，2018.

④ Sawyer，D. B. Monitoring process in conference interpreting：towards a model for interpreter trainees. Meta 39，1994，3：433 - 438.

⑤ 仲伟合. 口译训练：模式、内容、方法 ［J］. 中国翻译，2001，22（2）：30 - 33.

题：一是笔记和听力理解之间的精力分配矛盾，二是数字口译。这些研究都试图在吉尔口译模型的基础上找到一些解决方案。

（2）丹尼尔·吉尔口译模型中的信息理解模型

吉尔的口译模型实际上有两种，认知负荷模型和理解等式模型，分别适用于同声传译和交替传译。理解等式模型将更接近于信息理解模型。但本节也将对认知负荷模型进行简要介绍。

认知负荷模型源于吉尔[1]提出的两个观点，"首先，口译需要某种精神上的'能量'，这种能量是有限的；第二，口译几乎占据了所有的精神能量，有时其需要的能量甚至多于可用的能量，这时口译表现就会大打折扣"。因此，在他看来，口译主要需要三个方面的精力：听力和分析的精力、言语输出的精力和短时记忆的精力。

在同声传译模式中：SI＝L＋M＋P＋C。（"C"指协调精力）

在交替传译模式中，这些阶段分为两部分：

第一阶段：CI＝L＋N＋M＋C（"N"指记笔记）

第二阶段：CI＝Rem＋Read＋P（"Read"指笔记阅读）

丹尼尔·吉尔提出了理解等式模型来说明影响理解过程的因素。其数学公式是：

C＝KL＋EKL＋A

C＝理解

KL＝语言知识

EKL＝语言外知识

A＝深入分析

"语言知识"是指口译人员对某一语言的掌握程度，以及对该语言和其他一些字母符号所传达的信息进行表达或接受的能力。"语言知识"包括单词、句子、语义以及对话语的处理[2]。总之，口译员应该能够用这种特定语言进行交流。"语言外知识"将包括三个部分：百科知识、专业知识以及背景知识。"深入分析"是指口译员在不同的场合，结合上述两种语言的其他综合知识体系，对信息

---

[1]　Daniel Gile. Basic concepts and models for interpreter and translator training [M]. Amsterdam & Philadelphia：John Bejamins Publishing Company，1995.

[2]　张竹君. 吉尔模式下对口译理解的研究 [D]. 上海外国语大学，2010.

进行分析的能力。

在这个关于"理解等式"的数学公式中，我们还必须注意"等号"和"加号"。等号实际上是指语言知识、语言外知识以及深入分析之间相互作用的结果，而不是"对等"的意思。"加号"表示"交互加法"，而不是算术加法。因此，理解等式模型只是揭示了语言知识与语言外知识之间的联系。吉尔曾经提到"两者中任何一个的增加都会有助于优化理解。如果口译员在其中一个方面很弱，那么就可以在另一方面进行弥补"。

2.3　图式理论

（1）图式理论介绍

"图式"的概念出现在德国学者、心理学家伊曼纽尔·康德的著作《批判与纯粹理性》中。康德认为，新思想、新概念和新思维的学习必须建立在以前的研究基础上。他还指出，人类的认知过程不是独立的，相反，它在人脑中是相关联的。因此，他试图建立一个结构性的"图式"来解释他的思想。当时，他运用自己的概念从心理学的角度来分析理解的过程。虽然这一概念并不是为了研究口译过程而提出的，但它所研究的领域为以后的口译过程研究提供了大量的参考信息。在他之后，其他学者也对此进行了大量的研究，进一步发展了对"图式"的理解。例如，鲁梅尔哈特①认为图式是"一个有组织的知识体，一个代表某个刺激领域的某个部分的心理结构"；霍华德自己将图式定义为"从经验中抽象出的一种表现"；尤尔②称图式是"记忆中预先存在的知识结构"；曾与尤尔合作过的布朗③将图式视为"描述世界知识在人类记忆中是如何进行组织，以及在话语理解过程中是如何进行激活的比喻"。虽然"图式"有很多定义，但其核心内容是相同的：当我们试图获得新知识时，图式可以被视为背景知识或过去经验的抽象，它作为一个框架或心理结构，为我们理解新信息提供了基础。

因此，图式理论是建立在这样一个前提之上的，即每个人以前对世界的认识和他所研究的事物都会影响到他在当前学习过程中的每一个理解行为。换句话

---

① Widdowson, H. G. Aspects of language teaching [M]. Oxford: Oxford University Press, 1987: 264.

② Yule, G. Pragmatics [M]. Oxford: Oxford University Press, 1996.

③ Brown G, Yule G. Discourse analysis: Coherence in the interpretation of discourse [M]. Cambridge: Cambridge University Press, 1983.

说，当我们试图理解新的信息、知识等东西时，学习的过程将受到我们已知东西的强烈影响，它在某种程度上是作为一个框架，而我们将要学习的新知识或信息必须与之相适应。

后来，图式理论在巴特利特的《记忆：实验和社会心理学研究》（*Remembering：A Study in Experimental and Social Psychology*）一书中被首次正式提出。巴特利特将其描述为"过去反应或经历的积极组织"。① 他的意思是，记忆不仅仅是一个死记硬背或复制的过程，相反在这个过程中，我们保留了一个事件的总体要点，然后从这个总体印象中重建细节。② 在巴特利特看来，图式是构成和组织背景知识的基本单位，而这种先验知识是人们感知、理解或记忆新事物的基础。此外，他的实验还表明，当人们所遇到的新信息与他们通常的理解不同时，就会很难将新信息融入现有的"图式"。这最终将导致既不能记住新知识，也不能应用它来构建自己的心理图式。直到新信息和先验知识之间的关系形成，它才会被心理图式所接受。巴特利特对图式理论做出了巨大贡献。温和斯奈德③曾经说过，"从巴特利特时代起，图式理论的发展主要得益于对阅读理解的研究。最强有力的证据正是来自这一研究领域，证明了图式在口译测试中的决定性作用。"

巴特利特之后，图式理论取得了很大的进步，直到人工智能的发展。从 20世纪 70 年代开始，一些在人工智能领域工作的学者开始对这一理论产生兴趣。例如，卡雷尔④相信人脑中现有的图式对他们理解新信息和未知世界会产生积极影响；鲁梅尔哈特也对这一理论做出了贡献，他曾经说过，"图式理论基本上是一种关于知识的理论，一种关于知识是如何被表达，以及这种表达如何以特定的方式利用知识的理论。"⑤；贝尔⑥指出，"图式是将新经验和旧知识联系起来的关

① Bartlett S F C. Remembering：A study in experimental and social psychology [J]. British journal of educational psychology, 2011, 3 (2)：187-192.

② Carroll D. W. Psychology of language [M]. Monterey Calif：Brooks Cole Pub. Co., 2012.

③ Barley C D, Winn C B. Optimal dispatch strategy in remote hybrid power systems [J]. Solar Energy, 1996, 58 (4-6)：165-179.

④ Carrell P. L., Eisterhold J. C. Schema theory and ESL reading pedagogy [J]. Tesol Quarterly, 1983, 17 (4)：553-573.

⑤ Caroline, Clapham. The development of IELTS：A study of the effect of background on reading comprehension [M] // The development of IELTS：a study of the effect of background knowledge on reading comprehension. Cambridge：Cambridge University Press, 1996.

⑥ Bell, R. T. Translation and translation：Theory and practice [M]. Beijing：Foreign Language Teaching and Research Press, 2001.

键，它揭示了人们对重复事件的知识，在这些事件中，意义通过依赖网络相互关联，这是在多样性中发现相似性的基本技能"。后来，菲尔莫和明斯基①提出的"框架理论"是图式理论的一个主要分支，这一理论认为知识是以数据结构的形式储存在记忆中的；而舍克和艾贝尔森②提出的"脚本理论"则是图式理论的另一个主要分支，他们认为外部刺激是人类在遇到新信息时激活对世界认识的关键。

后来，图式理论被应用于阅读理解、听力理解和第二语言或新语言学习，特别是口语学习等领域中。在这些应用中，人们开始意识到理解人脑中新信息、概念或想法的过程是通过激活人脑中的相关图式来实现的。图式是学习语言的关键因素这一观点促进了图式理论在口译中的应用。例如，康立新③为了将"图式"应用于口译过程中，着重研究了文化图式、语言图式和形式图式，赵颖和杨俊峰④试图拓展口译员的能力形成策略，并将其分为语言、知识、技术和职业素质四大类。

(2) 图式理论中的信息理解模型

本部分在介绍图式理论之后，将着重介绍图式理论在口译过程中的应用，尤其是在"信息理解"过程中的应用。

图式主要分为三种：语言图式、内容图式和形式图式。语言图式指语言的背景知识；内容图式指的是关于内容的背景信息；形式图式指的是关于文本结构和图形语言的背景知识。这三种图式在信息理解中起着关键作用⑤：它们提供了吸收信息的心理框架；在吸收新信息时，它们在分配注意力方面发挥着重要作用，通过向接收者提供一些有用的先验信息来帮助他们理解输入的信息。

根据图式理论，在口译过程中有两种信息理解模式：第一种是"自上而下"的信息理解模式，第二种是"自下而上"的信息理解模式。其指导原则是，每个

---

① Minsky M L. Semantic information processing [M]. Semantic information processing. 1968.

② Schank R C, Abelson R P. Scripts, plans, and knowledge [C]. International joint conference on artificial intelligence. 1975.

③ 康立新. 国内图式理论研究综述 [J]. 河南社会科学, 2011, 19 (4)：180 - 182.

④ 赵颖, 杨俊峰. 从图式理论谈商务英语口译能力的培养 [J]. 中国翻译, 2014 (3)：49 - 52.

⑤ 王建华. 口译认知研究 [M]. 北京：外文出版社, 2015.

输入都映射到一些现有的模式，并且该模式的所有方面都必须与输入信息兼容。[①]

在"自下而上"的信息理解模式中，输入的数据将唤起心理图式。卡雷尔[②]曾经说过，"数据的特征通过最合适的底层图式进入系统。图式是分层组织的，从最一般的顶部到最具体的底部。当这些底层模式汇聚到更高的层次时，更通用的模式将被激活。因此，自下而上的处理被称为数据驱动。"因此，据说在这种"自下而上"的信息理解过程中，最低层次的信息或数据将首先得到处理，最高层次的数据和信息则紧随其后。更重要的是，较高层次的数据和信息事实上是一个人大脑中的背景信息，不会影响低层信息的处理过程。例如，在"自下而上"的过程中，当一个人在听一个单词时，他之前对相关信息的了解将不起作用，如大脑中的一些相关单词、对该单词会产生影响的语法或内容等。但不可忽视的是，这样一个"数据驱动"的过程也会唤起更高层次的图式，包括词汇、句法、意义以及大脑中的其他语言外符号，如情感、签名、表达等。

在"自上而下"的信息理解模式中，情况正好相反。更高层次的一般图式将为人类大脑的心理系统做出一般预测提供依据。之后，在这种预测下，心理系统将对输入的信息进行研究，并接受符合这些高阶图式的信息。因此，卡雷尔也称之为"概念驱动"。所以，"自上而下"的信息理解模式与我们上面提到的"自下而上"的过程大相径庭。当接收者进行"自上而下"的处理过程时，他试图用他以前所知道的东西来理解外部信息，比如他对社会和文化环境的理解、对他要解释的主题的了解，以及有时对说话者的了解。在这个过程中，接收者也会使用他的背景信息来消除不必要的或模糊的信息，从而帮助构建符合逻辑且有意义的句子。桂诗春[③]曾经说过，"较高层次的常识将对较低层次的语言知识的感知产生决定性的影响。"

如上所述，"自上而下"的过程更多地关注口译员的文化背景知识或与主题相关的信息，而"自下而上"的过程更多地关注语言知识。但是我们应该知道的是，"自下而上"的信息理解模式和"自上而下"的信息理解模式并不是彼此分离的。相反，两者都会影响口译员对信息的理解，而且彼此关系密切，相互影响。一方面，如果一位精通源语言的口译员对社会和文化背景知之甚少，他就不

①　Carrell, P. L., Eisterhold, J. C.. (1983). Schema theory and ESL reading pedagogy. Tesol Quarterly, 17 (4): 553 - 573.

②　ibid.

③　桂诗春. 认知和语言 [J]. 外语教学与研究, 1991 (3): 3 - 9.

能完全理解语言传递的信息；而如果一位口译员知道很多语言背后的文化和历史知识，却不能很好地掌握语言本身，那么他仍然不能完全理解语言。另一方面，这两种心理过程无时无刻不在人脑中相互影响。王湘玲①曾指出，外部环境中的语言或语言外信息将激活"自下而上"的过程，在此过程中，口译员将尝试分析语音、词汇和句法。但这并不是唯一的一个过程，与此同时，"自上而下"的过程将被唤起，大脑中更高层次的图式或背景知识将准备好指导第一个过程。

（3）方法

这一部分将简要介绍六种常用的口译研究方法。②

第一，实验总结法。这是早期口译研究中常用的基本方法。它是指口译员在某种工作中的经验总结。

第二，推测归纳法。该方法以实验总结法为基础，但比前者更普遍。它倾向于找出更深层次的口译规律，而不是专注于对某些口译技巧的总结。

第三，内省法。这种方法来自心理学领域。使用这种方法时，口译员会有意识地注意自己在特定口译场合下的行为。随后，他会试图分析他在自己身体上和头脑中发现的现象。

第四，现场观察法。当口译研究人员使用这种方法时，他们会观察别人的行为，试图分析和总结，而不是专注于自己的身心。

第五，调查法。指寻找某些数据或信息，例如，对口译员进行随机调查或问卷调查。

第六，实验法。这里的实验通常处于一定的控制或条件下，以证明所提出的假设或观点。

（4）研究趋势与总结

尽管人们对口译过程已经进行了相当长时间的理论研究，学者们也取得了一定的成果，但口译理论领域仍然存在大量的问题。未来，这一领域的理论研究将不断推进，并呈现出新的趋势：首先，学者们已经尝试从认知科学、心理语言学、神经语言学等学科的角度研究口译过程，这一理论研究的跨学科特点将得到

---

① 王湘玲．口译认知过程中信息处理模型的图式诠释．湖南大学学报（社会科学版），2011，25（5）：107－110.

② 鲍刚．口译程序中的语义问题［J］．北京第二外国语学院学报，1998（4）：104－111.

加强。其次，在将来，学者们将更多地关注口译的过程，而不是口译的结果。许钧①曾经说过，"口译研究分为两种：一是静态研究，指口译的结果研究；二是动态研究，即口译的过程研究。"国内口译领域的著名学者刘和平②认为，"口译的动态研究最终会上升到理论层面"。所有这些都表明，在未来，学者们将更加关注口译过程。最后，中西方国家在口译过程研究领域的合作将更加频繁。

　　本节表明，许多研究都是针对口译过程的研究（如口译中的信息理解过程），并且已经建立或应用了一些理论来进行研究。然而，人们还没有完全理解口译过程，因此，未来仍有一些模糊和未被发现的领域有待探索。

①　许钧. 关于翻译理论研究的几点看法［J］. 中国翻译, 1997 (3)：5-8.

②　刘和平. 口译理论与教学研究现状及展望［J］. 中国翻译, 2001 (2)：17-18.

第一章 释意理论

第一节 释意理论概述

1. 绪论

    口译是一种基本的口头翻译形式。口译作为一门相对年轻的学科，是从笔译发展而来的，成为了促进全球交往和思想交流的重要桥梁。丹妮卡·塞莱斯科维奇（Danica Seleskovitch）和玛丽安·莱德雷尔（Marianne Lederer）等教授所分享的理论概念为巴黎高翻学院的口译理论奠定了基础，后来这些概念也得到了巴黎高翻学院教学人员的采用。因此，释意理论也被称为"巴黎学派"，主要研究20世纪60年代诞生的口译和非文学文本的理论和教学。

    释意理论有时被称为"释意法"或"释意论"。法国学派认为口译是理解单词、并复述目的语的意思。丹妮卡·塞莱斯科维奇在她提出的释意理论中简要地说，口译员掌握了一种语言超出单词之外的感觉，并用这种语言中的非单词或者其他语言对这种感觉进行包装。因此，她很好地解决了逐字翻译以及话语的确切含义或意义究竟是什么的问题。这种重新表达是通过符号学指导符号在源语的意义上进行的，并辅以口译员自身的理解。从理论上讲，口译过程需要准确掌握源语言和目的语，熟悉相关问题和执行工作的确切方法——口译。

根据释意理论，口译过程包含三个阶段：一、理解；二、脱离源语外壳（去掉作为意义载体的词句子，保留没有语言支持的意义）；三、重新表达；其中脱离源语外壳是三个阶段的核心。正如豪尔赫·路易斯·博尔赫斯所言，语言的功能就像一个游戏，有着有限的元素和规则。尽管字母表中的字母数量众多，还包括其他诸如重音、分音符之类的符号，但在这里这些元素并不是很多，包括字母、空格、标点等。语言不仅仅像通常的结构一样，被看作是一套静态的工具和规则。除此之外，我们还可以看到横向的通用语义法，这是一个动态的、永久变化的且富有创造性的过程。如上所述，口译和连接两种不同语言的过程应该是创造性的，也应该是不断变化的。它不是一个单词，或者一个音素、语法结构构成句子。它将通过整个互动和交流来完成语际沟通。在口译时，要始终记住你的目的是传达意思。与所有的语言结构（如短语和语义单位）纠缠在一起可能并不明智。语言结构仅仅是符号学标志，它对交流方法而不是交流方法本身起到指导作用。释意理论更多的是关于翻译过程中的意义传递，而不是语言学。丹妮卡·塞莱斯科维奇认为，口译属于以消除歧义和改写为目的的交流①。她强调，在翻译过程中传递的信息不是语言的外壳，而是语言所表达的意义。塞莱斯科维奇和莱德雷尔都认为，在实际对话中，人们感兴趣的是想法、信息和意义，而不是句子本身。翻译不仅仅是代码转换，而是通过解释来传递意义。由此可见，释意理论是口译研究中最有影响力、意义最重大的理论之一。

"不要翻译说话者说的话，而要翻译他的意思"是口译的公理之一。当学生们第一次接触口译时，他们首先需要记住这句话。"忘掉说话者说的话，想想他的意思"。这是一支强而有效的强心剂。一旦学生们停止逐字逐句地翻译，而是把注意力集中在意思上，他们总会给出一个更好的版本。那些刚开始翻译的人通常太在意他们听到的单词和他们想要使用的单词。他们常常觉得自己处于语法纳粹分子或强大的双语警察的放大镜下，后者会严格按照规则和条款开出罚单。因此，他们总是如履薄冰，翻译一些与说话者无关的套话。所以，他们可以花更多的精力去找出说话者的动机、意图和目标。释意理论具有不可否认的语用价值，值得在实践中进行广泛应用。

---

① Seleskovitch, Danica. Langage, langues et mémoire: Étude de la prise de notes en interprétation consécutive. Paris: Lettres Modernes Minard, 1975.

2. 已有研究

从历史上看，口译比笔译更少被提及。人们普遍认为，通晓两种语言的人一定会做口译。因此，长期以来，口译实践一直是非正式的。如果来自两种不同文化的人想要交流，他们可能会求助于一位对另一种语言有基本知识的人；他们可以用手势来表达自己。在这种情况下，早期的口译并不专业，没有任何技巧或指导理论。翻译研究的理论启示始于 20 世纪初。西方口译研究经历了以下四个阶段：早期研究阶段（20 世纪 50—60 年代），这一阶段以实证思维和口译经验为基础；实验心理学阶段（20 世纪 60—70 年代），一些心理学家和语言学家在心理学和心理语言学的框架内对认知口译问题展开了研究；口译从业者阶段（20世纪 70—80 年代），口译从业者们从事口译研究和教学；复兴时期（20 世纪 80年代末至今），科学实证研究再次回到人们的视野中，进而出现了跨学科转向①。

1968 年，法国著名翻译家丹妮卡·塞莱斯科维奇出版了《国际会议口译——语言与交际问题》（*L'interprète dans les conférences internationales*, *problème de langue et de communication*）一书，这部作品是释意理论研究领域中的奠基之作。在接下来的十年里，塞莱斯科维奇教授和巴黎学派的其他成员一起建立了一套口译理论规则和系统，也就是释意理论。L'École supérieure d'interprètes et de traducteurs（ESIT），又称巴黎翻译学院，已成为口译研究的重要组成部分。1984 年，塞莱斯科维奇和莱德雷尔共同撰写了《释意理论》（*Interpréter pour traduire*, Didier Erudition），标志着释意理论的确立。20 世纪 80 年代，释意理论领域的研究取得了重大进展，相关学术著作不断涌现，口译理论的应用范围从口头交际扩展到了书面文本。研究者检验了释意理论作为一般翻译理论的有效性，并运用其他学科学术成果对其进行了改进。1994 年，莱德雷尔教授的《释意学派口笔译理论》（*La Traduction aujourd'hui*: *le modèle interprétatif*）标志着阐释理论的成熟。保罗·里科尔（Paul Ricoeur）在其著作《释意理论：话语与意义的剩余》（*Interpretation Theory*: *Discourse and the Surplus of Meaning*）中指出，给定的文本与情境是分离的，因此在某种程度上，

---

① 肖小燕．西方口译研究：历史与现状的批判性分析［J］．外语学报，2002（4）：71-76.

唯一可能的解释可能起源于现代语境和读者的社会位置[①]。

在中国，自改革开放以来，国际会议越来越多，与外国人交流的机会也越来越多。因此，口译作为不同文化之间的桥梁，呈现出蓬勃发展的态势。于是，随着西方口译理论的引进，我国口译培训已走向规范化、专业化。在大学里，口译课程的开设激发了学生成为专业口译员的极大兴趣。

释意理论于 20 世纪 80 年代传入中国，但直到 20 世纪末才系统地为人所知。该理论已成为中国口译理论研究和教学应用的基础。中国学者正在用自己的方法进行实验和探索。从 ESIT 毕业后，鲍刚、刘和平和蔡小洪以自己的方式和视角对这一理论进行了阐释和深化。在语言学、心理语言学和认知心理学的理论基础支持下，蔡小红以跨学科的方式和实证的方法发展了交替传译模型、认知负荷模型和口译能力模式[②]。

鲍刚通过对理解、脱离源语外壳和再表达的模式研究，特别是对脱离源语外壳的研究，证明了释意理论的科学性[③]。他把释意理论看作是有心理语言学作为补充的参考翻译指南，并回答了"口译会经历哪些阶段？从翻译中可以获得什么样的技能？口译员的智慧在口语翻译中是如何得到发挥的？"等问题。王建华将翻译与心理学相结合，系统地介绍了翻译理论的发展、前景和方法。[④] 刘和平继承、深化了释意理论和口译教学方法[⑤]。在他的《口译技巧：口译教学方法》一书中，他探索了口译逻辑的动态规律，提出了翻译技巧，并在此基础上发展了一套分析教学法——理性教学法。

3. 脱离源语外壳的过程

释意理论认为，口语翻译不是线性的，而是三角形的，它由三部分组成：理解；脱离源语外壳；重新表达。塞莱斯科维奇用"葡萄干面包"的比喻解释了对应和对等的概念。如果原文是制作葡萄干面包所需的各种原料的话，那么译员就是负责揉面的面包师。葡萄干可以找到对应的部分；形式是保持不变的。而剩下

---

①　Paul Ricoeur. Interpretation theory：Discourse and the surplus of meaning，TCU Press，January 1976：107.

②　蔡小红. 跨学科视角下的口译研究. 中国翻译杂志，2001，22（2）.

③　鲍刚. 口译研究. 北京：中国翻译出版公司，2005.

④　王建华. 英汉口译记忆的认知心理学研究. 北京：外文出版社，2009：61-116.

⑤　刘和平. 口译技巧：口译教学方法. 北京：中国对外翻译出版公司，2001.

的由面粉、糖、盐和酵母所制成的面团，都被揉合在一起，再也不能彼此分离。然而，他们都被包裹在面团中。混合的面团可以被理解为对等的部分①。下图解释了对应项和对等项之间的关系②。

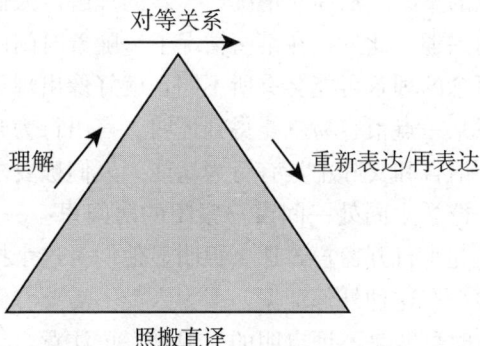

从图中可以清楚地看到，如果存在对应关系，口译员将直接从理解切换到重新表达。如果没有，则使用迂回策略。这就是脱离源语外壳发挥作用的地方。它表明口译不仅仅是解码源文本并重新编码成目的语。口译员所理解的意义、概念或内涵应该脱离具体语言情况，变得独立于语言。由于文化和语言的差异，口译员不能保证每次能都在源语和译语之间找到完美的对应关系。因此，如果给口译员足够的空间来解开形式上的桎梏，更多地关注口译本身，就会为他们减轻许多负担。

4. 理解

人类不仅依靠智慧和头脑来理解事物，还要依靠内心、情感、身体和本能。一个温暖的微笑，人们就能明白有人需要帮助；一个令人同情的颤抖，人们就能明白有人需要加一件外套；人们也可能在某个时候已经理解了"危险"，并发展成为一系列自发的反应，从而挽救了一个人的生命。这条捷径绕过了人们用来理智解决问题的正常逻辑路径。理解似乎也可以分为不同的程度：有时是驱使人们

---

① Seleskovitch, Danica. Langage，langues et mémoire：Étude de la prise de notes en interprétation consécutive. Paris：Lettres Modernes Minard，1975.

② Antin Fougner Rydning：*TAPs（Think-aloud-protocols）-A useful method in throwing light on the translation process*. www. duo. uio. no/roman/Art/RF11/Rydning. doc 2000 年 4 月 28 日至 30 日在曼彻斯特举行的翻译研究模型研究会议上，首次提出了该论文的口头版本。

采取行动的动物本能；通常情况下，情绪和理性的头脑处于主导地位。

　　事实上，理解的一个惊人特征是认知能力超出想象，甚至有一种理解是基于手头的数据集形成的。一旦添加了一个新的成分或从另一个角度审视现有的成分，就可能导致信息的重组，从而对情况产生新的理解。人们似乎对这种信息的重新排序有着无限的兴趣。此外，在某些情况下，随着时间的推移，同一个人对看似相同的情况或概念的理解可能会有所不同，就好像出现了新的配置一样。

　　人们是否理解了某一点很容易就能得到证明。言语行为开始发挥作用。言语行为理论认为话语在语言和交际中具有行为功能。人们被要求做某事，而他或她也这样做了。假设一群学生同处一间窗户紧闭的房间里。一旦发出"打开窗户"的命令，如果他们站起来打开窗户，那么很明显他们对这个指令是完全理解的。

　　然而，我们通常没有这种外部证据，因为人类不需要"做"任何事来理解一个故事。情绪反应有时可能是不证自明的。但是，请注意，行为对等不足以证明理解，听话的计算机和机器人就是很好的例子。

　　要理解文章或单词，首先要弄清楚意义和事物的区别。口译员在犹豫不决、反复试验、失败、修改和调整的过程中，翻译的定义也会有所不同。他们仍然没有理解翻译的本质；其本质就是关于将符号转化为意义。口译能最大限度地反映这一认知特征。当谈话结束时，声音会消失，而概念和意义则会保留下来。口译研究的工作之所以更为艰巨，是因为文字附着在载体上，即转瞬即逝的声波，这限制了感性材料的研究样本①。口译不仅仅是逐字排列单词，口译背后的信息应该是双向的：字面意义和认知补充。

　　符号学标志转化为概念，文本意义转化为意义。然而，口译员所处理的东西呈现出来的是具体的对象，而不是抽象的概念。概念以一个名称收集所有个体共有的特性，而不考虑它们不共享的其他特性。一个例子是"马"的概念。一般来说，一匹马只能被拆解为头、躯干、四肢和尾巴；具体来说，马还有其他构素，如年龄、血统、体重、性情和健康状况。在实际的文本语境中，"马"这一简单的概念获得了更加丰富的形象，比如电影《教父》中血淋淋的马头，或者生日派对上可爱的小马，赌徒靠运气赢得的种马，甚至是气喘吁吁载着你游览历史古迹的老马。

　　意义比概念更丰富，因此更容易在话语中传达。语感以个体的认知补充为基

---

　　① 蒲艳春. 从释意理论的发展看我国的口译研究 [J]. 莱阳农学院学报（社会科学版），2004，16（4）：4.

础。这是高度个人化的现象，一个人语感的深度和广度与他个人的经历和对世界的不同认知有着很大关系。

然而，无论所指是什么意思，在对话中，双方都有很多重叠，这是成功沟通的基础。口译员在这些重叠部分中充当调解人。参考文献、对过去经验的综合或人们所说的"共享文化"都很重要。理解是一个动态的内部联结过程，会在不同的层次建立关系并持续进行综合。当理解一首诗、一件事时，我们就能和他人一样建立一种与内在自我和外在自我的固有关系。内部世界和外部世界因此被连接在一起，从而出现了交流。此外，一些非会话符号也非常重要，不可忽视。根据一个人的面色或肤质的细微变化，如突然的脸红或喘息，难以察觉的睫毛飘动等，我们可以获得很多生动的细节。理性让我们可以追踪思维，将大块的思想彼此连接，将 x 和 y 彼此对照。一些自然的非线性过程会产生瞬时的快速联系和令人兴奋的语义跳跃。

毕竟，理解是最基本的操作；没有理解就做不到传递意义，口译也很难摆脱逐字逐句翻译的混乱无序状况。

5. 通过对应和对等脱离源语外壳

要完全理解原文的章节等，就意味着要脱离源语言外壳，使口译员能在不受源语言影响的情况下找到正确的表达方式，这是做好翻译工作的关键。语感的洞察力由两项口译活动组成：将图形符号转化为概念，以及添加认知补充。而在实际中，这两项活动合二为一。在这种情况下，口译员往往会将图形符号译为具有延展性的语串或语块，而图形符号在谈话后甚至在谈话期间就已经被遗忘了，整个过程被称为"脱离源语外壳"。

脱离源语外壳在口译中几乎无处不在，尤其是在交替传译中。当语音链结束时，一个深思熟虑的口译员会提取到其中的含意，并向谈话的另一方传递非语言信息。当然，如果在书面文本中，这一点就不那么明显了。话语中的图形符号像书面文本一样，要求口译员寻找合适的措辞来进行对应。因此，整个口译过程需要译员付出巨大的努力。脱离源语外壳是口译员理解发言人的一种表达形式。

这些话一旦说出口，就会被抛到脑后。我们能记住的仅仅是讲话的总体框架，而不是具体的单词或短语。根据释意理论，在对话结束时，口译员大脑中保存的感觉或意义不是语言层面上的。通常，大多数人不能过耳不忘；这里不包括那些有听觉天赋的人。那么对于那些口译从业者来说，如何存储源语内容并将其翻译成另一种语言呢？事实上要归功于语感。他们将源语言脱离源语外壳，并将这种感觉保留在大脑中。人们一旦获取到原始信息，就会忘记语言形式。口译员可以依赖的是语感，也就是对话的实际意义。与源语外壳的背离是可以认知的。在它消失之前，语感将作为一种不可感知的知识保存在大脑中。莱德雷尔认为，不管这段时间有多短，进入存储的知识都属于认知记忆。

在口译中，意义的理解高度依赖于口译员的认知补充。塞莱斯科维奇教授研究了语言歧义和一词多义的问题，她把注意力转移到了语言、情景或认知语境中整个语篇的意义上，而不是孤立地浏览百科全书式的词典。翻译的释意理论对明确性、明喻等表达意义和隐喻等非言语意图意义之间的区别进行了明确的阐释。释意理论指出，鉴于对话双方的背景知识和对世界的理解将会聚集和重叠，这样一来，发言的一方就不会把他或她希望对方获取的一切信息都说清楚；相反，说话者只努力传递对方理解的信息。此外，说话者通常会省略一些信息，并使用一些特定的、部分的特征来替代整个想要传递的意思。以下面的例子为例：人们经常用滚轮来指代行驶中的汽车。塞莱斯科维奇教授通过另一个稍微复杂的例子说明了她的观点：为了表达同样的意思，有些人会说"把门闩上"，有些人可能会说"把门闩上，否则猫会进来"这样的话，而另外一些人会说得更具体，比如"把门闩上，以防猫进来，因为我讨厌把沙发弄得一团糟"①。因此，在语篇中来回转换的意义既可以包含显性意义，也可以包含表达意义和隐含意义，还可以包含未说出口的言外之意。前者直截了当的风格避免了散漫和语义流失，比较明确；后者可以尽可能地把隐含的意思一五一十地表达出来，这样观众就能立马领会其中的含义。正如莱德雷尔教授所说的那样，"对意义的完全理解取决于说话者和听话者／解释者之间共享的知识，因为没有共享的知识，意义就不会自动产生。"② 正是从特定的情景语境中推断出的说话者意图的隐含意义，才是口译员需要去脱离源语外壳和表达的。口译员必须通过他或她的认知输入或认知补充来解释说话者言语符号中所表达的语言意义，从而获得话语的全部意义。

认知补充取决于口译员的认知知识，即认知包和认知语境元。补充的内容包

---

① Danica Seleskovitch. A systematic approach to teaching interpreting. Pairs：Didier Erudition，1995.

② Marianne Lederer. How the explicit/implicit bifurcation of meaning impacts on translation. Chinese Translators Journal，2005：33 - 36.

括世界知识/百科知识和上下文知识；前者包括语言知识和非语言知识，后者包括主题知识和其他一般知识。在特殊情况下，口译员需要运用自己的语境知识。意义的理解要依靠口译员的语言知识、主题知识、百科知识和特定的情景语境。当交谈的新信息与相关知识相结合时，就会产生理解。

读者或听众不仅依靠他或她的语言知识来解释符号，还依赖于他们的职业水平和背景知识。在信息爆炸时代，文化符号和图形载体随处可见。以房地产广告为例。在中国任何一个城市，无论规模大小，巨大的广告板上都印着耸人听闻的标语，比如"俯瞰香榭丽舍大街"或者"你视野中的凯旋门"。这些广告是带有法国文化的中国广告。他们要求受众对法国社会有基本的了解，或者某种会被视为刻板印象的东西，才能理解这些设计者想要干什么。换句话说，语法处理字面意义，而为了全面了解上下文，相关的背景知识才是重点。在上面的场景中，香榭丽舍大街和凯旋门是法国的象征和地标。优雅、精致、浪漫和品位将使人们更准确地联想到法国或巴黎，文案的目的不言自明。

翻译工作者将语言知识以及自己对世界的理解编译成符号，从而完成了整个翻译系统。翻译的目的是传达意义。这个世界或某些领域的相关知识，换句话说就是认知补充，是与语言无关的。

6. 脱离源语外壳以重新表达

自从弗迪南·德·索绪尔（Ferdinand de Saussure）的开创性著作《普通语言学教程》(*Cours de Linguistique Générale* (*Course on General Linguistics*)) 问世以来，人们普遍认为将一连串声音与一个物体联系起来的是一种符号，两者之间的联系是任意的[①]。释意理论认为，翻译的第三阶段是重新措辞或重新表达，即寻找合适的目的语组合或图形符号来表达源语言的原始意义。完美的对等不应该在语法上实现，而应该在语义上实现。一个好的重新措辞或重新表达之所以可以被称为好的，是因为其输出的翻译具有源语言的语义习惯和用法。

话语由两部分组成：明显的图形符号和神秘的认知补充。从释意理论的角度来看，语言不仅仅是换位，而且并非完全可译。需要翻译的是由对话激活的感觉群和在对话过程中随时补充的相关知识。在交替传译中，口译员在听完一种语言

---

① Ferdinand de Saussure. Cours de Linguistique Générale, Edited by Charles Bally and Albert Seche-haye. Edicion critique prepare par Tulio de Mauro. Paris：Bayot，1974.

的整篇文章后，用另一种语言再现原文。口译员不保留原文，只记录对话的要点；相应地，口译最后阶段的再现更多的是一种"叙述"而非"重复"。这一步骤并不简单。放弃一个众所周知的结构，允许其去结构化往往会引发恐惧；迈出这一步需要勇气。

话语信息的显性部分被称为提喻，语言不仅在词汇和语法上有所不同，在母语人士表达思想的方式和方法上也不尽一致。言语和文本都是提喻；想要被理解的译者几乎不能用不同语言的相同提喻来表达相同的意思。他们必须避免使用源语言的相同结构，并且在许多情况下，避免使用相同的单词。如果译文或口译作品是可接受的，或易于读者和听众理解的，那么译文必须对听众友好，并以符合目标语言的方式进行设计。然而，语感永远无法得到彻底的解释。它只有一部分特指和反映整体，而在两种语言中使用的部分并不相同，即使它们指定和指代相同的整体。

西格蒙德·弗洛伊德采用了这种重新表达的解释策略。在《西格蒙德·弗洛伊德的生活和工作》一书中，欧内斯特·琼斯描述了弗洛伊德的方法：

"在这一年的上半年（1880 年），弗洛伊德致力于翻译约翰·斯图亚特·密尔的一本书（他翻译的五大巨著中的第一本），以此来应付（服兵役时的）无聊。这是一部令人愉快的作品，他作为一名翻译家是极具天赋的。他会阅读一篇文章，合上书，思考一个德国作家会如何表达同样的想法，而不是费力地抄写外语、习语等等，这种方法在翻译中并不常见。他的翻译工作既出色又迅速。"[①]

从上面可以看出，一旦弗洛伊德合上书冥想，塞莱斯科维奇所说的语言公式就蒸发了，剩下的只有意义。德国派思想和观念在脱掉句法的外衣之后，以意义的形式存在。弗洛伊德假定或假装自己是提出这些想法的作者，并想象作者会用目的语表达自己的想法。这种自我重新定位，站在原作者的立场上，使他的自然表达足够准确、简洁，足以传达出足够的意义，同时又契合了德语的光辉。

此外，另一件需要注意的事情是弗洛伊德所采用的策略——逐段翻译。其原因显而易见。这毕竟是翻译工作，而不是从零开始创作。译者受翻译道德规范的约束，即忠实于原文。原始想法的复制也是如此。如果弗洛伊德接受了比"段落"更大的翻译单位，他可能就忽略了某些信息；另一方面，如果文本的片段比

---

① 　Sohee Jungwha Choi. The Interpretive Theory of Translation and Its Current Applications, Interpretation Studies（JAIS），2003. 本节基于作者于 2003 年 9 月 23 日在日本神户举行的第四届日本口译研究协会年会上的主旨发言。

句子或短语等"段落"还要小，他很可能什么都记不住，除了记在本子上的点和线。那样的话他就会受困于短时记忆。此外，翻译工作的质量也会受到质疑。我们有理由假设读者会察觉到外来语的转折和目的语规范的改变，从而影响阅读体验。一个好的译者应当和原文保持一定的距离，这个距离可以确保非语言翻译的意义得到理解和传递。

口译员将认知语境充分融入他或她的工作环境中。口译员的认知补充越多，他或她对整个口译的感觉就越准确、越自信，进而就更容易找到准确、恰当的词语。

专业口译员通常不会逐句翻译，他们也不喜欢被打断。他们的目的是用尽可能多的信息来获得整体信息，以便更用心地重新表达。在某种程度上，重新措辞阶段只能在第一个阶段即理解的基础上进行。

7. 研究方法

释意理论法绝对不限于语言障碍。这一理论可以是通用的；释意理论的原理适用于任何语言或语言团队，如英语和汉语、英语和西班牙语等等。对于这些语言团队的释意性研究，证明了释意理论不受特定语言的限制，并与一切语言兼容。

释意理论倡导的方法不仅适用于功能性翻译，也适用于经济、政治、科学、技术或商业中的实用性文本。事实上，在某些情况下，将释意理论应用于文学或诗歌也是可行的。其实有一种情况是，如果一首诗歌翻译中，重新措辞可以显示源语的某种独特美，那么就可以称其为佳作。而另一种情况是，翻译对观众的认知影响、情感和审美影响与原著相同。

虽然现在的在线翻译应用和软件种类繁多，但机器翻译仍然不能与人类翻译匹敌，也可以说笔译和口译从业者不能被人工智能所取代。一些翻译输出甚至可以证明计算机指令会出现错误。但正如杰夫·霍金斯提醒人们的那样，尽管"深蓝"在国际象棋中击败了加里·卡斯帕罗夫，但 IBM 计算机并不一定懂国际象棋。"计算器会算术，但不懂数学。没有一台电脑能像一个三岁的孩子那样理解语言，也没有一台电脑能像一只老鼠那样看待事物"[①]。如上所述，释意理论的

---

① Jeff Hawkins. On intelligence [M]. New York: Times Books, 2004.

核心是认知补充，它将翻译与认知研究相结合。释意理论解释了机器翻译工作无法与人类翻译相提并论的原因：认知知识以一种有意识的、独立地脱离源语外壳的形式保存在人类的硬盘——大脑中。无论是形式化的还是非形式化的，人们都不能靠写一些算法、把数据输入计算机来运行这个公式。这台机器不能依靠神经元连接并行分布的形式处理输入数据。[①]

另一方面，如果研究主题局限于语法和基础的语言学，粗略地涵盖了不同语言结构的差异，那无异于把人类的翻译降低到机器翻译的水平。不同的语言在不同的方面有所不同：语法、语义、词汇、说话者讲述故事的方式和事件的描述方式。如果可以直接实现从甲语言到乙语言的跳跃转换，那么口译员或笔译员就没有存在的必要或空间，电脑会取代人类。机器翻译的缺点和实际人类的优势是计算机依靠全面的语法和翻译技巧运行，基本上是一一对应的，而口译员可以借助他们的认知语言库，理解上下文并找到匹配的对等点。

相比之下，我国的研究现状是缺乏实证研究。然而，中国的释意理论学者，如刘和平、鲍刚等还在继续探索他们的方法论。在《英汉口译记忆的认知心理学研究》一书中，王建华清楚地说明了当今口译心理学中最常见的研究方法是实验法和观察法，测量法和口语报告法等经验方法则作为为第二选择。当研究的设计和实施涉及细节时，方法的选择应基于研究目标、主题和领域的具体属性。以下对研究方法的叙述是基于他的总结。

观察法是一种相对直接的方法，可以感知客观实体，进而借助感觉器官或科学仪器，根据一定的目的和计划收集感官信息。观察法是理解和获取丰富感性材料的一个非常基本的渠道。观察伴随着与研究主题和目标相关的问题。因此，它的目标非常明确。除此之外，观察法必须以深思熟虑、结构清晰的计划设计和理论方向为指导，必须借助人类感官和先进的科学仪器来详细、彻底地记录。这些记录将作为以后组织和分析的原始材料。观察法已广泛应用于口译和心理口译的研究。通过对课堂口译教学的细致观察，口译理论指导下的教学方法的有效性也可以得到检验和认可。

如果观察法是明显的主观活动，那么测量法无疑是客观的。测量法的步骤是：问题类型的选择、项目的设计、测量过程的规范、结果的引出、数据的读取和推理分析。科学制定的标准化测量法，对学生、教师、考试管理人员、口译教

---

① 桂诗春．心理语言学［M］．上海：上海外语教育出版社，2004：86 - 90．

学大纲、翻译课程设置、课堂实践和教材编写等利益相关者产生了积极的反拨作用。同时，测量法可以对口译学习动机、学习目标和学习结果产生潜在的积极影响。然而，缺乏以测量为导向的学习模式和课堂参与可能是这种方法的缺陷。总体而言，测量法使释意理论的研究多样化。

接下来是口语报告法。其中一种方法被称为口译录音法。通过对音频文件的重放和分析，可以剖析口译员的心理活动。为什么口译员选择了这个词？译员为什么结巴？认知补充是否促进了口译的成功进行？这种录音法让人们得以理解某些意群。将口译展示的音频作为研究对象记录下来，目的是研究翻译前的错误启动、翻译滞后、修改和预期。口译是口译员对整个语境理解的直接反映。课堂上进行的翻译训练应该更多地关注于认知知识的提高，而认知知识不在语言知识之内，而是与外界相关的。这种口语报告旨在提高口译技巧和口译理论的有效性。

最后一种是问卷调查法，来源于心理学研究。这是最常见的用于收集数据和材料的系统。它以语言为媒介，严格按照某些科学的数据收集规则设计问题格式。在 20 世纪末和 21 世纪初，美国、德国和法国的心理学家在心理分析、精神状态评估和人格评估的研究中采用了问卷调查的方法。后来该方法被引入医学领域，并广泛应用于心理健康评估[1]。认知心理学和释意理论的整合在问卷调查法中发挥了重要作用。

8. 应用

在实践中，释意理论的应用是普遍的，甚至是无意识的。口译员本身就是口译活动中具有生命的一部分。他们可以见证对话方，知道他们是谁，他们的目的是什么。例如，听到"Mr. President"，口译员可以迅速从"国家总统""主席""校长""董事会董事"等词中选择最恰当的那个，这些都取决于语境。在认知知识上更进一步可以提高对语言细微差别和未知因素的敏感性。此外，口译员还可以改善翻译结构。当有人说话时，口译员可以通过加上"某某说……"来开始他的翻译，这样整个对话就会显得流畅自然，对等是可以创造的。

当遇到"阿拉伯之春"这种不熟悉的国内政策、国际事务主题时，人们会意

---

① 赵红. 问卷：一种数据收集方法 [J]. 继续医学教育，2009，20：29.

识到，是因为缺乏世界知识而不是缺乏语言专业知识而阻碍了理解。相关背景知识越多，空间歧义和多义性就越少。这里有一个例子可以清楚地说明这一点。例如，当突然听到"珍妮特·耶伦（Janet Yellen）"这个名字时，很少有人认识这个人。2013 年 10 月 9 日美国总统巴拉克·奥巴马任命她为美联储理事会新的候任主席。所以"珍妮特·耶伦"这个简单的犹太名字被附加了更多的意思；它代表美联储，就像奥巴马代表美国一样。

不运用释意理论的反例如下。在联合国大会的一次会议上，一位苏联高级官员，也许是尼基塔·赫鲁晓夫本人，通过敲打讲台表达了他强烈的异议和愤怒，他重复说道："Njet ... Njet ... Njet。"英语译员冷静地翻译成"不……不……不"。这种翻译激起了观众的笑声，据说这增加了代表的愤怒，他严厉地谴责了翻译中的错误。很明显，苏联代表正在强烈地捍卫其政府的立场。也许他拒绝了一个可能让他愤怒的提议、指控或类似的东西。然而，通过耳机收听口译版本的英国代表发现，他们所看到的和听到的有些不一致。口译员耳语的语气与发言人的激动不一致。在这种情况下，口译员保持了"njet"和"no"的语义对等，但没有实现意义对等。它证明，在许多情况下，预先建立的单词对等并不一定保证信息的对等。为了保证信息的对等，有必要对所说内容的文本表面进行转换。故事中的英语口译员可能只是重复了文本表面的意义。这个案例展示并反证了卓越的释意理论：说一些暗示而不是陈述的东西。

9. 结论

丹妮卡·塞莱斯科维奇的口译三角模型阐释了源语、目的语和桥梁，即口译员之间的动态互动。言语、行为和手势成为口译员推断说话者意图的符号。感知、记忆和知识紧密交织在一起。它们之间的关系在认知知识中是如何相互联系的，这是脱离源语外壳的关键因素。改写在很大程度上取决于对原文或话语的理解。

口译研究的研究方法正在从基于经验的客观推测发展到基于数据的客观描述。随着理论框架和独特视角的逐步完善，释意理论成为西方主要的口译理论，使西方口译研究进入了一个由实践者主导的新阶段，对中国口译研究也产生了重大影响。该理论对翻译的本质研究、口译过程和口译对象的分析、口译教学的理念形成以及当今的口译实践和教学研究都具有重要的指导意义。

此外，释意理论为文化现象提供了建设性的解释。意义不是在语言或文本中自动显现的，而是在文本语境和接受者的认知补充中产生的。因此，它揭示了如何解释文化点：平衡文本的文化内涵、语言内容和作者的动机。

第二节 释意理论及应用

概要： 释意翻译理论（ITT）是由法国翻译学者、巴黎翻译学院前任院长丹妮卡·塞莱斯科维奇创立的。这一理论的核心是口译员应该掌握语篇的意义，而不是拘泥于语言形式。语言只是符号和意义的载体，可以通过认知练习来获得。该理论提出了由理解、脱离源语外壳和再表达三个阶段组成的口译过程。它从口译研究开始，后来扩展到翻译和基于心理学、语言学和神经科学成就的所有类型的文本。释意理论挑战了传统的口译研究，为世界口译研究注入了新的活力。它极大地影响了世界各地的口译理论和实践研究与教学，促进了翻译研究与其他学科的合作。本节将介绍这一主要理论研究的主要内容和在口译史上的应用，并反思其局限性和前景。

1. 绪论

笔译和口译是人类文明中最古老的两个活动。有大量证据表明，古人曾出于商业、政治或宗教目的从事笔译工作。鉴于大量笔译版本得以保存和传播，笔译研究得到了大量实践者和理论家的大力发展。例如，在中国，出现了四次笔译热潮，每一次都孕育了新的笔译理论。相反，口译研究已经落后很多年了。口译员专注于练习他们的技能，而不是集中精力总结他们的经验。即使出现了关于口译的性质和过程的讨论，也主要是分析个人低效语言能力的后果。人们倾向于认为口译只是一个实践问题，没有必要将其提升到理论水平。由于缺乏认识和长期以来口译书面记录相对较少的事实，在 20 世纪 60 年代以前，几乎没有建立和流行任何口译理论。

20 世纪 70 年代，法国翻译学者、巴黎翻译学院前院长丹妮卡·塞莱斯科维奇开创了翻译的释意理论（ITT）。作为一名资历丰富的会议口译员，塞莱斯科维奇挑战了当时流行的观点，即翻译只是一项将一种语言转换为另一种语言的语言活动。她创造了翻译的释意理论这个名字，甚至在翻译研究本身成为一个研究领域之前，就将翻译过程引入了认知研究的广阔领域。为了验证作为实践者的第一次观察，塞莱斯科维奇继续撰写了博士论文。很快，一些对这项研究感兴趣的会议口译员加入了她的团队。

释意理论有时被称为"释意法"或"释意论"。这种关于口译和笔译的理论得到了巴黎高翻学院的认可与接受。他们也被称为"巴黎学派"，一个研究口译和非文学文本理论教学的法国学派。法国学派认为翻译是释义，即通过语言符号根据原文的意义做出解释，并辅以译者自身的理解。其他学者如莱德雷尔和赫伯特也分享了他们的理论概念，为这一理论奠定了基础。

释意理论最初是为了口译研究，特别是在非文学领域，以口译案例为基础建立的，后来扩展到了笔译领域和其他类型的文本。通过这一理论，我们可以看到口译研究的研究方法正在从基于经验的主观臆测向基于数据的客观描述演变。随着理论框架及其独特视角的逐步完善，这一理论在 20 世纪 80 年代成为西方国家的主导理论，使口译研究进入了一个新的阶段，并在包括中国在内的世界范围内产生了巨大的影响。它代表着研究重点从语言特征向词汇背后的意义转移，对研究翻译的本质、口译过程以及口译实践和教学具有重要意义。

下面将分三个部分进行讨论：释意理论的主要内容、影响和应用以及局限性。

2. 释意理论的主要内容

2.1 口译的定义

口译通常被定义为口头翻译，被看作是一种或多或少由一系列编码和解码操作组成的机械活动。塞莱斯科维奇[1]拒绝这种普遍的看法——"口译并不是口头的词语翻译"——并将口译描述为一种复杂的发散活动："它揭示了一个含义，并使之变得明确。口译是交流，即分析原始信息并将其转换成听众可以理解的

---

① Seleskovitch，D，Lederer，M. A systematic approach to teaching interpretation. Silver Spring，MD：The registry of interpreters for the deaf. 1989.

形式。"

塞莱斯科维奇说，口译员和笔译员都不是摄影师。相反，他们是画家，为他们的观众从现实中提取信息。因此，口译就是以一种可以被正确理解的方式，将信息从源语传递给目的语的接受者。这绝不是不同语言之间简单机械的词汇转换。

塞莱斯科维奇认为，口译是一项涉及三方的活动：说话者、说话者使用的语言和听众。焦点不是所用的语言，而是背后的思想和想法。来自不同背景的人们参与这种活动的原因是他们想更多地了解彼此、交流想法并有未来的合作。在释意理论中，口译是一种交际行为，而不是结果。在自然的交流过程中，语言只是一种工具，翻译的内容应该是语言中的信息。

理论上，口译需要译员很好地掌握源语和目的语，对主题有深刻的洞察力，并掌握口译的正确方法。换句话说，释意理论建立在四个支柱上：

1）母语的掌握。

2）源语的掌握。口译员应该意识到学习另一种语言需要两个部分。一个是必须掌握的、封闭的语音和语法系统；另一个是无限的词汇，这是一个终身和开放的学习过程。

3）相关的世界和背景知识的掌握。这一点很重要，因为相关知识是理解说话者所说内容的基础。预先存在的知识是理解的先决条件。塞莱斯科维奇说："理解是当新信息与相关知识联系在一起时发生的事情。如果没有这种知识，新信息将被忽略。"

4）口译方法的掌握。这意味着掌握源语中给出的信息，并以目的语对其进行重组。

2.2 符号和意义

事实上，纸上的图形不是意义，而是符号。这些符号的含义存在于读者或听众的脑海中。可以说，这是一篇满是符号的论文，属于英语或汉语的文字系统，但这不是一篇英语或汉语的论文。阅读活动是双重的。它首先需要一个由作者的符号组成的文本，然后是给这些符号赋予意义的读者。阅读本身就是一种解释活动，在这个过程中，我们不仅需要识别语言符号，还需要了解背景知识。

很可能在口译活动中，当声音成功地与实际事件联系在一起时，口译员应该理解说话者所指的东西，也就是所谓的意义，因为声音并不传递意义，而是以声音的形式传达意义的代码。意义是对说话者所指事物的意识。因此，它比讲话的语言声音更持久。擅长交替传译的优秀口译员在开始翻译一篇演讲时，会记住其中最细微的差别，尽管承载着它的转瞬即逝的声音早已消失。在这种情况下，口译传达了一种意图；也就是意义。口头讲话转瞬即逝；它的声音瞬间消失，但意义依然存在。

根据塞莱斯科维奇的理论，口译中的意义"不仅取决于我们，还取决于我们所面对的人和我们所处的环境"①。这种将意义作为非语言语境变量的描述，预示了话语分析法赋予其的交际价值。另一种语言的表述清楚地表明，意义由两个要素组成：实现的语言意义和认知补充。世界知识是独立于语言的。将英文翻译成中文，自然需要非语言记忆中的认知补充，并以目的语或源语实现。因此，背景知识就像语言一样，在言语理解中发挥着作用。

1）认知补充。认知补充可分为三类：言语语境、情景语境和认知语境。言语语境是指对词语组合的理解。例如，"电"和"话"分别意味着电和谈话，但是把它们放在一起我们就有了"电话"，也就是手机。在许多语言中，一个词或短语的意思在不同的搭配中有很大的不同。另一个例子是短语"make up"，它可以指美容活动、补偿或清理床铺。有这么多不同层次的意思，我们需要根据单词的搭配来识别。另一方面，情境语境更依赖于讲话发生的地点和说话人。例如，英语中的"president"既指国家元首，也指大学校长，有时还指一个小组或公司的领导人。在这种情况下，我们需要仔细听，通过分析情况找出答案，提到的人到底是领导政府的人，还是管理学院或公司的人。认知语境更加复杂，它指的是收集信息并弄清楚演讲的主要内容和组织方式的整个过程。

2）理解意义的步骤。一些作家，如斯珀伯（D. Sperber）和威尔逊（D. Wilson）②，提出理解语篇包括两个阶段：一是认识语言符号，二是通过语言外知识来演绎意义。这一假设很难用目前的技术和心理学方法来证明。但是它遭到了巴黎学派学者的强烈反对。后者认为对意义的理解是直接的，而不是分阶段的。人们一旦听到对话或者读到文章，就会理解其中的意义。房子的标志和"家"的意义是统一的。

3）意义单位。口译过程是按意义单位进行的，口译员先翻译一个意义单位，

---

① Danica Seleskovitch. A systematic approach to teaching interpreting. Paris：Didier Erudition，1995.

② Sperber，D.，D. Wilson. Relevance：Communication and cognition［M］. Cambridge，Massachusetts：Harvard University Press，1986.

用目的语表达出来，然后继续下一个意义单位，重复这一过程。意义单位不可能一次性翻译完。相反，当足够多的词汇与相关的知识融合在一起，意义单位就短暂地出现了。这些意义单位一个接一个地与已知已经储存起来的东西融合在一起，形成了一种更普遍的意义——当讲话结束时，这种意义会保留在听众的头脑中。

2.3　对等和对应

对于释意派来说，翻译的层次取决于语言的层次。基于这一概念和以往的语言经验，学者们将语言分为三个层次：语言、言语和语篇。因此，翻译可以分为三种类型：语言层面的翻译，旨在实现词与词之间的对应；言语层面的翻译，与语境和交际情境脱节；语篇层面的翻译指的是单一从语言意义和认知成分中衍生出来的意义。前两个层次属于语言翻译或代码转换，而最后一个层次是解释性翻译，是真正的翻译。

因此巴黎学派区分对应和对等。对应是在源语和目的语中选择相同的词语，而对等旨在达到意义上的相等。塞莱斯科维奇用"葡萄干面包"的比喻解释了对应和对等的概念。如果原文含有制作葡萄干面包的各种成分，口笔译员会把面团做成面包。葡萄干是可以找到对应关系的部分：其形式保持不变。而剩下的由面粉、糖、盐和酵母所制成的面团，都被揉合在一起，再也不能彼此分离。然而，他们都被包裹在面团中。混合的面团可以理解为对等的部分。下图解释了对等和对应关系。

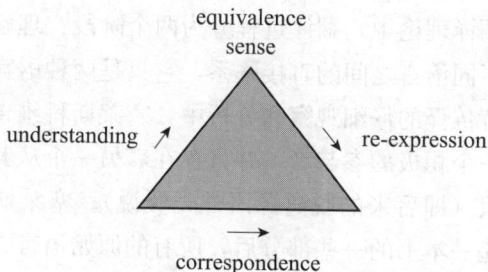

图 1.1

在可能实现对应的情况下，译员可以直接从理解转向重新表达。如果无法实现，译员会检索原文内容，也就是意义，并寻找其在目的语中的对等。正如我们所注意到的，对等出现在语篇之间，对应出现在词语、短语或表达之间。在口译中，我们清楚地看到什么是好的翻译，什么不是。仅仅逐字翻译的话对观众来说会很难理解，因为这不符合目的语的习惯和逻辑。虽然学习单独的单词有利于为语言学习者打下坚实的基础，但在翻译整篇文章时就行不通了。

塞莱斯科维奇认为口译是一种连续的、循序渐进的信息处理行为，意思来自单词，而不是所有单词和短语的附加意义。口译员的最终任务不是在目的语中寻找源语的对等词或短语，而是将语篇的意义从源语转移到目的语，以寻求意义的对等。也就是说，口译不仅仅是从源语到目的语的单向解码过程，而是在对原文进行口译的基础上重新呈现目标语言意义的过程。

从一种语言到另一种语言的直接转换编码只是代码的机械转换，而不是真正意义上的翻译。莱德雷尔进一步提出了显性（明喻，词义）和隐性（隐喻，即非口语意义）的概念。文本中的词语由两部分组成：图形符号（显性部分）和隐性部分，隐性部分本身由相关的知识读者构成，适用于显式部分。莱德雷尔认为明喻和暗喻不是修辞格中的一种独特现象，而是人类交际活动中普遍存在的实践。在特定的语境中，有些词总是有着言外之意。口译员只有将自己的知识融入源语的输入语义，才能建立有意义的认知结构。

在这方面，释意理论不同于大多数其他理论，因为它认为翻译过程在方法上需要理解意义（语言意义和认知补充），并在提喻原则的基础上进行翻译。

3. 口译的三个阶段

在传统的语言翻译理论中，翻译过程分为两个阶段：理解和表达。人们普遍认为，翻译是两种不同语言之间的直接联系，它只是两种语言内部的代码转换过程。然而，在对交替传译的仔细观察和分析中，塞莱斯科维奇认为，在这一过程中，人们的认知是一个积极的参与者，并且存在着另一个从其语言中分离出来的难以察觉的意义阶段（即后来的脱离源语外壳假说）。塞莱斯科维奇引用弗洛伊德的经验，在他读完一本书的一些部分后，所有的原始语言在几秒钟内从他的记忆中消失，只有意义会在他脑海中浮现，这样他就可以用另一种语言以清晰、自然的方式重新表达这个想法。换句话说，口译本质上是这样一种行为，即口译员通过将输入信息以其原始语言形式去语言化来提取意义，然后以目的语自然地表达所提取的意义。因此，说话者在源语中的话语、口译员理解（提取）的意义以及口译员在他或她的母语中的重新表达形成了一种三角关系。

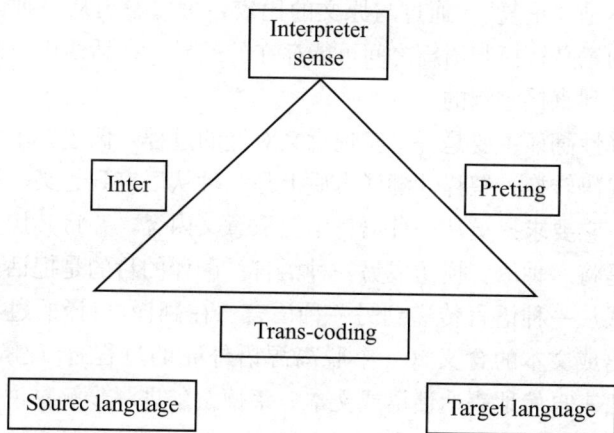

图 1. 2

在此基础上，塞莱斯科维奇提出了口译三角模式，即口译中的三公式假设——口译行为包括理解/口译、脱离源语外壳和重构。

1）通过分析和注释理解语言和信息。如上所述，对语篇的理解既取决于语言意义，也取决于已有的知识。口译员的认知能力对理解原文的意义起着重要作用。

2）果断抛弃措辞，保留信息的主要表达方式（概念、想法等）被称为脱离源语外壳阶段，意思是忘记产生意义的单词和句子，而意义在没有任何语言支持的情况下仍然存在。塞莱斯科维奇认为，在口译过程中的理解和重构之间，存在一个意义与其语言形式分离的阶段，正是在这个阶段，被理解的意义以非语言意识的形式储存在译员的大脑中，然后在重构阶段，它立即在译员的母语中找到相应的语言形式。莱德雷尔在她的一部著作中对脱离源语外壳给出了一个明确的定义，脱离源语外壳指的是理解一个段落或话语的意义，并用另一种语言来表达的一个阶段。脱离源语外壳是伴随着语言符号而产生的、超越语言符号的认知意义和情感意义。不脱离源语外壳，意义就无法被提取，真正的口译也无法完成。

3）用另一种语言重新表达这种意思。用目的语输出一个新的话语必须满足双重要求：必须完整地表达原始的信息，而且必须传递给接收者。

在交替传译中，口译员在听到一种语言的整篇文章后，用另一种语言重新表达。他/她没有保留原来的表述，而是只记下其主要内容；因此，输出更像是一种"叙述"而不是"重复"。通过与原文的比较，可以看出从一种语言系统到另一种语言系统的意义转换与语篇之间可能存在的差异。在话语中，想法是自发形成的，思想是受到直接控制的。

总之，解释性翻译主要是一个实现意义对等的过程，偶尔寻求对应关系的语言翻译来进行代码转换。解释性翻译本质上是一种从语言到意义、再从意义到语言的翻译技巧，它要求译员从一种语言中提取意义内容，并将其用另一种语言表达出来，而不是将一种语言模仿成另一种语言。翻译的目的是把话语或文本的意思以同等的形式从一种语言传递到另一种语言。在翻译/口译的过程中，译员应该首先理解话语或文本的含义（一个脱离源语外壳的过程），理解自己的意思，然后用另一种语言自然地表达话语或文本。莱德雷尔进一步解释说，解释性翻译不是所谓的自由翻译，因为后者会进行大量的添加、删除和思想的概括重组。

4. 影响和应用

4.1 影响

自 20 世纪 80 年代正式建立以来，释意理论以其不断完善的理论框架和独特的视角在西方口译领域占据主导地位。西方口译研究已经进入了一个以实践者为主要研究者的新阶段。这一理论也对中国的口译研究产生了巨大的影响。即使是现在，释意理论中口译的定义、口译的过程和对象以及原有的教学方法对口译实践和教学仍然具有重要意义。

迄今为止，释意理论已经取得了一系列的成就，十几本重要著作相继出版。研究范围从最初的口译逐渐扩大到翻译、文学翻译、科技翻译、翻译教学等。丹妮卡和莱德雷尔于 1984 年合著了《解释性翻译》（*Interpretive Translation*），在书中运用语言学、逻辑学和心理学的成果来解释翻译中理解和表达的过程。1989年，两人合著了《口译教学推理》（*Interpreting Reasoning Teaching*）。释意学派的理论研究首次应用于翻译教学。此外，莱德雷尔 1990 年发表的《翻译自由》（*Freedom in Translation*）和 1994 年发表的《现代译者——口译方法》（*Modern Translator—Interpretation Method*）都是释意理论的新作品。2003 年的《翻译：口译模式》（*Translation：Modes of Interpretation*）也是口译学派的重要研究成果。1990 年出版的《翻译学研究》（*Translatology Studies*）汇集了近 20 名研究人员，表明释意理论已应用于翻译研究、语言学研究，甚至手语等领域。经过几十年的发展，该学派的研究范围已经从实用演讲和文章扩展到科技翻译，从文学翻译扩展到电影字幕翻译，从纯翻译理论扩展到翻译理论应用研究和教学研究，涵盖翻译学的多个方面。已出版 17 部专著，其中 9 部属于"翻译学"系列。基于心理学、语言学和其他技术，该学派的一些成员试图从跨学科的角度发展和完善这一理论。这项研究涵盖了近 20 种语言，并在世界各地广受欢迎。

释意理论以其新颖的理论视角将西方口译研究带入了一个新的阶段，为口译和翻译的整体研究注入了新的血液。释意学派认为，科学的翻译理论只能建立在对其本质的科学定义的基础上，科学的翻译理论应该正确回答一系列基本问题。

4.2 应用

释意理论是法国译者在口译实践中提出的。这对传统口译教学有积极有效的指导意义。它不仅为理论研究提供了新的思路，也为理论和实践教学提供了更多的可能性。

自 1957 年以来，在释意理论指导下成立的巴黎高翻学院一直在探索如何将系统的理论研究与丰富的教学实践相结合。它培训了大量高质量的国际口译员，为口译员和笔译员培训了 20 多种语言。许多国家，如美国，把最好的人才送到这里进行高质量的学习。这所学校还获得了授予翻译研究博士学位的权利。自 1976 年第一位博士生毕业以来，已有 40 多篇博士论文从不同角度探讨翻译研究与翻译教学的关系。

近年来，这一理论在我国教学中的应用研究迅速增加。例如，陈振东和张珊珊合著了《释意理论下的释意教学》，吴小莉出版了《新闻发布会释意与训练》，龚龙生撰写了《释意理论视角下的释意研究》。所有这些学者都倡导释意学派的翻译专业化理念，并努力培养口译员专业化。

在这一框架下的教学，在中国的代表是厦门大学外语系，强调口译教学的核心应该是加强口译员在记忆、演讲、笔记、影子练习、注意力分配和其他口译技能方面的能力，坚持认为应该重视对语言外知识的学习和跨文化交际意识的培养。"厦门大学模式"已经成为中国释意理论的典范。同时，在这一理论的影响下，广东外语外贸大学仲伟合教授提出了口译人才培养的四项原则：技能性、实践性、理论性和阶段性；专业口译教学的八项原则：课程立体化、内容系统化、练习真实化、学生中心化、教材多元化、技巧全面化、教师精英化、目标职业化。这是该理论在中国应用的又一次成功尝试。

5. 局限

释意理论已经建立了 30 多年，但仍有许多问题需要进一步研究和论证。首先，它提出了口译员的智力机制问题。如何用论证的方法证明"脱离源语外壳"阶段的存在，以及如何解释脱离源语外壳后信息的存在形式，都没有得到突破。因此，口译员如何进行"脱离源语外壳"的谜团尚未解开。所以研究者仍然需要借鉴神经病学、认知心理学、心理语言学、信息论和控制论的成果和方法，为释意理论提出的翻译认知过程提供科学依据，并进一步回答当意义从源语的外壳中分离出来时，它依附于什么样的载体的问题。鲍刚在这方面进行了研究，并提出了"内部讲话"等意义载体。① 但这一领域仍需要大量跨学科的实证研究。

口译学派只注重成功的口译，而没有分析口译失败的原因。他们认为，只要口译人员摆脱源语言形式的限制，及时有效地调动语言外知识进行必要的认知补充，口译工作就能顺利完成。事实上，口译是一项现场和实时的活动，取决于许多重要因素。口译员专业能力的理想化以及对某些情况下缺乏语言能力和对口译的轻视会大大削弱口译理论的影响和适用范围。

释意理论的另一个问题是它的一些支持者否认技术障碍，如人类认知限制和语言特有的困难。这种态度损害了理论的教学有用性，因为它可能被解释为否认特定语言培训的价值。

此外，由于它只关注交际目的和交际过程中传递的认知意义，而没有充分考虑语言信息可能具有的表达方式、情感意义和风格，因此它在文学翻译中的实用价值相当有限。文学翻译应采用文学语言，再现原作的艺术美。同时，文学翻译也是一种具有主体性的创造性活动。

总之，释意理论的建立是口译研究发展的里程碑。它独特的理论视角和切入点使口译研究进入了一个新的转折点，开启了口译研究跨学科研究的序幕。在全面客观地回顾和阐释这一理论的核心理论观点的同时，应借助这一学科和其他学科的新的研究成果和方法，进一步丰富和发展这一理论。不可否认的是，仍有很多问题和疑惑有待解决，来自学者们的质疑仍在不断涌现。这意味着需要付出更

---

① 鲍刚. 口译程序中的语义问题 [J]. 北京第二外国语学院学报，1998 (4)：104-111.

多的努力和工作来解决问题，完善理论框架，使其更完整地指导口译和翻译实践和教学。

第三节 释意理论与口译研究

概要： 与笔译相比，口译的历史相对较长，但口译研究开始较晚，而且进展也相当缓慢。直到20世纪70年代中期，人们对口译的研究基本上仅限于总结经验。直到以丹妮卡·塞莱斯科维奇（Danica Seleskovitch）和他的学生玛丽安·莱德雷尔（Marianne Lederer）为代表的法国巴黎学派释意理论的出现，口译研究的方向才发生了变化，并为未来口译研究的发展奠定了坚实的基础。根据这一理论，口译是一种以意义转移为目的的交际活动。为了达到这一目的，口译员需要在口译过程中解释源语的内容，这需要口译员的认知补充，包括口译员的双语知识、世界知识、相关话题的背景知识和语境知识等。释意论（theory of sense），即所谓的释意理论，将口译过程描述为一个三角形模式，即理解原文→脱离源语言外壳→使用目的语表达源语的本质，即从理解到脱离源语外壳再到表达。理解原文是基础，而脱离源语外壳的过程是释意理论的核心概念。这种分离的能力和程度决定了口译是否成功。释意理论指导下的同声传译和交替传译有不同的工作模式，如注意力分配、记忆技巧、工作程序等，所以两者在理解、脱离源语外壳和表达过程中有不同的特点。本节通过比较两者的差异，加深了对释意理论的理解和应用。

1. 绪论

1.1 口译的发展

口译作为跨语言交流的桥梁，其起源可以追溯到很久以前。1919年举行的"巴黎和平会议"是历史上人们首次大规模正式使用交替传译。第二次世界大战结束后，直到1947年，在德国纽伦堡审判纳粹战犯的法庭上，审判使用了四种语言：德语、英语、法语和俄语。为了提高效率，法院决定采用同声传译。这是历史上第一次大规模使用同声传译。后来，1953 年国际口译员会议（AIIC）的成立标志着口译作为正式职业的开始。

随着国际组织的兴起，口译日益成为政治、经济和外交活动中不可或缺的一部分。有三种主要理论对口译界有很大影响：释意理论，以巴黎翻译学院（ESIT）和塞莱斯科维奇为代表；吉尔的认知负荷模型（精力分配模式），吉尔目前在巴黎东方国家语言与文明研究所任教；安德森提出的自适应控制思想理性，即ACT-R 理论。

西方口译研究已有 50 多年的历史，经历了四个阶段。与西方相比，口译在中国发展缓慢。中国口译研究的四个阶段几乎都始于 20 世纪末。中国口译不仅落后于西方，而且落后于中国发展更早、更成熟的笔译。随着中国全球化的深入，口译作为一种即时高效的语言服务越来越受到重视。中国口译理论研究在有限的十年内走完了西方口译研究 50 年的发展历程。这些成就是显而易见的，中国已经成为国际口译研究界不可或缺的力量。自 2000 年以来，国内作者陆续发表了大量关于口译理论的专著：鲍刚的《口译理论概述》、台湾学者杨成书的《口译教学研究》、蔡小红编辑的刘和平的《口译技巧——思维口译的方法》《口译研究的新方法、新思路和新趋势》、刘雨晴编辑的《口译与翻译理论研究》。无论是及时有效地借鉴和分享西方口译研究成果，还是立足于国内口译作品，中国口译研究的理论水平都有了显著提高。

在这一过程中，我们可以发现，上述成就大部分得益于西方口译理论的引入，其中最有影响的是法国的释意理论。

1.2　口译过程研究

20 世纪 70 年代末中国主要的翻译和外语出版物中关于口译的文章屈指可数，中国学者对口译研究的初步理解和探索基本上始于 80 年代初，发表的文章也主要集中在口译领域。在经验分享和问题陈述阶段，对其特点和技巧进行了探讨。20 世纪 90 年代，口译研究迅速发展，并开始呈现开放跨学科研究的趋势。然而，口译研究的发展水平仍然远远落后于西方（包括欧洲、美洲和澳大利亚），后者起步较早，发展较为成熟。

丹尼尔·吉尔系统总结了 50 多年来口译研究的主要课题[①]，包括：（1）口译

---

① Gile Daniel. Consecutive vs. Simultaneous：Which is more accurate? Tsuuyakukenkyuu Interpretation Studies，2001，1：1.8-20.

教学和培训；（2）口译中的语言问题；（3）认知问题；（4）口译中的神经生理问题；（5）口译中的质量问题；（6）口译中的职业问题。波奇哈克系统地将主题总结为四个方面：（1）口译过程研究；（2）口译产品与译者绩效研究；（3）口译实践与职业研究；（4）口译教学研究。

参照多口译员的分类方法，中国学者在 2000 年至 2013 年期间共收集了 32 篇国内博士论文，指出国内论文的研究重点如下[①]：（1）释意理论研究综述；（2）口译过程（认知过程）研究，包括双语能力、同声传译同步、听力理解、记忆、口译输出、输入变量、口译策略等；（3）口译产品和口译员表现，包括输出话语、源语目标对应和文本比较、沟通效果、译者角色、质量评估和用户期望。其中，口译过程研究占 50%，口译过程研究中，同声传译研究占 44%，交替传译研究占 28%。

本节的重点是口译过程研究，而口译理论是研究口译过程的第一步，因此本节是在口译理论的指导下构建的。

1.3 研究思路

本节共分为四个部分。第一部分是文献综述，阐述了释意理论的研究现状，并对释意理论进行了基本介绍。第二部分引出本节的理论基础，对理论进行阐释，阐述其基本观点和原则，为本节奠定理论基础。第三部分比较分析了释意理论下同声传译和交替传译的特点。第四部分对论文进行总结和反思。

2. 相关研究

2.1 释意理论的演变

释意理论是 20 世纪中叶由莱德雷尔教授和塞莱斯科维奇教授领导的巴黎口译学派提出的一套口译理论体系。该学派是世界上第一个试图将口译实践和理论与其他学科的科学研究相结合的学派。1984 年，著名的法国口译专家丹妮卡·塞莱斯科维奇和莱德雷尔教授共同出版了《口译理论的实践与教学》（*Practice and Teaching on Interpreting Theory*），标志着口译理论的建立。塞莱斯科维奇

① 促伟合，贾兰兰．中国口译研究的发展和研究走向浅析——一项基于国内口译研究博士论文分析 [J]．中国翻译，2015，36（02）：19-25，128.

是一名口译员，也是国际口译员协会的创始人之一。她丰富的经验使她对语言科学和交流研究产生了浓厚的兴趣。1968 年，她出版了《国际会议翻译家——语言与交流》（*L'interprète dans les conférences internationals*），该书被公认为释意理论的基石。在接下来的十年里，塞莱斯科维奇教授和其他研究人员逐渐总结和提炼出一个更完整的释意理论，即释意论。该理论的核心思想是译者理解、发展和表达行为的目标不是原文的语言形式，而是说话者或作者要表达的意义和思想。译者的中心任务是剥去原有的语言外壳，把握意义的本质。莱德雷尔 1981年出版的《同声传译——经验与理论》（*La traduction simultaneé—experience et theorie*）标志着这一理论的正式形成。

这一理论在某种程度上说是一种全新的理论，但它在短时间内取得了重要的发展：研究者开始将其从口译扩展到笔译，并努力用其他学科的成果丰富和完善释意理论，如最广为人知的认知心理学。释意理论在西方里已广泛应用于口译研究领域。然而，直到 20 世纪末，它才被系统地引入中国，成为中国高校学习和教学实践的基础。刘和平教授和鲍刚教授也系统地介绍了释意理论。它的诞生标志着口译员和学者们逐渐将研究重点从"如何做好口译"转移到"口译和推理的过程"。

2.2　释意过程研究

口译和笔译都是动态过程，需要口译员理解、捕捉和表达意思。它是一种智力机制，也是一个通过认知知识、分析、理解、推理、理解和表达来生成词语和表达的过程。这个过程不是将一些符号转换成另一些符号，而是基于对原始内容的理解来转换感觉，所以它相当复杂，需要通过思维来实现的。口译模式的研究分为描述性研究和解释性研究。前者侧重于解释过程的操作、各种处理阶段以及对思路的描述。这种模式的代表之一是莫瑟的"言语理解和接受模式"。解释模型着眼于译者在口译活动中注意力分布的结果，分析译者如何运用相关知识预测和推理翻译主题，如"概率预测模型"和吉尔的"精力分布模型"。虽然不同类型的口译描述了不同的口译过程模式，但一般认为口译是一种以传递信息为目的的言语交际活动。这个过程就是输入、处理和输出，也就是说，译者必须用目的语来转换原始信息的概念。

国内一些学者也对口译过程进行了阐述。李逵六在《口译——理论与实践，语言与交际》一书中提出，"口译是两种语言之间意义转换的再表达"。贾毅城认为，"理解原文→存储分析→重新表达原文是口译应遵循的原则。"刘和平认为口译过程是一个双语交流过程，双语交际过程本身以及交际参与的各种参数都在发生变化。心理因素、认知因素、沟通因素和沟通方式等因素都会影响交流。口译不是一个简单的语言代码转换过程，而是一个抽象的思维过程。口译员应通过综合分析、判断和推理，将所接收到的源语言符号整合起来，在认知系统的帮助下，找出词语语义系统中的各种关系，从而进行口译。

法国 ISIT 创立的释意理论是第一个研究口译过程的学派。该学派创始人丹妮卡·塞莱斯科维奇认为，"口译不仅能理解文字，还能理解文字之外的东西，然后立即以易于理解的方式表达出来。因此，口译就是理解源语，然后用听众能理解的方式表达出来。"丹妮卡·塞莱斯科维奇还认为，"口译不是一个符号转换的过程，而是一个理解和重新表达意义的过程。"① 她提出口译的流程为"理解→脱离源语外壳→表达"。

2.3 释意理论与口译过程认知

释意理论认为翻译实质上是解释，而口译是在特定语境下的一种交际行为，其交际目的是传达意义和意图。②

释意理论认为，口译的整个认知过程包括理解、脱离源语外壳和重构源语等步骤。其中，与源语外壳的分离是信息处理的关键。翻译行为旨在"理解"一个"篇章"，然后译者用另一种语言"重新表达"这个"篇章"。"释意理论认为，对话文本的翻译称为口译，词语和句子的翻译称为语言翻译。"③

塞莱斯科维奇提出了一个三角形的口译模型。根据该模型，口译由三个步骤组成：理解、脱离源语外壳和再表达。在模型中，处于底部的两个部分分别是源语和目的语，顶部是意义。基于位于三角形顶部的意义，口译员理解并翻译源语，提取其意义和意图，然后用目的语表达出来，这就是解释性翻译。当然，该模型还包括直接代码转换，如数字、专有名词等。从语言 1 到语言 2，旨在建立词汇对应。第二个模型显示了参与口译的各方。三角形模型描述如下：

总之，释意理论认为口译是在特定语境下的一种交际行为，目的是在语境层面上寻找意义对等。口译员必须依靠认知补充来理解意思。

---

① D. Seleskovitch, M. Lederer. Interpreter pour Traduire [M]. Paris：Erudition, 1984：168.

② 玛丽安·莱德雷尔. 释意学派口笔译理论 [M]. 中国对外翻译出版公司, 2001.

③ 刘和平. 翻译能力发展的阶段性及其教学法研究 [J]. 中国翻译, 2011 (1)：37-45.

```
       意义sense                        译员interpreter

源语source      目的语target      说话人speaker      听众listener

                                 语言1 language 1         语言2 language 2
        转码switch                    表达delivery of speech

              IT（释意理论）三角模型
```

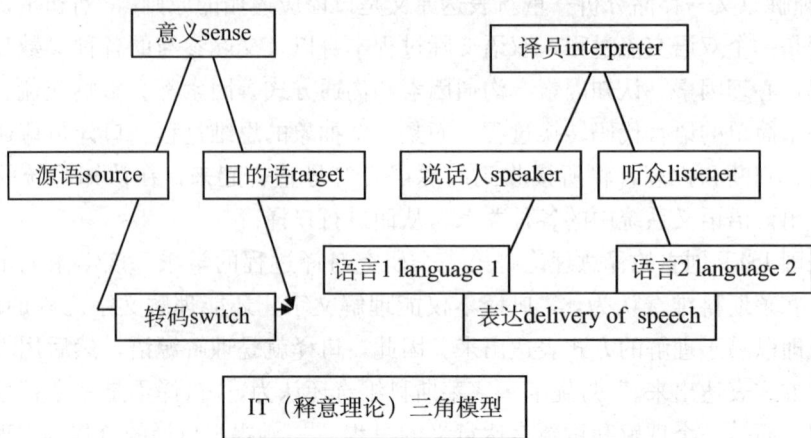

3. 释意理论的三个过程

3.1　理解的过程

释意法的基本思想之一是口译的最终目的是帮助听众和说话者实现成功的交流。因此，口译员对原文的准确理解是口译的首要前提和阶段。理解可以通过语言语境、情景语境、社会语境和文化语境来实现。

口译中的理解是指口译员从心理上掌握原文的全部信息，并理解其内容，目的是记忆原文并进行传递。口译理解是一种专业理解方式，包括以下技巧：

1）快速获取原文的要点并理解它们，同时形成意义单元；2）掌握要点之间的逻辑关系，掌握根据类别陈述或论证原文的线索；3）将话题、语境、情境、语法关系、非语言信息等认知纳入理解；4）通过预先准备的信息或材料或口译经验，为当前的口译理解提供一些参考信息；5）快速、半自动地搜索目标语言，并计划转换数字或术语的代码。[①]

此外，在听力和理解中，下列因素也起着重要作用：

a. 原文的主题和情况

b. 口译员的个人经验、语言、社会经验、常识和广博的知识

---

① 刘和平. 口译理论与教学研究现状及展望［J］. 中国翻译，2001（2）：17-18.

c. 专业知识[①]

释意理论提出的解释三角模型实际上是一种"过程模式"[②]，其中，当译者试图掌握原文的意思时，认知补充的作用尤为重要。这正是因为认知补充的本质是调用各种形式的认知知识和认知语境，以辅助对源语言的倾听和理解，并捕捉其意义，从而确保译者能够从更全面的角度解读源语言，进而有利于源语言的意义和语言的外部形式的快速分离。在口译实践中，这种情况并不少见，因为每个项目都涉及不同的主题和口译任务，而且译者自身对这些方面的理解也很有限，因此口译过程往往会得到补充，以便译员能够成功挖掘出说话者的意图。可以说理解的深度在某种程度上取决于个人的知识和经验。

3.2 脱离源语外壳的过程

脱离源语外壳是释意理论的核心要素。鲍刚[③]指出，脱离语言外壳是一种信息处理活动，它涉及从原始信息存储到目的语翻译的一些中间状态。这是译员的基本技能之一。源语的重音和结构都在语言外壳中，要打破它，需要译者去理解和记忆说话人的意思，并把语言的意思和非动词的意思区分开来。交替传译通常使用内容助记符，如笔记，来帮助记忆，而同声传译更依赖于短期记忆。

支持释意理论的口译员们认为，思想在之前，并不以语言的形式储存在人脑中。一旦它们用语言表达出来，就会以某种概念的形式出现在别人的脑海中。在口译实践过程中，如果我们对听到的一个词过于挑剔，就经常会漏掉一个句子。塞莱斯科维奇曾经提出了一个非常有启发性的问题：一篇500字的演讲和一部两小时的电影，哪一个更容易记住和和复述？答案不言而喻。前者属于单词记忆，后者属于内容记忆。事实上，如果我们记得电影的内容，那是因为我们理解了电影的意义。

现场、即时和不重复给口译带来了很多困难。很难在一瞬间完成听、理解、分析、记忆、构思和再现多项任务。在这种高强度的工作中，口译员应该运用释意理论来感知语言的外在形式，抛弃原有的外在形式，直接把握字里行间的意义，然后记录在大脑中，这就是脱离源语外壳的过程。实际上，译者必须写下或记住的不是他听到的所有单词，而是语言表达的意思。同时，人的记忆力是有限

---

① 刘和平. 译前准备与口译质量——口译实验课的启示 [J]. 语文学刊（教育版），2007（7）：73-76.

② 张吉良. 巴黎释意学派口译过程三角模型研究 [J]. 外语教学理论与实践，2011（2）：74-80.

③ 鲍刚. 口译理论概述 [M]. 北京：中国对外翻译出版公司，2011.

的，不可能记住语篇中的所有单词，因为听力记忆跨度最多允许同时记住7~8个单词，剩下的单词只能是有印象而已。此外，语篇的构成也为我们捕捉语篇的思想提供了便利。任何语篇中都有许多多余的词，没有实质性的意义，它们只是起到语篇的连接作用，在记忆信息时可以被丢弃，它们不会损害单词的整体含义。

3.3 重新表达的过程

重新表达过程是基于源语的重述。该学派"认为翻译是一种解释；译者不应该追求语言单位的对等，而应该追求原文的意义或效果的对等。"为了达到这种"相同的效果"，有必要克服语言和文化的障碍。根据译文的表达特点和文化差异，语言自然流畅，易于接受和理解。总的来说，用塞莱斯科维奇的话来说，她创立的释意理论"应该被称为沟通和解释理论"，这首先是"一种解释理论"。该理论以口译现实的观察和分析为基础，出发点与当时其他翻译理论流派完全不同。研究对象不再停留在语言层面，而是扩展到解剖口译学的现象。1998年，在接受许巍教授采访时，她解释说："在我们的研究中，我们有自己的优先事项和特点。我们把翻译视为一种交际行为，而不是交际结果。翻译首先是人类的交际行为。在自然交际活动中，语言主要起着工具的作用，所以我们强调翻译的对象应该是信息内容、意义，而不是语言。"

4. 释意理论下同传与交传对比

我们说话的速度可以非常快，每分钟可以达到120到150个单词，三四分钟内有四五百个单词。然而，不可能在几分钟内记住这么多单词。此外，信息的释放是一次性的、短暂的，所以这就是为什么口译员应该以恰当的方式倾听、理解、记忆和表达意思，而主要的方法就是释意理论。但是对于同声传译和交替传译，这些过程是不同的。

4.1 交传和同传的定义和工作模式

（1）交替传译的定义和工作模式

交替传译是一种口译实践，即"当说话人完成部分或全部讲话时，口译员以口头方式向听众再现说话人表达的思想和情感。"①根据工作模式和环境变量（如

---

① 张维为. 英汉同声传译［M］. 北京：中国对外翻译出版公司，1999：26.

幻灯片的使用与否），交替传译分为经典口译和短口译，其中前者由于句子较长而依赖笔记。

从定义中可以看出，交替传译的特点是异步。在交替传译中，口译员将信息从源语翻译成目的语，直到讲话者在没有任何设备齐全的展台或复杂的布线系统的情况下讲完源语为止。源语的持续时间可以从几秒钟到几分钟，例如3到5分钟①。口译员在分析片段时获得信息，并通过笔记将其存储在记忆中，然后在说话者说完后用另一种语言复述出来。

交替传译主要用于多种场合，从政府官员、商人或公司之间的正式会谈或商务谈判，到在商店购物。交替传译需要多种不同的能力和技能，包括高水平的源语理解能力、出色的笔记技能、良好的一般知识和记忆、自信的表达方式和良好的社会沟通技巧。

（2）同声传译的定义和工作模式

同声传译是指一种口译实践，即以几乎与说话者同步的速度，用一种语言以口头形式表达另一种语言表达的思想和情感。顾名思义，同声传译是指说话人说话时进行的口译。在同声传译中，口译员必须对两种语言都进行处理（包括两种语言的词汇、句法、语用、风格等方面），认知处理的压力非常大。同声传译最大的特点是同步，但这并不意味着输出和源语是完全同步的，而是说除了说话人停顿外，口译员应该同时听和说。所以源语以几乎"同步的速度"被复制。此外，同声传译的显著特点还体现在：源语的释放是一次性的、线性的；目的语的听说有严格的时间限制；由于这个时间限制，可以听到的语言/信息的数量也是有限的。在这种情况下，笔者对口译员能否进行完整的"口译"表示怀疑。

根据设备的用途、口译员的位置、信息来源，同声传译（SI）可分为会议口译、耳语口译、带设备的耳语口译和视译。

同声传译（SI）的类型	设备使用	口译员的位置	源语类型
会议口译	是	在口译室里	声音
耳语口译	否	在观众旁边	声音
带设备的耳语口译	是	在观众旁边	声音
视译	否	/	文本

---

① 李小红．从吉尔的认知负荷模型与理解等式看交替传译中的理解障碍［D］．福建师范大学，2015.

与交替传译相比，同声传译的特点可以概括为以下三点：首先，输入信息是片面的，缺乏完整性；第二，信息处理的时间更紧迫，因为输入、处理、输出是同时进行的；第三，没有信息代码转换的中间平台（例如交替传译的笔记）。同声传译在传递信息时，信息的内容逐渐以线性方式发展，口译员与源语保持着平行的语速。

4.2　同传和交传的区别

（1）理解中的差异

就注意力分布而言，在同声传译中，译员的原始信息接收和输出是同步的两项活动，源语和目的语的声波相互干扰，造成大脑语言中心适应这种智力行为的障碍，进而影响译者的注意力集中和注意力分布。① 结果，两种声音降低了译者原始接收和输出的有效性。

其次，如上所述，在同声传译中，信息必须在口译员听到后迅速吸收和发布。因此，源语信息的输入是不完整的、片面的，这就给理解过程带来了障碍。

（2）脱离源语外壳中的差异

从技术的角度来看，交替传译的核心是记笔记。笔记是学习口译的一个重要内容，也是专业交替传译训练的必备项目。因为在听力和理解阶段，笔记有助于形成短期记忆，在输出阶段，口译员高度重视笔记，以激活中长期记忆，并完成口译。

同声传译一般采用双耳听法、断句法（也称直线翻译）、借助设备口译等方法，其过程遵循合理性、简洁性和信息对等的原则。因为口译员在听到源语几秒钟后才会产生目的语，所以他们在短期记忆方面更可靠。即使记下了笔记，记下的也只是名字或数字，很容易出错，也很难立即口头输出。断句不可避免地会导致同声传译的句子结构过于零碎，很难形成交替传译中使用的这样完整的长句。

但无论信息是记在脑子里还是记在笔记里，都必须理解和总结，才能长时间地记在脑子里。

（3）表达中的差异

就口译员所处的情境而言，交替传译译员经常站在舞台上，能够快速捕捉到

---

① 鲍刚．口译程序中的语义问题［J］．北京第二外国语学院学报，1998（4）：104－111．

说话者的表情、心理状态和观众反应的反馈，这些都对口译有很大的帮助。一旦有不懂的信息，都可以在礼貌询问后得到说话者的重复或解释。也可以用语气手势来说明意思，达到活泼、表达的目的。而坐在口译室中的同声传译译员只能通过窗口观察会场情况，视角不如交替传译译员。此外，还有一种疏离感，不可能通过手势来表达他的意思。

从工作过程的角度来看，这三者在交替传译时是以线性的方式发展起来的，口译员总是在一段源语完成时进行翻译。因此，口译员享有一定的时差，与原文保持一定的距离，而且因为更容易脱离原文的语言外壳，翻译的语言更自然。

同声传译的过程是三个程序同时进行，给译者留下的思考空间十分有限。此外，根据每个句型和信息密度的不同，译者的时间差也会不同。为了不落后太多，译者往往会快速地翻译一些信息，并迅速把它们抛到脑后。这种模式必然受到源语的限制，以至于翻译出来的语言不够自然，带有翻译腔。

一般来说，同声传译和交替传译有不同的工作模式，其特点是注意力分布、技术和不同的工作程序。因此，两者在理解、脱离源语外壳和表达过程中具有不同的特点。由于上述工作过程的不同，一般非口译员、口译员和专业口译员在这个问题上有着惊人的共识：即交替传译比同声传译更准确。张吉良认为"总的来说，交替传译的准确性高于同声传译。译者在翻译过程中纠正错误的时间相对较多。翻译后的语言更加流畅简洁。译文合乎逻辑，整体质量相对稳定，更接近笔译的效果。"方凡泉[1]具体描述了这一现象："同声传译译员就像机器人一样，几乎没有时间思考和分析。翻译的准确性相对较低，也不全面。对于英汉、汉英同声传译来说，如果是即兴发言，中文内容往往听起来更流畅。"根据 AIIC 的规定，同声传译人员只能翻译 80％的源语。

5. 结论与反思

本节首先对释意理论进行了全面的叙述，并对该理论进行了逻辑梳理。然后比较了同声传译和交替传译这两种不同的过程。随着研究的深入，笔者对口译实践和释意理论有了更深刻的理解。一方面，作为有史以来第一个旨在阐明口译所涉及的心理过程的系统性解释理论，释意理论为口译人员的培训提供指导，并为

---

① 方凡泉. 好易学英汉口译［M］. 广州：世界图书出版公司，2000：69.

口译实践设定指导原则，巴黎学派提出的释意理论无疑是释意研究的里程碑，特别是在 20 世纪 70 年代和 80 年代。巴黎学派的兴起和释意理论的诞生标志着国际口译研究新篇章的开始。

但另一方面，从描述的角度来看，释意理论开始阐述口译中涉及的认知过程，并引起了各种争论。关于释意理论的争论正在变得越来越激烈。作为一种试图解释口译所涉及的心理机制的描述性理论，释意理论远不能令人满意，因此需要更有说服力的实验结果来进一步对其进行支持和完善。这一理论并非无懈可击，因为我们无法通过科学手段，即实验和测试，来有效地对其进行验证。其中的一些观点，如释意理论的普遍应用，单词和意义之间的不相关，以及否认不可译性仍然有待讨论。

然而，尽管面临着种种质疑，巴黎学派仍然为我们提供了启示，在很大程度上推进了理论研究，值得肯定。

随着科学技术的进步，释意理论中应引入人工智能和计算机科学等研究来构建理论模型，从而提高其科学性。正如中国谚语所说的："好马配好鞍。"

当然，本节内容还存在许多问题。由于口译水平和科学研究水平有限，口译理论的理解和应用肯定存在不足。同声传译和交替传译之间的比较并不完美。这正是笔者未来需要努力的方向。

第四节　释意理论与交传策略

概要：在每年 3 月的"两会"期间，中国国务院总理将举行记者招待会，回答中外媒体的各种问题。这次会议的口译直接关系到中国政府能否展现出中国的政治态度，进而树立中国的良好形象。为了准确地进行口译，口译策略的选择是很重要的。释意理论认为翻译是一种解释。它的重点不是词语的对应，而是实现两种语言意义的对等。由于汉英语言结构和文化背景的不同，口译员不应局限于源语的语言形式，而应更多地关注释意理论所强调的意义。因此，释意理论在政府新闻发布会口译策略的选择中起着重要作用。

1. 绪论

随着全球化的发展，国与国之间的交流越来越频繁。作为第二大经济体和最大的发展中国家，中国对外开放，与许多国家建立了关系，国际社会也更加关注中国的政策。我国的政府新闻发布会的翻译主要是口译。也就是说，说话者用中文回答中外媒体的问题，译员用英语表达他的话。由于中英文在语法结构和文化背景方面有很大的差异，新闻发布会上的口译不仅要求口译员掌握好中英文，而且要有广泛丰富的知识。作为沟通的桥梁，这种口译直接决定着中国政府能否向世界展示自己的政治立场，树立良好的国家形象。然而，由于中外文思维方式和表达方式的不同，例如，有些充满中国特色的表达在英语中却找不到相应的表达。如果直接词对词翻译，英语国家的听众无法理解意思。因此，本节运用释意理论，提出了一些口译策略，对提高新闻发布会的口译水平有一定的促进作用。

本节的研究方法是选取实例，从释意理论的角度对李克强总理 2018 年新闻发布会进行定性分析。

2. 相关研究

随着中国国际地位的提高，中国的每一项政策都受到了国际社会的密切关注，因此新闻发布会变得越来越重要。近年来，越来越多的口译员和学者开始关注政府新闻发布会的口译。不同学者从口译理论、相关理论和口译语料库研究等不同角度对政府新闻发布会的材料进行了分析。在释意理论方面，华静[①]将释意理论应用于政府新闻发布会中的古诗文口译，并对比了前外交部和现任外交部高级口译员张璐的翻译，强调了古诗文口译艺术美的重要性。王芬[②]从释意理论的角度对 2013 年和 2014 年政府新闻发布会上充满中国特色的表达方式进行了定性分析，提出了直译、意译和信息补充。

尽管前人已经从口译理论的角度对新闻发布会的口译进行了大量的研究，但最新的政府新闻发布会却没有得到研究。本节将对 2018 年政府新闻发布会进行

① 华静. 释意理论对会议诗词口译的指导意义——温家宝总理记者招待会中文言古诗词口译评析 [J].《华东理工大学学报》，2012，27（06）：107－113.

② 王芬. 释意理论视角下分析记者招待会中国特色词汇的口译策略 [D]. 北京外国语大学，2015.

分析，采用释意理论探讨政府新闻发布会的特点和标准，并提出相应的口译策略，以指导今后类似的口译工作。

3. 释意理论的框架

释意理论始于 20 世纪 60 年代末。创始人塞莱斯科维奇认为口译是一种交际活动，口译员应该是研究的对象，他还认为针对口译过程的研究应该是动态的。1968 年，塞莱斯科维奇发表文章《国际会议中的口译员、语言和沟通问题》（Interpreter in international conferences, language and communication problems），主张口译研究的对象是意义而不是语言，这标志着释意理论的诞生。1984 年，塞莱斯科维奇和莱德雷尔共同出版了《释意翻译》一书，这标志着释意理论的成熟①。这本书提出了口译的三角模型：

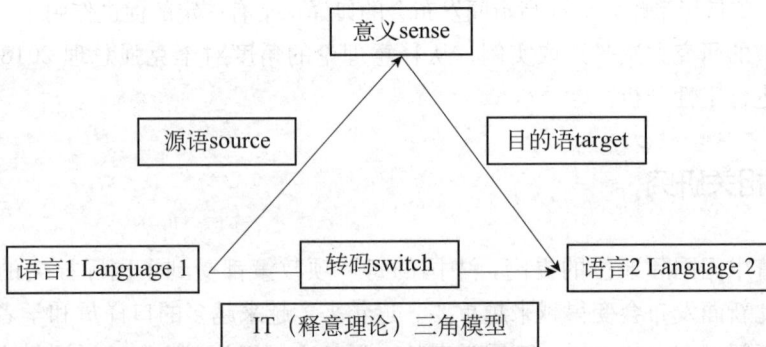

IT（释意理论）三角模型

口译的第一阶段是理解语言 1。在这一阶段，口译员将听到具有一定意义的讲话，口译员需要理解这种语言，然后才能准确地进行口译。为了准确理解原文的全部含义，译员必须具备百科知识、文化知识等语言外知识。

口译的第二阶段是将单词简化为非语言意义。在这个阶段，口译员只需要记住讲话中表达的思想，忘记原有的语言结构。换句话说，译员必须摆脱原有语言结构的束缚。他们应该充分利用语境和相关的文化知识，准确地掌握源语言词汇和句子的意义。

重新表达是口译过程的最后阶段。在将单词简化为非语言意义后，口译员以

---

① 高彬，柴明颎. 释意理论的历史性解读 [J]. 解放军外国语学院学报，2009，32（03）：71-76.

听众能够理解的方式重新分析和表达源语的含义。这就要求译员掌握好外语，并有快速反应的能力。

4. 政府新闻发布会

4.1 政府新闻发布会的特点

"两会"新闻发布会有以下特点：第一，规格很高。年度新闻发布会在金碧辉煌的人民大会堂举行，总体气氛正式而庄严，发言人是国务院总理。由外交部工作人员作为口译员来回答世界各地媒体的提问。第二，话题很广。年度新闻发布会的讨论主题涵盖了中国的政治、经济、文化和社会。记者们不仅会关心当前与国家经济和人民生活有关的问题，也会关心中国的外交政策和政治立场。2018年，李克强总理在"两会"上回答了问题，并谈到了改革开放、产权保护、金融管理、医疗改革、两岸关系、养老金等热点问题。第三，意义重大。年度新闻发布会将成为国内外权威媒体的焦点。总理的讲话是官方的、权威的，代表了中国政府的态度和形象。

4.2 政府新闻发布会的口译标准

关于口译的标准，严复首先提出了"信、达、雅"的三种标准，即口译应该准确、流畅、优美。对于政府新闻发布会的口译，"信"应该放在首位。也就是说，口译员应该忠于原文，永远不要添加原文中没有的内容和情感。除此之外，口译员还应考虑目标受众的需求和兴趣，并以受众易于接受和能吸引目标受众准确理解原文文化的方式进行表达。口译员在不同的语境中应该采用不同的口译策略。释意理论认为，释意的核心在于意义的传递，强调发言人的意图、交际环境的作用和交际中的受众。在政府新闻发布会上，口译员应考虑这些因素，达到传递说话人想法的目的。

5. 口译策略

本部分将采用释意理论对李克强 2018 年新闻发布会的材料进行分析，并提出五种口译策略：直译、补充信息、省略、句子重组和意译。

5.1 直译

释意理论强调翻译意义，而不是翻译单词。然而，有些图像和表达在中文和英文中都表达了相似的意思。在口译中，译员可以直接用英语中相应的表达方式来表示汉语中相应的意思，这使得外国人更容易理解和接受原文的意思，这样不仅可以传递原文的意思，还可以保持原文的句法结构。

例1：李克强：那就不能容忍任何"台独"的企图、主张和行径，也不能允许外国势力打"台湾牌"，这会给两岸同胞、给两岸关系都带来困难。

译文：That said，any attempt，proposition or activity for "Taiwan independence" must not be tolerated，and we must not allow any external forces to play "the Taiwan card" to cause difficulties for people on both sides of the Taiwan Strait and for cross-Strait relation.

在汉语中，有一种说法叫"王牌"，意思是最厉害的手段；在英语中，也有相应的表达"trump card"，指纸牌游戏中最大的一张牌。这里李总理所说的"打台湾牌"并不是指常见的纸牌游戏，而是暗示一些外国势力利用台湾来干涉中国事务。在汉语和英语中，"卡"和"card"都可以理解为一种手段。因此，口译员将"打台湾牌"直译为"play the Taiwan card"，既成功地传达了总理的意思，也符合释意派的文本翻译原则。

例2：李克强：常言道：云多易生雨，树大常招风。

译文：Just as a proverb says，thick clouds may bring rain and tall tress catch the wind.

谈到金融风险，李克强总理指出，中国的经济总量和银行资产规模巨大，存在一定风险。在总结了这些观点后，总理用了一个比喻"云多易生雨，树大常招风。"云、雨、树和风是人类生活中常见的事物。中国人和外国人都熟悉这些意象。因此，口译员选择直译这句谚语所表达的场景，这使外国观众能够准确理解。

5.2 补充信息

释意理论认为口译是一种交流行为，而不是机械的词对词的代码转换。因此，当听众难以理解原文的信息时，根据"对外宣传和贴近"的原则，译员可以选择合适的补充信息，贴近外国听众的思维和表达方式，帮助他们更好地理解原文。当然，新添加的信息不应超出原有含义的范围，且应与文本的整体效果相一致。

例 3：李克强：所以看中国的开放，不仅要看细节、领域，更要看长远、全景。

译文：So in making sense of China's opening-up, one needs to pay attention to the specific steps in concrete areas and more importantly, take a panoramic and long-term view.

这是汉语中常见的无主句。它只描述了"看见"的动作和对象，但没有给出这种行为的发起者。也就是说，句子中只有谓语，没有主语。然而，英语句子中必须有主语和谓语，主语和谓语动词是句子的核心。当把无主句翻译成英语时，通常会加上主语。在这句话的语境中，总理没有明确说明是谁看待中国的开放。主语可能是中国人，也可能是外国人。因此，口译员补充了"one"作为主语，这是明智的。在保留原语所指模糊的同时，也符合目的语的语法，达到了对语言外壳的翻译要求。

例 4：李克强：中国改革开放以来，我们一直坚持"两个毫不动摇"。

译文：Since reform and opening-up, we have been following the policy of unswervingly consolidating and developing the public sector of the economy and unswervingly supporting and developing the non-public sector of the economy.

数字和缩写经常出现在各种政府文件和新闻发布会上。因此，经常会有一些中国特色的政治术语缩写，如"五位一体""一国两制"等。总理提到的"两个不动摇"是指"必须毫不动摇地巩固和发展公有制经济""必须毫不动摇地鼓励、支持、引导非公有制经济发展"，这是 2002 年中国共产党第十六次全国人民代表大会提出的。除了中国媒体之外，政府新闻发布会上还有很多外国媒体，他们有可能不理解"两个不动摇"的具体内容，所以译员给出了完整的含义，填补了外国观众的认知空白，确保他们能够理解总理强调的内容。

5.3 省略

政府新闻发布会媒体会随机提问，发言人没有提前准备讲稿，而是即兴回答记者的提问。因此，发言人将不可避免地说一些套话。此时，译员应以传递原文意义为主要目的，将词语简化为非语言意义，过滤掉多余信息，提高口译效率。

例 5：记者：现在有一些民营企业家担心财产得不到有效保护，心里没有安全感，不敢投资。

译文： Some private business people who concern about the safety of their own property are reluctant about making new investments.

这句话是中央电视台记者在询问产权保护时提出的问题。私营企业家"没有安全感"的原因是他们担心他们的财产安全得不到保障。这是在重复强调财产不能得到有效保护。人们习惯于依靠重复来强调某事，而英语倾向于简明扼要，用动词短语来突出重点。翻译这句话时，译员省略了"心里没有安全感"这句话，实现了与源语言结构的分离，成功地提取了原语的意义。

例 6： 李克强：刚才第一位记者讲到两会的时候提到机构改革，这次国务院机构改革还包括了国税和地税的合并。

译文： The first journalist mentioned about this round of government institutional reform. One part of it is to combine the state tax and local tax offices at the provincial-level and below.

英语句子大多由连词组合而成；而汉语句子是由句子的内在意义组合而成的。因为汉语中没有连词，所以它依赖于单词的重复来实现语篇衔接。相比之下，英语中有连词来保证语篇的连贯。在李克强的讲话中，"机构改革"出现了两次。口译员选择省略第二个"机构改革"，用代词"它"作为替代。这既避免了外国听众对同一词语的重复出现感到厌烦，也符合释意理论的核心，即口译的本质是传达交流的意义。

5.4　句子重组

汉语和英语是完全不同的语言，在语言形式和句法结构上有很大的不同。英语强调语法结构，句子之间的关系是通过连词来表达的；汉语强调意义，句子之间的关系通过语境和语义含蓄地表达出来。此外，英语是一种树形结构，句法结构是分层的，形成一个紧凑复杂的多分句长句。然而，汉语是一种竹结构，有多个短句结构，各部分之间的关系松散。

释意理论强调，释意遵循交际原则，将原语符号转化为思维，然后将思维转化为另一种符号语言。因此，在汉英口译中，口译员可以采用句子重组的方法，跳出原有句子形式的限制，调整句子的语序、结构和内容，用目的语的结构重组语言。

例 7： 李克强：同时我们要通过发展"互联网＋医疗"、医联体等，把优质医疗资源下沉，让更多的大病患者能够方便得到优质医疗资源的服务。

译文：What's more, we will encourage the development of telemedicine and healthcare consortiums to make quality medical resources more accessible at the community level.

此处口译员提取了李克强讲话中的关键词，然后根据主要信息对译文进行重组。如果口译员按照原文的语序输出口译，句子就会变得松散臃肿。因此，口译员提取关键词"优质医疗资源下沉"、"互联网＋医疗"和医联体，然后重构原文的主要信息。同时，口译员捕捉到了隐含在原始语言中的因果关系。也就是说，要实现优质医疗资源的下沉，就必须发展"互联网＋医疗"，并组建医疗协会。译文中的介词"to"用来表达这种逻辑关系。这种翻译把握了句子之间的关系，实现了对等意义的翻译。

5.5 意译

意译意味着口译中最重要的事情是把说话者的意思传达给听众。句子结构和修辞格可以忽略，这与释意派的发展趋势相一致。

例8：李克强：出境人次从当年的7000多万增加到去年的1.3亿多人次。

译文：The number of outbound overseas trips made by Chinese people surged from 70 million to last year's 130 million.

"人次"是各种中文报道中的常用词，但在英语中很少见到。有时它被直译为"person time"，听众根本无法理解这一说法。翻译"人次"，首先我们需要理解它的含义。"人次"是指做某事的次数。这里口译员正确理解了这一说法的意思，然后准确地进行了翻译。

例9：李克强：因为媒体界对中国的开放有这样那样的议论，我在报纸上也都看到，所以我多说两句。

译文：I can see from some media reports that opinions are divided on market openness in China. Let me make this clear.

这段话中"这样、那样的议论"的意思并不明确。如果将其直译为"this or that discussion"，听众很难理解它的意思。在这里，总理使用"这样、那样的议论"回答彭博社记者提出的问题，意思是人们对中国的开放政策持有不同的态度。口译员将其以为"opinions are divided"是合理的，这不仅保持了原意的模糊性，而且表明它既指正面的评论，也指负面的评论。这种翻译符合原意，也符合释意派的原则。

6. 结论

本节从释意理论的角度分析了政府新闻发布会的口译，总结了五种口译策略：直译、补充信息、省略、句子重组和意译。随着中国的发展，未来政府新闻发布会将会受到越来越多的关注，更多的理论将被用来分析口译，无论如何，这些研究的目的是为口译人员提供指导，以提高工作效率，在重要的场合产生更好的口译效果。

第二章 吉尔模型

第一节 吉尔模型概述

1. 绪论

随着各国之间的交流与合作日益频繁，口译所涉及的领域也在不断扩大，口译理论与模式也在逐步发展。口译是一个听、记、理解相结合的复杂过程。信息传递的成功与否取决于语言知识、心理状态、译员工作场合等语言因素与非语言因素之间的相互作用。法国口译研究者丹尼尔·吉尔，为了找出口译员如何分配他们的精力，提出了三个模型：同声传译模型（SI），交替传译模型（CI）和理解等式。同声传译由三个主要组成部分及精力组成[①]：听力工作（听和分析源语言）；产出工作（产出话语的目标语言版本）；短期记忆工作（存储刚刚从说话者那里接收到的信息，直到它在目标演讲中呈现），加上协调精力（协调其他三项精力）。交替传译由两个阶段组成：听和笔记记录阶段，以及言语产出阶段。理

---

① Gile，D. Basic concepts and models for interpreter and translator training ［M］. Amsterdam & Philadelphia：John Benjamins Publishing Company，1995.

解等式由三部分组成：语言知识、语言外知识和深思熟虑的分析。

至于口译方法，吉尔模型的研究方法通常是跨学科且具有多样性。本节主要研究三种方法：观察法、言语协议法和实证研究法。以目标为导向可以更好地表现观测方法。言语协议法是通过录音或录像来报告口译者的心理过程。实证研究方法以口译员和认知机制为核心，研究吉尔模型各参数对口译效果的影响。

无论是教育学还是口译活动中，吉尔模型都有助于解决许多问题。吉尔模型的研究为口译人员合理分配时间指明了方向。口译教学也受到了本节的启发。对于口译员来说，他们应该积累更多的语言知识，包括发音、词汇和语法；并扩展语言外知识，例如关于口译主题、场合、语境和文化的知识。为了避免信息丢失，口译员需要在分配时间和加强短期记忆方面进行自我训练。在教学领域，吉尔模式从教师、教材和教育学方面开辟了一条新的改革之路，以期培养出优秀的口译专家。

当然，任何理论或模型都有优点和缺点，吉尔模型也是如此。吉尔模型的优点是帮助口译员了解他们未来的发展方向，并在口译教学中发挥作用，为分析口译的难点和错误提供了理论基础。而缺点在于该模型并非适用于所有情况，特别是当口译员的总可用处理能力不能满足容量要求时。此外，吉尔模型似乎忽略了口译员和受众的能动性，这将导致不尽人意的口译效果。尽管存在这些不足之处，吉尔模型仍有值得专家探讨和研究的空间。未来可能也会出现一些新的补偿策略或模式。

2. 吉尔的三个模型

法国口译研究者丹尼尔·吉尔分别提出了同声传译、交替传译和理解等式三种模型。他的模型源于观察和内省：［1］口译需要某种"精力"，而这种精力只有有限的灵活性；［2］口译几乎占据了所有的脑力劳动，有时需要其他脑力劳动，而这时译员的表现就会下降。①

2.1　同声传译模型

口译中最引人注目和最具挑战性的现象之一是口译本质上的困难。同声传译

---

① Gile，D. Basic concepts and models for interpreter and translator training ［M］. Amsterdam and Philadelphia：John Benjamins Publishing Company，1995.

被普遍认为是所有口译模式中要求最高的一种，它对口译人员来说也十分困难，因此应当引起重视。丹尼尔·吉尔提出了一系列模型，试图以一种有助于开发培训以及更好地实现口译功能的方式解释这种困难。就同声传译而言，它可以大致分为三个主要部分：听和分析（L）、记忆（M）、产出（P）和协调（Coordinate）。所以同声传译的模型是 SI＝L＋P＋M＋C。在这个公式中，"＝"符号应该被理解为"由……组成"，而不是通常的数学意义上的相等，"＋"应该被解释为某种非常普遍意义上的"加法"，而不是通常意义上的算术加法。他进一步指出，总要求（TR）是各个要求的总和。因此，第二个公式是 TR＝LR＋MR＋PR＋CR。为了使口译顺利进行，必须满足以下四个条件：

TR＜TA　TA：总可用容量

（总处理能力要求不应超过总可用容量。）

LR＜LA　LA：L（听和分析）的容量

MR＜MA　MA：M（记忆）的可用容量

PR＜PA　PA：P（产出）的可用容量

听和分析工作被定义为所有面向理解的操作，从分析传递到口译员耳朵的源语言语音的声波，到识别单词，再到对话语"意义"的最终定义。

产出指的是口译的输出部分。在同声传译中，它被定义为一组操作，从要传递的消息的心理活动扩展到语音规划和语音计划的执行。

在同声传译期间，短期内存工作操作持续发生。有些是由于语音从被听到的那一刻到被翻译的那一刻之间的时间差；语音片段可能必须被添加到记忆中并进行分析，直到它们能够识别一个单词或音素。

2.2　交替传译模型

在这个模型中，交替传译的过程包括两个阶段：听和笔记记录阶段，以及语音生成阶段。具体说明如下：

第一阶段：CI＝L＋M＋N＋C.

在这个阶段，L指的是收听和分析源语音，M是听到信息到记在笔记中的时间之间所需要的短时记忆，N是记笔记。L和M与SI模型中的值相同。N不同于其他情况下的记笔记，它涉及决定哪些信息应该记下来，以及如何记下来，以及决定的执行。C是指上述不同组成部分的协调工作。在第一个阶段中，口译员在做笔记的同时也在听说话人的讲话片段，这并不能涵盖源语中所传递的全部信息，只是作为记忆的提醒，帮助口译员从记忆中检索信息。一旦源语音进入口译员的大脑，理解和分析的过程就开始，并且信息存储在口译员的短期记忆中。

第二阶段：CI ＝ Rem ＋ Read ＋ P.

在这一阶段，口译员从短期记忆和长期记忆中检索信息并重建语音（Rem），然后读取笔记（Read），最后产生目标语语音（P）。同样，交替传译的整个过程要顺利进行，必须满足以下条件：

TR＜TA，LR＜LA，NR＜NA，MR＜MA，CR＜CA

第二阶段是语音生成阶段，笔记在目标语信息重构中起着重要作用。注意读取是对原始消息的标识，它还涉及内存工作，即识别现有结构，然后借助存储在工作内存中的信息细节将它们转换成目标语言。

2.3　理解等式模型

在认知心理学中，理解指的是大脑从外部的听觉或视觉材料中形成意义的活动过程。[①]认知心理学家将其特征概括为：（1）理解是一种意义形成过程，从表层结构中抽象出深层意义。（2）理解程度取决于材料的特性。意义形成是利用存储的语言对输入的信息进行处理的过程。（3）整个过程的逻辑功能。它可以填补信息空白，并预测信息的到来。理解有三个层次：词汇理解，句子理解和话语理解或语篇理解。受到认知心理学研究结果的启发，吉尔提出了理解方程：C＝KL＋ELK＋A。C 是理解，KL 的意思是语言知识，ELK 意味着语言外知识，A 指认真分析。

进行口译活动时，口译员不仅要掌握词汇和语法等语言知识，而且要了解语言的文化内涵、功能要求和相关的技术术语。

在特定的口译场合，额外的语言知识可以分为两类：预先存在的 ELK 和语境知识。前者主要在会议之前获得，有助于口译员选择适当的目标语对等词。后者是从文本本身获得的。

口译分析与一般的听读分析有很大的不同，口译分析的目的不仅仅是为了解决说话人讲话中最明显的歧义，而是为了达到一个舒适的阈值。分析的过程必须有利于口译员对源语言有深入而广泛的理解，并帮助他或她成功地重建目标语言中的信息。

---

① 王甦，汪安圣．认知心理学［M］．北京：北京大学出版社，1992：65．

3. 吉尔模型的研究方法

口译研究涉及许多学科，其中最常用的是心理学。应用语言学为口译研究提供了理论基础。其他学科也对口译做出了很大贡献，本节主要研究三种研究方法，即观察法、言语规约法和实证研究法。

3.1　观察法

观察法是根据特定的研究目的或大纲，利用研究者的感觉器官（如眼睛、耳朵）或其他工具直接观察研究对象，以期获得第一手资料。其特点如下：

观察方法有明确的目的，因为它是通过有意识地收集材料来解决问题。因此，在进行观察之前，需要确认研究对象、观察条件和观察方法，以便观察过程能够顺利进行。例如，在研究吉尔的口译模型时，研究人员的目的是研究口译员如何在口译活动中分配时间，研究对象是口译员，观察条件是口译过程。

观察法应使用工具，其中常用两种：第一种是人类的感觉器官，另一种是科学观察仪器。后者可以克服人体感觉器官的生理极限，提高观察精度，消除感官可能带来的错觉。在观察过程中，研究人员可以用眼睛来观察口译员的行为，用耳朵来判断口译员的表达。由于缺乏准确性，感觉器官的工具已逐渐通过录音和录像等可永久保存方式所取代。

由于研究对象和研究人员处于同一系统，观察法可以直接获得详细的材料。该方法从源语言与目标语言的对应关系出发，通过对文本、理解和认知心理学的分析，对源语信息进行量化，从而了解译者如何实现源语与目的语的转换。由于口译过程的复杂性，认知机制和策略应该相互协调，口译员才能有效地传递源语信息。观察法可用于揭示单一认知机制与另一种认知机制之间的协调过程。① 例如，研究人员在验证吉尔模型的过程中，可以观察每个变量在思考和生产阶段的作用，从而揭示口译技能的本质和影响口译能力的主要因素。

3.2　言语规约法

通过对口译过程中口译对象心理活动的口头报告进行分析，研究人员收集了

---

① 鲍刚．口译理论概述［M］．北京：中国对外翻译出版公司，2005：8-10.

相关资料和数据。该方法的主要过程是被试者在完成口译活动后，立即以语言的形式报告自己的思维方式和心理活动。研究者需要做的是记录他们的言语陈述，并对其进行分析，以期揭示被试者的心理活动过程和规律。

口译是一项复杂的信息处理活动，包括接收信息，存储信息和传递信息。吉尔模型涉及口译员处理信息和分配工作的能力。为了解决这些难题，研究人员细分了处理过程，如音节和单词的识别、句子结构的处理等。言语规约法可以帮助研究人员深入研究口译信息的复杂处理程序。口译整合了听觉输入和言语表达，两者之间的关系可以通过言语规约法进行研究。以吉尔的理解等式模型为例，理解是建立在接收信息和获取知识的基础上的；因此，研究人员可以通过研究口译员的口头报告，更好地分析口译员对目标语言的理解过程和输出。

3.3 实证研究法

实证研究法是认知心理学中常用的研究方法，它要求研究人员收集材料，然后提出假设，并检验这一假设是否正确。研究人员可以控制变量和实验环境，来研究每个变量之间的关系。目前主要有两种实证研究方法，一种以口译员为核心，另一种以认知机制为主。前者意味着将口译员划分为不同的类别，如学生口译员、专业口译员、非口译员等不同类别，并对每一类口译员在口译较长的篇章或数字时的表现进行比较，从而研究口译员的认知能力。后者是记忆机制研究的热点。例如，口译员首先会看一段较长的文本，然后在一段时间后复述，评估他们的记忆能力甚至是口译能力。[①]

虽然口译员的认知能力可以通过实验或技术来衡量，但在进行测量之前，实验目的应该是明确的。实验中涉及的所有变量都应该考虑进去，并应消除或减少不相关的变量。口译的质量取决于语篇和口译员，因此，实证研究人员可以根据两个核心因素设计实验计划。例如，在研究吉尔的理解等式时，研究人员根据语篇的语义、语法和词汇水平将语篇分为不同的类别，或者根据每个口译员的语言水平、口译能力、认知能力将口译员划分为不同的类别。下一步根据信息传递和口译策略的准确性和流畅性来判断口译员的能力，从而估计出记笔记、听力和分析等变量对口译质量的影响。

---

① 许明. 论同声传译研究方法. 中国翻译，2013（1）：16.

4. 吉尔模型的应用

无论是在口译活动还是教学方面，吉尔模型都能帮助口译员取得更好的表现，并为口译教学改革指明正确的方向。

4.1 译员培训

根据吉尔的理解等式模型，理解不仅仅是对源语言信息中单词和句子的掌握，还包括说话者的深层含义，这就要求口译者充分利用自己的语言外知识。从这一点来说，语言知识无疑是非常重要的，但是应该加强了解语言外知识，以便口译员能够更好地传递说话者的信息。

（1）语言知识

吉尔认为，理解困难主要发生在口译员不了解源语言的语法结构或不熟悉源语信息的情况中。口译员只有拥有扎实的双语语言基础才能解决这个问题。

就说话人的方言而言，受地理、文化程度的影响，不同说话人其方言和说话方式也不尽相同，这无疑会阻碍译员的理解。因此，在培训口译员时，专家应确保口译员接触到不同地区的方言。

在词汇方面，缩略语是影响译员对源信息反应的因素之一，尤其是在一些特定领域的会议上。因此，口译员需要熟悉与会议相关的词汇，如 SC（安理会）、UPU（万国邮政联盟）、NMD（国家导弹防御）等。随着互联网的发展，大量新词不断出现在人们的生活中。口译员最好不断扩大词汇量，与时俱进。

在语法方面，不同的语言虽然有相似之处，但都有自己的语法体系。如果目标语言使用的是母语的语法结构，口译员就应该掌握两种语言的特点。口译员在听到大量的源信息时，必须分析语篇的逻辑，重新组织源信息，使译文符合目的语的语法，因此需要进行大量的练习和学习。

（2）语言外知识

众所周知，并非任何有语言知识的人都能进行口译。口译员必须同时做几件事，因为他/她必须立即理解他/她所听到的内容，然后处理所说的内容并以目标语言再现。整个过程既复杂又费力。从这个意义上说，语言知识只是影响口译表现的一个局部因素。此外，语言外知识（ELK）也起着重要作用。前著名口译员赫伯特说，口译员应该"通百艺而专一长"。他强调广博知识的重要性。在会议上，一个人对形势和主题了解得越多，他就越能更好地理解演讲者的演讲。这种理解是有用的，因为它有助于消除源语言文本的歧义，选择适当的目标语言对等物，并促进预期和文本理解。具体来说，语言外知识的功能可归纳如下：

首先，ELK（语言外知识）提供了检索所需信息的计划。在口译《中国的发展》这篇演讲时，需要借助中国的相关知识来帮助记忆原文中的一些细节，如"中国文化""中国旅游""中国历史"等。语言外知识作为一个方向或地图，用于提取有用的信息，以促进口译人员的理解和口译表现。

其次，ELK（语言外知识）允许口译员重构消息，这意味着在 ELK（语言外知识）的基础上生成关于丢失消息的合理猜测。它通常发生在口译员没有完成对最后一条消息的解释，而说话者已经进入下一部分的时候，从而导致译员对说话者的一些原始消息的短期存储不完整。对于没有记住的部分，经验丰富的口译员应该激活与参与主题相关的语言外知识，并通过合理的推论填补空白。

最后，ELK（语言外知识）可以帮助口译员编辑内存，以排除看似不合适的想法。换句话说，随着 ELK（语言外知识）的存在，口译员就可以省略那些他或她似乎抓住了，但与已有知识不一致的想法。由于口译员在国际信息系统中承受着巨大的时间压力，他们有时不可避免地会在短时间内以错误或扭曲的方式理解即将到来的信息。在这种情况下，ELK（语言外知识）更像是一个提醒，帮助口译员忽略扭曲的想法并提供有根据的信息。①

（3）记笔记

在交替传译的第一阶段，与笔记相关的处理能力在很大程度上取决于记笔记所花费的时间，以及翻译决定如何写笔记的，在此期间，传入的信息在短期记忆中累积。口译员因此有时由于记忆失败而导致信息丢失。在第二阶段，即语音生成阶段，笔记在重建目标语言的信息中起着重要作用。笔记阅读是对原始信息的识别，它也与记忆有关，即识别笔记，然后在存储的信息细节的帮助下将它们转换成目标语言。口译员应该清楚地知道要记下什么。

首先是主要观点。一般来说，要记录的是关键词。关键词可以用不同的形式

① 王茜 . 背景知识在同声传译中的作用——简图［D］. 上海外国语大学，2006：28.

写成：单词，符号或标记，只要它们能让口译者记住原文的意思即可。需要注意的是笔记的顺序有时可能与原文不同。还有一些其他情况，比如有些单词应该按原貌写：如数字、专有名词、技术术语等等。

第二是数字。数字必须在听到的瞬间记录，因为它们不能像其他信息一样被分析，也不能以逻辑的方式存储。以英汉口译为例，数字的表达方式在两种语言中是完全不同的，当遇到数字时，口译员会在两种语言之间做一些转换。因此，在口译员能更好地把它们写下来之前，应该做大量的练习。

第三是专有名词。与数字不同，专有名词没有必要解释，而是根据目标语言的规则稍微改变一下发音。我们无法理解以前从未听过的人的名字，也无法记住它。因此，口译员应该把他/她听到的内容都写下来。

第四是技术术语。在当口译员听到专业术语时，尽管专业术语在特定的情况下有其特定的含义，但仍应立即将其记下来。但在口译之前，口译员可以做好准备，以简化记笔记的过程。[①]

(4) 记忆力

在同声传译中，因为没有足够的时间记笔记。短时记忆（也称为工作记忆）是口译员唯一可以依赖的东西。如何训练口译员的短时记忆是口译领域的热门话题。这里提出了两种方法，即复述法和影子训练法。

同声传译的复述练习旨在扩大口译员的工作记忆能力，帮助他们记住更多的信息。这种方法要求口译员先听一篇演讲，然后用自己的话复述，练习的方法有两种：用原语复述和用目的语复述。通常使用的材料不会时间很长，内容很容易理解。在复述开始时，口译员可以记一些笔记，包括数字，名字等。应引导口译员更多地关注意义和逻辑，而不是单词和表达。但随着复述的进行，口译员不应依靠笔记来增强工作记忆。目的语复述和源语复述的过程是一样的。评价在复述练习中起着重要的作用，因为口译员需要对他或她的表现进行反馈，以了解复述是否包含了主要的思想或是否与原文一致。

影子训练可以通过两种方式来设计和执行：纯影子训练和处理其他任务时的影子训练。前者要求口译员在听语音材料时重复他或她听到的单词。口译员可根据工作记忆能力，较原演讲落后 2～6 个单词。这种频繁练习使口译员逐渐能够

---

① 路云芳. 交替传译笔记研究 [D] . 河北大学，2010：23.

同时处理两项任务，口译员可以自由说出他或她刚刚听到的内容，同时继续听和理解材料，这是同声传译的基本工作模式。后者要求受训者听源语并说目标语。这个练习包括听、存储、转码和表达，有效提高口译员分配精力的能力。

4.2　教育改革中的应用

为培养优秀的口译专业学生，教师应扩大母语和目标语的知识。只有这样，他们才能发现学生在口译活动中处理信息的不足。世界每天都有很多新词产生，教师必须紧跟时代的步伐，以缩小学生和教师之间的差距。此外，在口译过程中可能会出现一些课本上没有的突发事件。因此，教师应具有丰富的口译经验，在出现紧急情况时帮助学生解决问题。

从吉尔的理解等式模型可以看出，语言和 ELK（语言外知识）对于口译员来说非常重要，这就要求口译专业的教材不仅要在词汇和语法上对学生有所帮助，而且要在话题和材料上丰富多彩。口译教学具有适用性强、内容丰富的特点，涉及文化、教育、技术、会议演讲等方面。

目前，大多数高校的口译教学主要注重理论知识的传授，而不是对学生进行口译实践的训练。口译教学的正确方向应该是理论与实践相结合。教学内容最好涵盖数字和谚语的解释，提高学生的反应能力。除了传统的听力练习外，教师还可以在学生之间模拟真实的口译场景，以期提高学生的实际口译能力。

5. 结语

吉尔的同声传译、交替传译和理解等式模型清晰地反映了影响口译效果的各个变量之间的关系，为口译研究做出了重要贡献。但是正如硬币有两面一样，吉尔模型并不是那么完美。在某些方面，口译专家仍有深入挖掘的空间。

在实际口译中，当吉尔模型的任何一个分量都不能满足公式的要求时，即使可用的处理能力之和大于实际需要，整个口译过程也可能以失败告终。由于这一现实情况，在处理能力要求增加的任何阶段都可能出现问题，如语音的高密度等。此时，应该使用一些补偿策略。[①]

对于吉尔的同声传译和交替传译模型，口译活动忽视了受众的作用。只注意

---

① Guangjun Wu, Kefei Wang. Consecutive interpretation：A discourse approach towards a revision of Gile's effect model ［J］. Translator's Journal，2009：403.

说话者和口译员可能会导致错误信息的传递。吉尔将口译员的身份定义为完全不可见的或"非人"的，因此口译员应该扮演一个中立的角色。然而，如果说话者在某些情况下会因为焦虑而传递错误的信息，那么口译员是否还会扮演着它的隐形角色，对传递错误的信息睁一只眼闭一只眼呢？他/她当然不会。口译员应纠正原文中明显的错误。口译是面向受众的服务性活动。在这方面，专家可以考虑第三方受众因素，更好地完善吉尔模型。

尽管存在局限，吉尔模型仍为口译员指明了一条光明的道路。在口译教学方面，这些建议是明智的，它为教学改革铺平了道路。这三个模型也为口译难度的研究奠定了理论框架。总之，吉尔模型正在影响着很多口译员、学生和口译领域的专家，并在未来会影响更多的人。

第二节　吉尔模型及实践技能

概要：本节以丹尼尔·吉尔提出的理解等式和精力模型为研究对象，探讨口译人员在顺利成功完成口译任务时遇到的主要认知障碍。主要采用描述性方法来分析口译员在处理信息并输出信息过程中所犯的错误。研究结果表明，语言能力、相关知识的储存、分析能力和认知能力的局限性是造成口译干扰的四个主要因素。为进一步提高口译技能，提高口译水平，本节提出了相应的应对策略。此外，还需要进一步研究设计具体的培训课程，以扩大认知能力，更好地避免信息超载。

1. 绪论

众所周知，口译是一种人类活动，它指在一次性接触源语言表达的基础上，用目的语翻译出来。同声传译和交替传译是口译的两种主要形式，为了帮助不同语言背景的人进行有效的交流，有时会采用耳语同传和联络口译。口译的一个显著特点是口译员需要同时处理听、说、记、写等多种任务，这就要求口译员的精力得到合理的分配。如果口译员过于关注某项任务而忽视其他任务，那么他/她很可能无法顺利完成任务。此外，即时性是口译活动的另一个特征，这意味着口译员应该在发言者停止说话后应立即把他听到的信息表达出来，而他没有机会检查他所困惑的信息。这种口译往往是在很大的压力下进行的，因为输入输出之间的信息处理时间很短。口译的即时性对口译员的理解能力提出了挑战，若不达标则不能被视为合格的口译员。

口译活动虽然历史悠久，但作为一门独立的学科，直到近年来才受到人们的重视。目前，没有多少口译员具备十足的资格来满足市场的需求，市场也缺乏出色的口译员。在这样的背景下，口译人才的培养和口译能力的提高成为摆在我们面前的一个巨大难题。因此，本节将尝试探索理解障碍和精力限制因素的应对策略，为口译能力的突破做出贡献。

2. 理论基础

本节以吉尔模型为理论基础进行分析和讨论。丹尼尔·吉尔是世界口译领域著名的学者和专家，他试图从认知心理学的角度分析口译过程中的难题，为口译理论和实践的发展做出了巨大的贡献。吉尔认为，理解是口译过程中一个重要的技能，在他的专著《口译和口译训练的基本概念和模型》中，他提出了著名的理解方程式：$C = KL + ELK + A$。更具体地讲，理解＝语言知识＋语言外知识＋分析。这个等式提醒我们，为了理解源语言所传达的意义，仅仅掌握口译技巧是不够的，在训练过程中也应该掌握一些基础知识和适当的分析能力。在这个等式中，等号不代表其他三个部分的总和，而是意味着理解只能通过另外三个因素的相互作用来实现。加号并不意味着简单地添加语言知识，语言外知识和分析。它强调三个因素的相互作用和相互影响①。

吉尔在这一领域的另一项重大贡献是他的精力模型，旨在帮助口译员"理解口译的困难并选择适当的策略和战术"②。根据吉尔的观点，"模型的发展起源于两个观点：一个是口译需要某种精力，而这种精力只能在有限的供应中获得；另一种解释是，口译几乎占据了所有的精力，有时需要的比现有的更多，在这种情

① 邹姗姗. 吉尔的口译理解公式对译员的启示 [J]. 郑州航空工业管理学院学报（社会科学版），2005，24（1）：82 - 84.

② Gile D. Sonja Tirkkonen-Condit, ed. Empirical Research in Translation and Intercultural Studies: Selected Papers of the TRANSIF Seminar, Savonlinna 1988 [J]. Target, 1992, 4 (2): 191.

况下，口译效果就会不尽人意"[①]。他还提出了一些等式来说明口译的精力模型，例如 20 世纪 70 年代的同声传译模型和 20 世纪 90 年代的交替传译模型。由于本节仅关注口译过程中的精力分配和理解障碍，我们仅以交替传译模型为例。在交替传译中，精力模型分为两个阶段。

阶段 1：CI = L + N + M + C.

      交替传译＝听力和分析＋记笔记＋短期记忆＋协调

阶段 2：CI = Rem + Read + P.

      交替传译＝记忆＋笔记阅读＋产出

听和分析是口译的第一步，也是最重要的一步，它涉及接收源信息。但是这里的听指的是一个积极的输入过程。换句话说，翻译人员应该处理他所获得的所有信息，并将其转化为合理的意义，这就是我们所说的感知。只听单词或声音是不够的，因为这在口译中没有任何意义。记笔记是记忆信息的辅助工具。有时语音段太长，超出了译员的工作记忆能力，因此在这种情况下写下关键词和逻辑关系应该会有所帮助。短期记忆是指为进一步调整而临时存储的信息。协调精力是在当这些活动同时进行并相互干扰时发挥作用。

第二阶段强调处理过程的后半部分。短期记忆所捕获和存储的信息应记住 2 到 3 分钟，因为获取信息和生成信息之间存在时间间隔。然后，口译员应以不同种类的符号识别他的笔记中的信息。在言语产出过程中，口译员应以合乎逻辑的方式组织他脑海中的所有信息，并以目标语言进行相应的表达。

吉尔强调了处理能力的想法，他提出必须满足以下条件才能使交替传译顺利进行：LR + NR + MR <TA。这意味着听和分析，记笔记和记忆的总要求不应超过可用于处理信息的总能力。

从认知的角度来看，吉尔详细解释了操作过程，从这两个等式我们可以很容易得出结论，笔记和记忆是连接听力的两个关键因素，即信息和生产的输入，这是分析信息的输出，就像一座桥。考虑到笔记和记忆之间不可避免地会相互干扰，因此，在笔记和记忆方面的精力分配是有待解决的关键问题。

3. 相关研究

长期以来，口译一直被视为与实践密切相关的学科，是促进跨语言交际日益

---

① Gile D. Basic concepts and models for interpreter and translator training [M]. Amsterdam & Philadelphia：John Benjamins Publishing Company，1995：161－180.

需要的技能。口译的研究还远远不够成熟，因为它是在几十年前为适应全球化和国际互动的需要而开始研究的。如今，国内外研究大多数都是由大学学者和口译专业的学生提出的。他们可能在教学或口译经历中遇到了一些困难，所以他们做了相关研究并分享他们的想法。因此，这一领域的研究多以实证研究为基础，而很少有人将口译活动视为涉及心理学认知的人类行为，并关注其原理和机制。在国外，许多学者一直致力于翻译研究，却忽略了对翻译进行科学分析的必要性。然而，为了促进口译作为一个独立的门徒而不是简单的技能的发展，需要做出更多的努力。

基本上，目前对口译能力的研究可以根据研究重点大致分为三类，即口译质量评估、口译技能研究和认知视角下的口译研究。

口译质量研究的主要目的是为口译质量的评价确立一个客观的标准。目前，口译质量的评价标准比较模糊，主要是对口译质量进行采用感性标准进行评价和对口译质量进行个别评价。在大学里，教师会关注学生口译实践的"准确性，完整性，流畅性和快速性"，但在口译情境非常复杂的情况下，教师如何确定哪些应对策略是值得高度赞赏的，哪些应该避免的呢？在口译能力评估——口译能力评估模型的探索中，笔者考察了国内比较流行的四种典型口译测试，发现其评估标准不够具体，不能给参与者提供具体的指导。他的结论是，目前的评估体系是建立在主观判断的基础上的，缺乏评估标准，测试的目的也没有明确说明，所以测试材料没有切中要害。在此基础上，笔者提出口译测试的设计应兼顾智力因素和非智力因素。本节运用口译理论和教学策略对口译质量进行了实证研究。老师发现口译教学主要注重练习而不是质量。他提出了三个假设，并试图通过与他的学生的实证研究来证明他们。这样一篇基于口译效果的论文有助于确定有效的教学策略。

口译技能研究这一领域占据很大的比重，近三分之二的相关研究侧重于该程序中的一种或一些口译技巧。在吉尔的理解等式模型下的中非交流项目口译实践报告中，作者强调了对源语言的理解，这是口译的第一步，发现了包括非洲口音和专业词汇在内的语言因素和语言外因素，特定的知识和文化因素构成了口译过程中自我分析中非交流经验的主要障碍。一位日本学者在分析口译过程的基础上，对口译过程进行了多方位的重构式分析。本节的主要研究结果表明，翻译策略的重新表述因语言不同而不同，这有助于揭示语言组合与口译策略之间的显著联系。对于口译任务中必不可少的记笔记环节，新一代交替传译学习者记笔记的有效性可以作为一个典型范例：即对大学口译课程的实证研究。为了研究口译中记笔记的有效性，笔者对交替传译的学生有无记笔记进行了研究，发现没有可靠的证据证明笔记的有效性，以此借此呼吁在这方面进行更多的研究。

近年来，口译认知研究开始引起学者们越来越多的关注。学者邢家伟试图从认知能力与口译能力的几个方面来探讨二者之间的关系。他指出，认知研究为口译学习奠定了基础，强调人类认知功能可以促进口译技巧。因此，他提出了提高口译培训效率的几点建议。在《翻译专业本科生的自我效能感与笔记倾向预测》中，他探讨了个体的自我感知能力和对完成任务的影响，其中心理因素得到高度重视。结果表明，自我效能感与学生的记笔记倾向呈显著正相关。一些研究生也尝试在吉尔模型框架下分析精力分配困难或理解障碍，这反映了吉尔模型对解决具体问题的指导意义。这也表明，越来越多的研究者开始关注这一领域的认知研究。

总之，所有的相关研究，无论是注重口译结果的评估的结果导向，还是将口译视为一个动态的过程，并更多讨论各种技能的过程导向，目的都是促进口译培训实践的有效性，以提高口译能力。然而，为了解决这些问题，就必须探索并尝试理解口译过程的机制，并科学地解释译者的行为。无论是在国内还是国外，由于起步较晚，都还不够成熟。跨学科研究这两个领域的概念，必将使我们更好地理解口译的心理和认知原理，以更科学、客观的方式进行研究，从而找到提高口译员专业能力的更有效途径。

4. 实例分析与讨论

本节以笔者在自己的学习过程中积累的四种口译材料为例，分析了在进行口译过程中遇到的一些困难和错误产生的原因，并探讨了在进行口译任务时的认知过程。就这些材料的内容而言，两篇英译汉的段落内容关于素食主义者和多伦多的城市化，另外两个汉译英段落内容关于中国公共博物馆和奥运会。作者对这些课题的背景知识比较熟悉，但信息量不够，无法涉及细节。在口译过程中，我们发现理解困难和精力分配是两个主要的障碍，下面将围绕这两个问题展开，并探究其原因。

吉尔认为，只有结合语言知识、语言外知识和适当分析，才能正确理解源文本。缺少任何一个都会造成麻烦。

例 1： The major culprits in terms of environmental damage and health are red and processed meats.

　　因为通过少吃肉不仅可以保护环境，还可以促进健康。

　　在这个例子中，错误主要是由于缺乏语言知识和语言外知识造成的。"culprits（罪魁祸首）"和"red and processed meats（红肉和加工肉类）"被忽略了，因为口译员不熟悉"罪魁祸首"的发音和含义，而"红色和加工肉类"并不是谈论素食者的一个常规术语。口译员很难将其与环境破坏和健康联系起来。因此，作者选择简单概括，但它与原始含义却不相符。

　　例 2：Toronto is a mature municipality and has limited greenfield development potential.

　　多伦多是一个成熟的城市，但它也蕴含着巨大的发展潜力。

　　这里引用的句子想说明城市发展现状与发展潜力之间的关系。很明显，口译员抓住了这句话中的所有关键词，但它们之间的逻辑被误解了。因为对信息的分析出错了。这是整篇文章的第二句话，所以翻译受到第一句话的影响，第一句话说多伦多已经成为一个绿色城市，有限的绿地开发潜力肯定与先前的信息相冲突，因此口译员预测两者之间应该存在一个逻辑关系，即"但是"。

　　例 3：Due to the urbanization, they have spanned across municipal boundaries. Therefore, measures are taken to allow high value added business operations to locate within the city.

　　因为城市化的发展，多伦多的城市边际逐渐扩大，这也吸引了很多具有高附加值的产业到多伦多地区建厂生产。

　　在第三个例子中，"they（它们）"指的是多伦多的各种行业，而不是城市边缘产业。由于这里对介词的误解，这是一个常见的语言困难，整句的意思是以错误的方式传达。正确的理解应该是"为了解决这个问题，多伦多当地政府采取了一些措施来优化产业布局，而不是放任其自由发展"。这里的逻辑错误是由于语法知识欠缺造成的。

　　例 4：Traditional heavy manufacturing operations are relocated in the surrounding areas, where the realty taxes are lower and there is a plenty of available land for greenfield development.

　　传统的加工制造业都转移到了多伦多周边地区，所以多伦多有广阔的土地用来发展绿色产业。

　　这句话中的从句是为了说明理由而不是结果。它展示的是周边地区的情况，而不是城市的中心部分。尽管在完成这项任务之前，口译员对城镇化的知识有所了解，但她仍未能了解多伦多的实际情况。从常识角度上讲，绿色产业应该在中心区域发展，并且应该得到政府的大力支持，但在这句话中，绿地被保留下来是为了尽量减少重工业造成的污染，所以它位于城市的外围。从上面的例子中，我们可以得出结论，充分了解主题对于避免错误至关重要。

除了理解之外，在同时执行多个任务时，精力分配工作同样重要。在进行口译时，口译员在处理信息时应先听原文。与此同时，他应该努力记住解码后的信息，把它存储在脑海中几分钟，并把关键字写在笔记本上，以防信息被遗忘。这个过程包括听、想、记、写的合作，应该在很短的时间内完成。有时这些行为会相互干扰，所以如何协调它们是另一个问题。

例 5：After all, I'm one of the green guys：I grew up with hippie parents in a log cabin. I started a site called Treehugger— I care about this stuff.

其实我算是一个绿色环保的人，因为我是在小木屋里被嬉皮士父母带大的。……我也很关心这些问题。

在这里，由于信息的密集安排，句子中的一段被省略了。换句话说，信息负载超过了现有能力。在省略的部分之前，有两个关键点，即嬉皮士父母和小木屋，这是没有想到会在这里出现的，也是翻译所不熟悉的。因此，一旦听到这些表达，就会分配大量的工作来思考，从而使得接收新信息的容量空间非常小。结果，整句话都漏掉了。幸运的是，它与后半部分没有太紧密的联系，所以没有影响整个结构的完整性。但是这个问题可以通过更好的精力分配来避免。

例 6：为推进人类和平与发展的崇高事业做出了重大贡献。

The Olympics has made great contribution to human society.

由于这句话是用中文说的，所以在听力和理解上都没有障碍，但是口译员却没有忠实地翻译出来。这是因为太多的精力被分配到记笔记上，短期记忆因此恶化。笔记中不能记录太多的单词，因为一旦信息被遗忘，口译员就倾向于概括它以跟上其他信息。这也是翻译中常见的错误，它反映了记笔记和记忆之间的干扰。

例 7：在历届奥运会上，各国运动员秉承更快、更高、更强的宗旨，顽强拼搏，追求卓越，创造了一个又一个佳绩。

The athletes compete with each other and pursue better scores and they all get very good results through their participation.

这句话的问题体现在吉尔的精力模型中口译的第二阶段。虽然口译员能听懂、转换和记忆原文中的所有信息，但她不知道如何在有限的时间内高效简洁地表达出来。经过一番分析和调整，这句话可以翻译成"在历届奥运会上，来自世界各地的运动员，秉承着'更高、更快、更强'的格言，在追求卓越的运动中付出了最大的努力，创造了一个又一个纪录。"但在口译过程中，口译员必须继续听下面的句子，并尽可能多地记住它们，所以不可能有足够的时间去寻找合适的表达方式。因此，解决这个问题的最好方法是在练习时熟悉相关表达。

例 8：And I thought about it and I came up with one. I've been doing it for the last year，and it's great. It's called weekday veg. The name says it all：Nothing with a face Monday through Friday.

所以我想到了第三种解决办法。那就是周内素食。这意味着周一到周五吃素。

当发言人以非常快的速度讲话时，合适的精力分配是非常困难的。在这句话中，演讲者正在谈论他如何想到成为一名平日素食主义者的。他用了几个简短的句子使之更自然流畅。在这种情况下，口译员不需要像往常一样花费大量时间去理解复杂的长句结构，而如何记住所有的细节并把它们转换成另一种语言是一个很大的挑战。通常情况下，当说话者语速非常快时，口译员会感到紧张，并试图在他/她的笔记中写下更多内容。但应该注意的是，你花在记笔记上的努力越多，你在记忆方面的花费就越少。在倾听这一部分时，口译员虽设法写下关键词但忽略了同样重要的补充信息。

5. 研究讨论

在吉尔提出的理解等式和精力模型的指导下，笔者对前面的 8 个例子进行了分析，发现主要有四个因素对口译能力有很大影响，即语言能力、相关知识存储、分析能力和认知能力的局限性。

语言能力是指识别和分析源语言并将其转化为目标语言的能力，主要涉及口译、听力和产出的第一步和最后一步。口译员要想准确地进行口译，就必须通晓两种语言的词汇、句法、发音等方面的知识。口译通常在实际情况下进行，说话人可能有很重的口音，没有标准的英文或中文，来自日本和印度的人说不同种类的英语，甚至美国人在说英语时也有他们独特的表达习惯。作为一名合格的口译员，必须能够适应不同的声音、语调、语速和表达习惯。理解源语言意味着理解意义，而不是理解每一个单词。了解说话者所说的每一个单词的意思是基本的要求，这需要大量的词汇。其次，要注意缩略语、常用的具有特色的生词和短语。此外，口译员应该能够通过英语中的连词和汉语中的隐含意义来分析句子各部分之间的逻辑关系。

存储相关知识对于口译也是必不可少的。一个好的翻译应该"通百艺而专一长"。如果没有背景知识的支持，译员很难理解某些表达的确切含义。例如，"credit（信用）"在日常生活中意味着一种优秀品质，但它也有金融银行账户中货币的含义。同一个单词在不同的情况下可能有不同的含义。因此，在准备口译任务时，术语、主题知识和语境都应准备到位。更重要的是，翻译也应该注意文化差异。众所周知，口译不仅仅是语言的转换，它还涉及两种文化的互动。在一定程度上，口译员充当了连接两种文化的桥梁，应避免文化冲突和误解，尤其是当对另一种文化一无所知的时候。

影响口译表现的第三个因素是分析能力。信息一旦输入大脑，它就不会在没有任何分析和转换的情况下直接输出。分析过程对于获得语感至关重要。有两种方法可以进行分析——自上而下法和自下而上法。自上而下法是指口译员已经知道了演讲的主题，他可以推断出一些可能包含在演讲中的单词或观点。对相关信息的预测可以有效地减轻口译员在完成任务时的压力，但口译员要仔细听，以免之前的推断可能会干扰和导致错误的判断。自下而上法是指口译者通过总结每个句子甚至短语的意思来总结整个意思的方法。在这个过程中，口译员应该理解每个部分的一致性。如果一个部分的意思与另一个部分相矛盾，那么就可能存在一些逻辑错误。

最后，认知能力的限制也是一个需要考虑的关键因素。一个人的认知能力是有限的，因此一个人不能同时处理太多的任务。此外，在执行特定任务时，精力的分配也会影响结果。如果花太多精力做笔记，那么口译员可能无法从听力中理解意思。因此，应提出一种科学的翻译模式，以帮助口译人员更多地关注最紧迫和重要的部分。

6. 结语

口译是一项非常复杂的活动，在执行任务期间任何过程的失策都可能导致失败。由于我们已经找出了阻碍口译技巧提高的四个因素，因此有必要进一步探索提高口译能力的有效途径。首先，通过语言的强化训练和百科知识的积累，可以提高理解能力和表达流畅性。要想成为一名合格的口译员，首先要成为一名出色的双语高手。人们普遍认为口译员的母语不会带来任何麻烦，但由于母语的混淆，确实会产生一些误解。因此，系统地学习两种语言是必要的。因此，虽然一个人的认知能力是有限的，但它不是一成不变的。换句话说，通过科学训练可以提高认知能力，避免信息超载。定期的记忆训练是有帮助的。在提供这种培训的具体方式方面，应该做出更多的努力。此外，口译能力可以通过优化精力分配来提高。听力、记忆、笔记是口译过程中相互干扰的三个主要因素。建议把听力放在首位，因为没有通过听力输入的信息，就没有什么可以写的内容。其次是记忆力，记笔记应该作为辅助工具来帮助记忆更多的信息。一个人在记笔记方面越熟练，就越能把精力分配到其他处理活动上。总之，口译技能的提高需要在科学方法的指导下进行全面而长期的努力。吉尔模型将口译过程分解成一个个小单元，它告诉我们，良好的口译效果是通过各个环节的协调来实现的，只有提高各个环节的技巧，才能达到更好的口译效果。

第三节　吉尔模型与同传研究

概要：根据卡特的观点，翻译本质是跨文化交际，是一种语言作为某种文化的载体转化为另一种语言的过程。在翻译中，不仅不同的语言会被翻译，而且不同的文化也会被翻译。在"跨文化"属性上，口译与翻译具有相似的特点，口译材料中也可能含有一些具有文化特异性的短语和习语。随着全球化的发展，口译在促进跨国公司合作方面发挥着越来越重要的作用。同声传译作为口译的一个分支，在国际会议上得到广泛应用。同声传译的分析逐渐引起学者们的注意。为了促进同声传译的发展，吉尔提出了几个重要的模型，如顺序模型、精力模型和引力模型。本节旨在通过对同声传译研究现状的分析，总结基于吉尔模式的同声传译研究；在结论部分，笔者试图对未来相关研究做出合理的预测。

1. 绪论

在《同声传译的起源：纽伦堡审判》一书中，盖伊芭[1]指出，历史上最早的同声传译者之一安德烈·卡民克于 1955 年在日内瓦大学的一次演讲中发明了同声传译系统。从那时起，同声传译的分析就开始了。早在 1975 年，杰弗就开始对同声传译进行了一些早期研究，并通过采用心理学方法讨论了同声传译人员在工作时输入程序、工作记忆、解码和编码、输出程序等方面的表现。同样，弗劳恩菲尔德和施里费斯[2]也提出了一些具体的例子，说明如何有效地利用心理学方法来解决同声传译中的重要问题。席伯（2015）阐述了不同的方法，如吉尔的精力模型和席伯的认知负荷模型，是如何应用于研究同声传译中的认知负荷研究的。埃勒斯、施特劳赫和哈克考夫（2018）通过对为期 7 天的生物反馈训练的分析，得出结论：大多数用户都可以对瞳孔扩张进行更高的认知控制，从而可能为人机交互提供合适的输入机制。同声传译研究与认知科学有着密切的联系。越来越多的人认识到同声传译在本质上是一种认知活动。

翻译的认知负荷一直是口译研究中的一个长期研究课题[3]。席伯（1978）和莫泽[4]首先提出了口译中多重并发任务之间关系的模型。帕拉迪丝[5]和塞顿[6]分别从神经语言学和语用语言学的角度对其他模型进行了进一步的阐述，其次是吉尔（2009）的精力模型和席伯（1998）认知负荷模型，它们共同作为口译需求和能

① Gaiba F. The Origins of simultaneous interpretation：The nuremberg trial［J］. Ottawa：University of Ottawa Press，1998，44（3）：1.

② Frauenfelder U，Schriefers H. A psycholinguistic perspective on simultaneous interpretation［J］. Interpreting，1997，2（1-2）：55-89.

③ Defrancq B.，Plevoets K. Over-uh-Load，Filled pauses in compounds as a signal of cognitive load［J］.//Russo M.，Bendazzdi C. & Defrancq B. Making way in corpus-based interpreting studies. 2018：43-46.

④ Moser B.，Gaiba F. Simultaneous interpretation：A hypothetical model and its practical application［M］// Language Interpretation and Communication. 1978.

⑤ Paradis，M. Neurolinguistic aspects of implicit and explicit memory：Implications for bilingualism and SLA［M］. In N. Ellis（Ed.），Implicit and explicit learning of languages（pp. 3934 19）. London：Academic Press. 1994.

⑥ Setton，R. Simultaneous interpretation：A cognitive-pragmatic analysis［M］. Amsterdam：John Benjamins Publishing Company，1999.

力之间复杂平衡的核心模型。吉尔模型为同声传译做出了巨大的贡献。吉尔[①]在同声传译中检验了精力模型的走钢丝假说。他的研究加强了走钢丝假说的论据，从而为精力模型提供了一些支持，将其作为口译员基于认知约束的局限性的概念工具。施莱辛格[②]研究了同声传译中专业口译人员的呈现率对工作记忆的影响，着重研究了容易快速遗忘的情况——尤其是在不相关的、或上下文关系松散的项目中，这在之前的模型中并未涉及。除了精力模型，吉尔还提出了其他模型，如顺序模型和引力模型，这也是本节的重点。切尔诺夫[③]阐述了同声传译中如何进行推断和预测并提出了一种全面的同声传译模型——同传概率预期模型，这也是顺序模型中的一个重要概念。考虑到同声传译在输入和输出之间没有时间差，实际上这是不可能实现的（古穆尔，2005）。顺序模型解释了口译员如何在有限的时间跨度内实现对话语的自我监控。张其帆将引力模型和精力模型应用于同声传译训练中，发现粤语和英语之间的代码混合可以用作减少精力的策略，以提高同声传译的准确性、流畅性和完整性。从以上信息我们可以发现有一系列关于吉尔模型的同声传译研究。然而，需要注意的是，以往的研究往往侧重于吉尔的某种模型，因此可能缺乏全面的分析。

因此，本节的目的是从自由翻译理论的角度对自由翻译进行综合研究。本节综述了目前基于吉尔模型的同声传译研究，并根据研究成果，对今后该领域的研究进行了展望。此外，根据本节的含义，预测该领域的未来研究。吉尔模型由一系列模型组成，如精力模型、翻译的顺序模型、语言可用性的引力模型和信息句的信息模型[④]。本节以前三种模型为主要研究对象；当需要对前三个模型进行分析时，可以参考其他模型，也就是说，本节不会对它们逐一进行详细说明。从同声传译研究的前三种模型出发，对同声传译研究进行了总结。这三种模型的组织顺序如下：首先是顺序模型，然后是比顺序模型复杂得多的精力模型，最后是引力模型，用来解释口译中出现的语言问题。这一顺序与吉尔在 2009 年出版的《翻译人员和翻译培训的基本概念和模型》中的介绍一致。

---

① Gile，D. Testing the effort models' tightrope hypothesis in simultaneous interpreting-A Contributionl [J] . HERMES-Journal of language and communication in business，1999，12（23）：153 - 172.

② Inghilleri M. The Interpreting studies reader [J] . Applied linguistics，2003，24（4）：545 - 549.

③ Chernov，G. V.，Robin Setton，Adelina Hil. Inference and anticipation in simultaneous interpreting：A probability-prediction model [J] . Amsterdam：John Benjamins Publishing Company，2004.

④ 高彬，柴明颎 . 同声传译模型教学研究 [C] . 外语电化教学，2016，(167)：62 - 66.

2. 相关研究

本节分为三个部分，即同声传译研究的顺序模型、精力模型和引力模型。每一部分都以简单介绍所涉及的模型开始，然后回顾本节。吉尔[①]修订了口译员和翻译培训的基本概念和模型。他指出，这些概念和模型与认知心理学和心理语言学有着特殊的联系，应当引起重视。

2.1 顺序模型与同声传译

吉尔指出，顺序模型适用于笔译人员，但正如后文解释的那样，它也有助于口译。根据吉尔的观点，该模型将翻译描述为连续的两个阶段成，即理解阶段和重构阶段。理解阶段是指译者对源语言的理解；重构阶段意味着口译员在目标语言中重新表达源语言。在每个阶段，两种类型的知识——知识库或世界知识——都是理解和重构的核心。每个阶段都要进行测试和决策。特别是在翻译或口译过程中，为了确保源语言和目标语言之间的一致性，笔译/口译员必须依次证明翻译各个单元和模块的合理性，为每个翻译单元制定一个意义假设，并根据他们的知识储备不断检查意义假设和目标语言的合理性和可接受性。

吉尔认为，与笔译相比，口译员应该在口译开始之前准备大量知识，这样可以扩大他们的知识储备和同声传译中对记忆的限制。还应该指出的是，在实际口译实践中，从理解到重构之间不一定存在一个规律性的线性流动：翻译单元之间可能存在一些相互渗透，它们之间以及理解和重新表述阶段之间可能存在一定的前后运动。为了更清晰地理解口译过程中的顺序模型，吉尔的理解"等式"如下。

C＝KL＋ELK＋A

C 代表理解

KL 代表语言/语言知识

ELK 代表了语言外知识

A 表示深思熟虑的分析

理解"等式"表明，准确理解源语言不仅需要语言知识，还需要语言外知识

---

① Gile, D. Basic concepts and models for interpreter and translator training［M］. Amsterdam/Philadelphia：John Benjamins Publishing Company，2009.

和深思熟虑的分析。缺乏这三个因素中的任何一个都可能导致误解，这就解释了为什么口译员在口译过程中会出错。基于理解"等式"，我们得出结论：在同声传译中，理解和重构同时组成了译员的精力，这可能在很大程度上影响语言的可用性①。语言可用性将在下面的引力模型中讨论。

虽然顺序模型可以用于口译，但大量的研究并没有将顺序模型与口译联系起来。建立专门的翻译修正培训与培训翻译家同样重要②。汉森在文章中指出，吉尔的顺序模式有助于译者监控自己的翻译。吉尔的顺序模型非常重视译者在翻译过程中不断提防直译替代词与目标语的正确用法或意义之间的不匹配。这两项研究揭示了顺序模型对译者自我监控能力的贡献。

关于同声传译与顺序模型相关的几项研究如下所示。为了研究回顾如何提供有关同声传译过程的信息，以及在执行口译任务期间有经验和缺乏经验的口译员之间的差异，维奥尔和图奥维宁③根据吉尔的顺序模型分析了口译员的回顾性评论，强调了测试的合理性和可接受性。因为这些考虑因素在同声传译过程中很重要。此外，提塞利乌斯和詹塞特④进行了一项研究，探讨口译员（更确切地说是同声传译员）与具备短期和长期经验（可能的专家）的口译员之间的绩效差异。其中一项结果表明，具有长期经验的（同声传译）口译员与监测类型经验较短的口译人员不同：长期经验的（同声传译）口译员可以在发言之前留出足够的注意力，让自己能够反思话语的准确性，而对于经验不足（同步）的口译人员则不是这种情况。尽管提塞利乌斯和詹塞特在他们的研究中没有提到顺序模型，但本节也证明了经验丰富的同声传译员可以有效地实现顺序模型所需的自我监控过程。

---

① 高彬，柴明颎. 同声传译模型教学研究［C］. 外语电化教学，2016，（167）：62－66.

② Hansen，G.. The Speck in Your Brother's Eye-the Beam in Your Own：Quality Management in Translation and Revision.［J］In Hansen，G.，Chesterman，A.，&Gerzymisch-Arbogast，H.（Ed.），Efforts and Modelsin Interpreting and Translation Research. Amsterdam/Philadelphia：John Benjamins Publishing Company，2008；255－280.

③ Vik-Tuovinen，G. 2002. Retrospection as a method of studying the process of simultaneous interpreting［A］. In G. Garzone & M. Viezzi（eds.）. Interpreting in the 21st Century.［C］. Amsterdam：John Benjamins Publishing Company，63－71.

④ Tiselius，E. & Jenset，G. B. Process and Product in：Simultaneous Interpreting：What They Tell Us about Experience and Expertise［A］. c. Alvstad，et al. Methodsand Strategies of Process Research：Integrative Approachesin Translation Studies［C］. Amsterdam/Philadelphia：John Benjamins Publishing Company，2011：269－300.

提姆津斯克①也证实了这一点。在分析结果中，提姆津斯克注意到会议口译员也试图使用监控策略来抑制的发生错误的翻译决策。尽管如此，获得的实验数据得出的结论是，会议口译学员的语内和语际表达的词汇语义网络与专业会议口译员的工作效率不同。研究人员，如高盛·艾斯勒，科恩和吉尔提倡顺序模型一样，因为他们认为同声传译是可能的，正常语言的冗余方面允许交替传译和同声传译交替注意力，这种解释在监测文本时仅与解码相关联句子中的暂停可以解释为句子末尾的重新编码（和编码）。应该注意的是，这里的顺序模型与吉尔提出的顺序模型不同；这里的模型指的是更广泛和更普遍的模型②。

从上述研究来看，顺序模型可以促进同声传译，因为它突出了口译过程中的理解（解码）和改写（编码）两个阶段，以及这两个阶段的自我监控过程。然而，目前对同声传译顺序模式的研究还远远不够。

2.2 精力模型与同声传译

控制注意力或分配注意力持续时间或同时完成的任务数量的能力是口译的决定性因素③。吉尔④指出同声传译中译员的持久感知从根本上来说是"困难的"。吉尔也注意到在没有特定障碍的源语言材料中也可能会出现口译问题；此外，即使在经验丰富的专业人士的工作中，也可能发现错误和遗漏。致力于解释这些现象，吉尔开发了与当前认知心理学理论紧密相关的精力模型。

吉尔认为，口译工作包括听力和分析工作、产出工作和记忆工作，这些都是非自动化加工的。在记忆力方面，短期记忆占据了核心地位，现在有时被称为"工作记忆"。工作记忆必然是语言理解过程和话语生成过程的一部分。基于解口译的努力，吉尔具体描述了同声传译的精力模型，如下所示：

SI＝L＋P＋M＋C

SI 代表同声传译

① Tymczyn'ska，M.．Trilingual lexical processing in online translation recognition. The Influence of Conference Interpreting Experience. In Gabrys'-Barker，D.（Ed.），Cross-linguistic Influencesin Multilingual Language Acquisition（pp. 151－167）. Berlin：Springer-Verlag Berlin Heidelberg. 2012.

② Ivars，Amparo Jiménez，Calatayud D P. Mindfulness training for interpreting students [J]. Lebende Sprachen. 2013：58（2）.

③ Mosermercer B. The teaching of simultaneous interpreting：The first 60 years（1929—1989）[J]. 2005.

④ Gile，D.．Basic concepts and models for interpreter and translator training [M]. Amsterdam/Philadelphia：John Benjamins Publishing Company，2009.

L 代表倾听和分析精力

P 代表言语产出精力

M 代表记忆力精力

C 代表协调精力

"＝"应解释为"由……组成"

"＋"应该被理解为普遍意义上的"加法"

对于文本同声传译，它符合以下几个方面的精力分配：

文本同声传译＝阅读精力＋倾听精力＋记忆力精力＋言语产出精力＋协调精力

同声传译的精力模型的操作要求详述如下：

$TR = LR + MR + PR + CR$

TR 总处理能力要求

LR 听力的处理能力要求

MR 记忆力的处理能力要求

PR 言语产出的处理能力要求

CR 精力协调的处理能力要求

"＝"通常概念下的数学意义

"＋"是指广义上的可加性

为了使口译顺利进行，必须随时满足以下五个条件[①]。

(1) $TR \leqslant TA$

　　TA 总可用处理能力

(2) $LR \leqslant LA$

　　LA 是听力的可用处理能力

(3) $MR \leqslant MA$

　　MA 是记忆力可用的处理能力

(4) $PR \leqslant PA$

　　PA 是言语产出的可用处理能力

(5) $CR \leqslant CA$

　　CA 是精力协调可用的处理能力

---

① Gile，D. . Basic concepts and models for interpreter and translator training［M］. Amsterdam/Philadelphia：John Benjamins Publishing Company，2009.

　　如上述等式所示，为了确保口译的通顺性，必须始终满足这五个条件。特别是每一项工作和全部工作的处理能力应超过所需的处理能力。这也进一步解释为什么即使是经验丰富的口译人员也可能犯错误，如口译中的错误和遗漏。吉尔提出了走钢丝假说，其被定义为"口译员往往接近认知工作饱和度，换句话说，大多数时候，总容量消耗接近到翻译的总可用的能力"。因此，专业口译人员的表现不如刚开始时那么好，不是因为他们对源语言的知识不够，也不是因为他们不熟悉话题，而是因为口译员的工作已接近他们的最大能力。由于口译者的认知能力有限，如何合理、全面地划分注意力就显得尤为重要。

　　在吉尔进行的一项旨在证实 1999 年假设的研究中，精力模型的走钢丝假说得到了加强。走钢丝假说表明同声传译是一项认知要求严格的任务。这就是为什么通常有两名口译员在一个展台工作并且每 30 分钟左右轮换一次。口译员们成对工作，不仅是为了克服疲劳，也是为了相互合作和帮助[①]。基于吉尔的走钢丝假说，科帕尔（2012）提出，在真实的同声传译任务中，无论是口译学员还是专业口译人员都倾向于故意省略，以消除信息冗余。两组之间的区别在于，专业口译人员在口译速度较快的材料时，省略的信息量较小，这说明经验积累使他们的翻译水平更高，在处理速度较快的材料时遇到的问题也更少。可以肯定的是，通过科学方法的和定期的口译培训，专业口译人员可以获得更好的处理每一项工作的能力。因此，他们在处理信息密集的材料方面也能表现得更好。

　　除了走钢丝假说之外，"输入负荷"的概念也来源于精力模型。根据吉尔的理论[②]，"输入负荷"是指同声传译过程中，如果处理过程在某一时刻出现延迟，那么该负载将被"导出"到下一段，如果将该"输入负荷"添加到当前负载中，即使当前段易于处理，也会出现口译饱和或口译失败。席伯和克泽尔[③]的目的是将认知负荷模型[④]与一项实验中收集的数据进行比较，该实验使用任务诱发的瞳孔反应来测量同声传译中嵌入单句语境和语篇语境时的在线认知负荷。吉尔将这

　　① Chmiel，Agnieszka. Boothmates forever? — On teamwork in a simultaneous interpreting booth [J]. Across Languages and Cultures，2008，9（2）：261 - 276.

　　② Gile. La traduction. La comprendre，L'apprendre. Beijing：China Translation & Publishing Corporation，2008.

　　③ Seeber K G，Kerzel D. Cognitive load in simultaneous interpreting：Model meets data [J]. International Journal of Bilingualism Interdisciplinary Studies of Multilingual Behaviour，2012，16（2）：228 - 242.

　　④ Seeber，K. G. . Cognitive load in simultaneous interpreting：Existing theories — new models [J]. Interpreting：International Journal of Research & Practice in Interpreting. 2011，13（2）：176 - 204.

一现象称为"输出负荷",部分研究可以为这一现象提供证据。然而,他们的研究结果也说明,在同声传译动词词尾结构(例如,德国的 SOV 结构)同时解释为动词初始语言(例如,英语的 SVO 结构)期间,这样的容量限制——如果存在的话——只能接近句末,这未能证实吉尔的走钢丝假说。这一矛盾揭示了同声传译中语言结构对译员处理能力的影响。此外,美津浓还指出,吉尔没有度量每个任务的负载和在口译失败中所占的比例,以及在什么时候负载会增加。美津浓[①]为了探索同声传译中未解决的认知负荷及其影响,基于考恩的工作记忆模型的研究进行了一项研究。在研究中,与精力模型的假设相反,美津浓假设专业的同声传译员具有高度的自动化翻译能力。然后假设同声传译的认知负荷完全由工作记忆中的记忆负荷(M)决定。在这种情况下,L,P 和 C 的精力将(接近)为零。对于研究结果,美津浓认为口译员工作记忆能力的严重受限对同声传译的效果有很大的影响。除此之外,她还观察到,即使是对专业口译员来说看似简单的材料,也会产生许多错误和遗漏。这至少在一定程度上支持了吉尔提出的走钢丝假说和负荷转移的概念。

　　工作记忆被认为是精力模型中的一个关键概念。林洁绚、董燕萍和蔡任栋[②]回顾了有关工作记忆对口译影响的理论模型。他们认为,可以粗略地认为工作记忆功能的精力应该支持其他许多精力。换句话说,工作记忆在口译中的重要作用在精力模型中得到了确认。柯什金、奥萨德奇和什特罗夫[③]证实了吉尔的同声传译精力模型。他们认为这些模型预测了工作记忆力与有限的注意力之间的竞争,并且维持工作记忆中的信息是一个要求积极注意力的过程。将句法线性[④]应用于同声传译中有助于译员缩短接收输入和输出产出之间的时间差,从而可以减轻口译员的工作记忆负荷,这在陈、宋和吴[⑤]的《英汉同声传译》中得到了证实。句法线性策略是基于分割和收尾两种微观策略的。收尾是指在复制允许的范围内尽可能紧密地处理源语言的字符串,而分割主要是在收尾无法工作时进行的。它将

---

　　① Mizuno,A.. Simultaneous Interpreting and Cognitive Constraints. 青山学院大学文学部『纪要』. 2017,(58):1-28.

　　② 林洁绚,董燕萍,蔡任栋. 口译中源语理解和语码重构在资源分配上的层级关系 [J]. 外语教学与研究,2015(3):447-457.

　　③ Koshkin R,Shtyrov Y,Myachykov A,Ossadtchi A. Testing the efforts model of simultaneous interpreting:An ERP study [J]. PLoS ONE. 2018:13(10):e0206129.

　　④ Dowty D R. On the Semantic Content of the Notion of "Thematic Role" [J]. 1989.

　　⑤ Chen,Y.,Song,Z. W.,&Wu,C. Z.. Syntactic Linearity as a Strategy in Simultaneous Interpreting:A Case Study on English-Chinese Interpretation. T & I Review. 2015,(5):29-69.

复杂的句子切割成较短的句子并根据它们的因果关系再现。当口译员"面对潜在的记忆过载，例如源语言和目标语言在语法上非常不同，源语言中有嵌入结构，或句子结构不清晰。"①，这两种微观策略的结合可以降低同声传译中理解和生产阶段的记忆过载风险②。需要注意的是，句法线性不应基于源语言中的单个单词，而应基于源语言中的块或信息单元③。

精力模型在口译员培训中得到了广泛的应用。塔克达④建议，口译教师应借鉴理论框架，采用更系统的方法。例如，吉尔的精力模型可以作为一个有效的工具来解释学生在口译过程中可能遇到的某些问题，并提出可能的应对策略。在口译员的注意力有限的情况下，对口译学生进行注意力训练被证明是必要的⑤。他们的研究结果表明，通过冥想技巧集中注意力对提高口译员的表现非常有益，尤其是在我们接受的训练总是有限的情况下。高彬和柴明颖⑥根据吉尔的精力模型将 MTI 学生的教学阶段分为主要阶段、中间阶段和高级阶段。徐翰⑦对汉语口译研究中最流行的理论进行的定量研究表明，吉尔提出的精力模式在汉语口译研究中排名第二。

也有一些研究指出了吉尔精力模型的不足。皮姆⑧进一步分析了同声传译中的遗漏，并提出在分析口译中的遗漏时，语境因素也应作为认知因素的补充。席伯和克泽尔⑨也强调语境对同声传译的贡献。他们的发现证实了语境对同声传译过程的重要性，特别是句法结构不对称的口译。

---

① Gile, D.. Basic concepts and models for interpreter and translator training. Amsterdam/Philadelphia: John Benjamins Publishing Company, 2009.

② Chen, Y., Song, Z. W., &Wu, C. Z.. Syntactic linearity as a strategy in simultaneous interpreting: A Case Study on English-Chinese Interpretation. T & I Review. 2015, (5): 29 - 69.

③ 李姝. 同声传译中顺句驱动的必要性探究 [J]. 青年作家, 2014 (18).

④ Takeda, K.. What Interpreting Teachers Can Learn from Students: A Case Study. Translation & Interpreting. 2010, 2 (1): 8 - 47.

⑤ Ivars, Amparo Jiménez, Calatayud D P. Mindfulness training for interpreting students [J]. Lebende Sprachen. 2013: 58 (2).

⑥ 高彬, 柴明颎. 同声传译模型教学研究 [C]. 外语电化教学. 2016, (167): 62 - 66.

⑦ 徐翰. 交替传译中精力分配失衡现象的实证研究——以非职业口译培训学员为例 [J]. 南昌航空大学学报（社会科学版）, 2014 (4): 70 - 77.

⑧ Pym, A.. On Omission in Simultaneous Interpreting: Risk Analysis of a Hidden Effort. In Hansen, G., Chesterman, A., &Gerzymisch-Arbogast, H. (Ed.), Efforts and Modelsin Interpreting and Translation Research (pp. 83 - 105). Amsterdam/Philadelphia: John Benjamins. 2008.

⑨ Seeber, K. G.. Cognitive load in simultaneous interpreting: Existing theories—new models [J]. Interpreting: International journal of research & practice in interpreting. 2011, 13 (2): 176 - 204.

　　吉尔提出了精力模型，以帮助口译员理解"口译的困难和选择适当的策略和战术"[97]。工作记忆、走钢丝假说等工作模型中一些基本但重要的概念得到了不断的研究。迄今为止，在同声传译研究中，精力模型得到了广泛的应用。为了满足学者、教师和学生的需求，吉尔也提供了精力模型的修订和更新版本。

2.3　引力模型与同声传译

　　根据波赫哈克[①]的观点，在所有的精力模型中，接收（同声传译/文本同声传译中的听和分析工作）和产出（言语产出）的精力被认为依赖于口译员的认知能力。在吉尔的语言可用性引力模型中提到了这一点，该模型表示语言知识单元（单词、拼写、语法规则、文体规则等）在时间和处理能力需求方面的认知可用性。

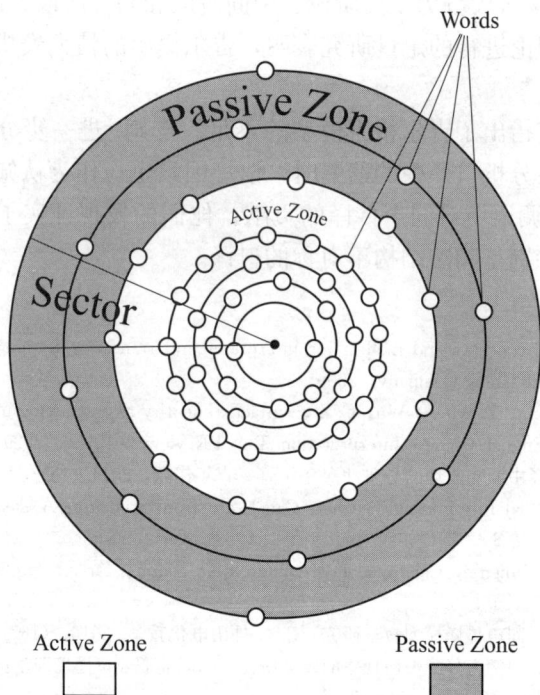

---

　　①　Pöchhacker, Franz. Introducing interpreting studies ［M］. London：Routledge Taylor & Francis Group，2004.

　　从图中可以看出，一个人拥有的主动知识和被动知识可以用一个引力结构来建模，这个引力结构的轨道在主动区和被动区都承载着文字和规则。轨道与模型核之间的距离是可用性的指示：轨道越靠近原子核，可用性越高①。语言可用性的引力模型解释了口译中出现的一些问题。有时候你"知道"一个单词，但很难从记忆中检索出来，或者"知道"一条语法规则，但需要一些时间和精力来应用它，这在吉尔于 2018 年解释并更新的模型中被称为"舌尖现象"。应该注意的是，四种引力模型——口语或手语理解的可用性、口语或手语产出的可用性、阅读理解的可用性和写作的可用性——来表示语言的状态、可用于任何一种说话者和任何语言。此外，该模型表示在给定时间、给定情况和上下文中的可用性。当这些变化时，系统中某些部分的可用性水平也会发生变化。根据刺激频率和向心效应（频繁被刺激的词很容易得到处理，而没有得到足够刺激的词需要更多的认知努力来进行检索和处理），基于吉尔总结的这个模型，更频繁使用的词将会更接近核心，并付出最少的精力激活认知②。长期从事口译工作的口译员在词汇和结构这一特定领域能得到更频繁的刺激，这就是为什么每次会议的准备工作更容易、时间更短的原因之一。吉尔也明确指出，口头、笔记或书面表达的词汇对内化的影响比那些只听到或看到的词汇更大，这可能有助于口译员的培训。口译员应该采取一些策略，比如说、记和写他们读到的东西，以便于单词向内迁移到引力模型中的活动区域。在同声传译中，词汇和结构的检索必须迅速，因为口译员应该尽力缩短从接收输入到输出的时间差，这样一来，口译员就没有多少时间去思考如何恰当地表达自己的思想了。

　　跨文化交流本质上是一项复杂的活动。在多语言社会中，它不可避免地出现在医疗保健领域。基于源文本不一致的问题，莱施③建议医疗服务提供者采用简单易懂的语言，并限制在跨文化背景下的咨询室中使用丰富的语言，以减轻口译员的负担并避免歧义。在此项研究中，莱施引入吉尔的语言可用性引力模型，解释了为什么医疗服务提供者若不使用简单的语言会加重译员的翻译负担。笔者认

　　① Gile，D.．Basic concepts and models for interpreter and translator training［M］．Amsterdam/Philadelphia：John Benjamins Publishing Company，2009.

　　② Janzen T. Topics in signed language interpreting：theory and practice［J］．Interpreting，2005，9（2）：150 - 151.

　　③ Lesch H M. Plain language for interpreting in consulting rooms［J］．Curationis，2007，30（4）．

为，朴素的语言更接近核心，其词汇、语言规则和结构属于吉尔[①]所定义的不变部分，这些语言元素一直变化得非常缓慢。这意味着翻译人员更容易使用简单的语言从他或她的"黑匣子"中检索出来。可以肯定地说，简单的源语可以减轻翻译人员的精力负担，特别是听力和分析部分。因此他们可以确保有足够的可用处理能力。这样，口译员就能提供更准确、更流利的口译。此外，莱施提出，医疗口译员既需要专业的培训，也需要特定的健康口译培训，这与吉尔特别提到的语言可用性引力模型是一致的，即"该模型代表了在特定时间、特定情况和背景下的可用性"。在这种情况下，口译员可能擅长商务和体育领域的同声传译。然而，他/她在与医疗保健相关的同声传译中可能表现得较差。因此，莱施的建议在某种程度上是有根据的。此外，语言可用性的引力模型也支持同声传译应根据其擅长的领域分类的观点。

提姆津斯克[②]开展了一项实证研究，旨在研究使用在线心理语言学研究方法。因此对具有会议口译经验的三语使用者进行词汇语义处理，与会者分为三组，即十二名专业会议口译员、十二名会议口译受训人员和一组由十四名非口译三语者组成的对照组，他们的语言组合如下：波兰语（L1）、英语（L2）、德语（L3）。在本节的框架下，提姆津斯克提出了对参与者翻译绩效影响最大的两个主要因素：会议口译经验的类型和数量的差异，以及英语和德语之间存在的词汇关联度。根据吉尔的语言可用性模型，第一个因素得到了支持。在翻译任务中涉及任何一组参与者经常使用的语言组合的词汇选择将比参与者很少使用或根本不使用的语言组合中的词汇选择更有效。尽管如此，研究结果表明，会议口译实践支持语义/概念信息的准确性和战略性处理，但在翻译任务中不一定支持词汇检索。在网络任务中，语言距离和（心理）类型学对对照组翻译成绩的影响基本上可以忽略不计。需要更多的实证研究来进一步验证语言可用性的引力模型。

语言可用性的引力模型为同声传译提供了可以有效提高口译技巧的方法。同声传译人员在口译过程中很少有时间去思考语言术语，因此，他们必须具备尽快从源语言中获取全部语言和文化知识的能力。如果他们花更多的时间了解语言术

---

① Gile D. Basic concepts and models for interpreter and translator training [M]. Amsterdam：John Benjamins Publishing Company，1995.

② Tymczyn'ska, M.. Trilingual lexical processing in online translation recognition. The influence of conference interpreting experience. In Gabrys'-Barker，D. (Ed.)，Cross-linguistic Influences in Multilingual Language Acquisition. Berlin：Springer-Verlag Berlin Heidelberg，2012：151-167.

语，很可能没有足够的精力留给其他部分，这很容易导致口译失败。更具体地说，同声传译应该牢记"熟能生巧"。只有不断地练习口语、笔记和写作，才能激发他们的语言能力。

3. 结语

本节主要根据顺序模型、精力模型和引力模型对同声传译进行了研究。如上所述，这些将口译与认知能力联系起来的模型对同声传译人员的训练做出了很大的贡献。我希望每位同声传译员都能从这些模式中得到启发，并按照这些模式进行练习。

在未来的研究中，首先应该进行更多的实证研究，以进一步证明所有的概念和模型所涵盖的同声传译都是可用的。此外，针对将同声传译与顺序模式鲜有联系的问题，需要进行相关的研究。基于上述研究中指出的吉尔模型的不足，学者在提到吉尔模型时可以考虑"语境"因素。

第四节 吉尔模型与交传研究

概要：一般来说，交替传译包括听、理解、做笔记、短期记忆和言语产出。这要求口译员将他们的精力分配到上述程序中。在实际口译中，由于精力分配程度的不平衡，往往会导致口译人员的工作效率下降。基于吉尔的口译模型（包括精力模型和理解等式），笔者旨在回答三个研究问题：1）口译过程中具体的精力分配难点是什么？2）口译员在口译过程中未能平衡精力的原因是什么？3）根据吉尔的口译模型，口译员在口译过程之前和口译过程中如何选择正确的策略和方法？为此，本节选取并分析了笔者的一些口译实践，探讨了口译失败的典型原因及相应的应对策略。研究结果发现，造成口译失败的主要原因是缺乏语言知识和语言外知识、理解能力不足和笔记混乱。本节以吉尔的口译模型为指导，提出了相应的应对策略，即充分准备语言和语言外知识、适当的省略和高效记笔记策略。

1. 绪论

随着中国国际影响力的不断增强和全球一体化进程的加快，中国与世界其他国家的交流也比以往任何时候都更加紧密。在这种背景下，口译在跨越国界的对话中起着至关重要的作用。根据波切哈克的说法，"口译是一种翻译形式，在源语言的一次性表达的基础上，用另一种语言进行第一次和最后一次翻译"[①]。交替传译是口译的一个重要分支，它要求口译员的精力分配能力。因此，同时完成多个任务绝非易事。

过去几十年的研究为交替传译和吉尔的口译模型提供了重要信息。交替传译一词已有多种定义，本节将采用梅德明[②]首次提出的定义，他认为交替传译是"基于句子或段落传递说话人信息的单向口译"。在口译研究的历史中，精力分配一直被认为是影响口译质量的关键因素。虽然对口译过程中的精力分配不平衡进行了广泛的研究，但没有一项研究从科学的角度对口译过程中的精力分配失败提供应对策略。为此，本节尝试性探讨了吉尔口译模型的影响（包括精力模型和理解等式）。然而，由于现实的制约，本节无法对口译中出现的所有问题进行全面的分析。因此，本节拟回答三个基本的研究问题：1）口译过程中具体的精力分配难点是什么？2）口译员在口译过程中未能平衡精力的原因是什么？3）根据吉尔的口译模型，口译员在口译过程之前和口译过程中如何选择正确的策略和方法？具体来说，本节首先对口译中精力分配不平衡的国内外研究现状以及吉尔的口译模型进行了简要的概述。接着介绍了研究本节使用的方法，即研究问题、理论框架和研究方法。然后分析了作者在口译实践中出现的一些典型失误，并在此基础上提出了原因和应对策略。最后介绍了研究结果、本节的局限性以及对进一步研究的可能启示。

2. 相关研究

近年来，交替传译一直是口译研究领域的热点话题，在心理学、语言学、心理语言学、跨文化交际等多个领域都有大量的研究。然而，交替传译本质上是一

---

① Pochhacker，F. Introducing Interpreting Studies［M］. London：Routledge，2004：11.

② 梅德明. 高级口译教程（第三版）［M］. 上海：上海外语教育出版社，2006：16.

项多任务的工作，口译员在进行口译活动时，常常会忙于协调听、分析、记笔记、短时记忆和言语产出等不同任务之间的关系。然而，在现实的口译过程中并没有完美的口译，往往会出现精力分配不平衡的现象，导致口译过程出现失误。因此，进一步提高口译质量，为口译人员提供切实可行的应对策略，探讨交替传译中精力分配失衡的演变过程，为口译研究提供理论推断，为今后的研究指明研究方向，具有重要价值。

2.1 交替传译的精力分配

（1）西方关于精力分配的研究

西方口译研究中最有影响力的模型是著名的口译专家丹尼尔·吉尔提出的"精力模型"。吉尔[①]发现口译是一项极其困难和复杂的任务，给口译员带来了不小的压力。从认知心理学和心理语言学的角度对口译进行研究后，他总结了口译活动中包括的三种基本认知努力，即"倾听——L"，"产出——P"和"记忆——M"。吉尔认为，这三项精力的总和不应超过口译员的能力范围（L+P+M≤C）。否则，他/她就不能很好地完成口译任务。后来，吉尔进一步改进了这个模型，并在这些认知精力中增加了"协调"。他还建立了一系列公式来表明不同精力之间的关系，为理解口译中的认知过程提供了理论指导[②]。

在国外精力分配失衡的研究中，除了吉尔之外，还有其他一些学者。例如，在 20 世纪 70 年代，马萨罗、格弗和莫瑟都是这一领域的优秀贡献者，他们对口译中的信息处理进行了大量的研究[③]。马萨罗[④]提出了一种基于时间的听觉信息流口译模型。它以声音信号（说话者的信息）开始，穿越各种干扰，以听者对信息的心理表征结束。格弗[⑤]指出，交替传译非常复杂，涉及接收源语信息、信息

① Gile，Daniel. The processing capacity issue in conference interpretation [J]．Babel：Revue Internationale de la Traduction，1991，37 (1)：15 - 27.

② 仲伟合．口译研究方法论 [M]．北京：外语教学与研究出版社，2012.

③ 徐翰．交替传译中精力分配失衡现象的实证研究——以非职业口译培训学员为例 [J]．南昌航空大学学报（社会科学版），2014 (4)：70 - 77.

④ Massaro，D. W. Experimental psychology and information processing [M]．Chicago：Rand McNally，1975.

⑤ Gerver，D. A psychological approach to simultaneous interpretation. Meta，1975，（20：2）：199 - 128.

存储、信息检索、信息转换和信息传递等过程。莫瑟①认为口译是一项非常复杂的任务，要求口译员具有同时处理不同种类信息的特殊认知能力。口译员在口译活动中既是主动的倾听者又是发言者，这就使口译工作更加复杂。因此，口译员需要一个信息处理模型来减少他/她在口译活动中的压力②。西尔·兰伯特③曾提到，信息处理中的口译模型需要一种同时恢复和处理信息的机制。后来，随着去语言化在翻译口译理论中的普及，传统的口译方法也发生了很大的变化。正如莱德雷尔④所定义的那样，去语言化实际上指的是一个包括理解、脱离源语语言外壳和产出的过程，它更重视认知和信息过程的口译。

(2) 国内精力分配的研究

与西方众多的研究相比，中国的专家学者也对精力分配的不平衡进行了大量的探索。中国教授蔡小红⑤通过口译者注意力分配模型、交替传译过程模型和口译技能发展模型对交替传译过程和口译技能的提高进行了解释和分析。两年后，杨晓华⑥指出了口译过程中语言外知识在精力分配中的重要性。另一位学者鲍刚⑦在 2005 年提出了口译的三个阶段，即理解、异化和表达。它们相互联系并在整个口译活动中不断发挥作用。另一位中国学者高纯娟⑧以吉尔的精力模型为基础，对口译活动前的准备工作进行了深入的研究，以帮助口译人员更好地进行精力分配。

在所有致力于口译研究的中国学者中，徐翰可能是最多产的一位。他在 2004 年进行了一项调查，试图找出口译员工作分配不平衡的最重要原因是什么。他在研究中发现，口译员在口译过程中未能保持适当的精力分配的最大诱因是缺

① Moser，B. Simultaneous Interpretation：a hypothesis model and its practical application ［M］. New York：Plenum Press，1978.

② Barik，H. Simultaneous interpretation：Temporal and quantitative data ［J］. Language and Speech，1973，16 (3)：230 - 270.

③ Lambert S. Information processing among conference interpreters：a test of the depth-of-the-hypothesis. Meta，1988，33 (3)：377 - 387.

④ Lederer，Marianne. Translation：The interpretive model. Trans. Ninon Larche. Manchester：St. Jerome Publishing，2003.

⑤ 蔡小红. 以跨学科的视野拓展口译研究 ［J］. 中国翻译，2001 (2)：26 - 29.

⑥ 杨晓华. 即席口译的理解过程 ［J］. 西安外国语大学学报，2003，11 (1)：82 - 84.

⑦ 鲍刚. 口译理论概述 ［M］. 北京：中国对外翻译出版公司，2005.

⑧ 高纯娟. 从 Daniel Gile 的认知负荷模型探讨口译译前准备 ［J］. 临沂大学学报，2012 (6)：101 - 104.

乏口译技巧，其次是双语能力不足、口译任务的难度大、口译人员的心理素质较弱，最后是缺乏背景知识。徐翰指出，精力分配不平衡是一个动态问题，是由多种因素造成的。与许涵的目的类似，另一位口译研究学者吴琼①在多年的口译实践中总结出了造成口译精力分配失衡的几个主要原因：口译人员认知知识的缺乏、语言知识的缺乏、干扰因素、工作负担过重。随后，她还提出了一些切实可行的解决方案，以帮助提高口译员在这方面的能力。

综上所述，可以看出，精力分配研究最早在西方世界发起，而在中国和西方学术界都得到了蓬勃发展。学者们要么探究口译过程中精力分配失败的原因，要么分析口译过程。其中，丹尼尔·吉尔提出了世界上最具影响力的模型。

2.2 吉尔模型的研究

（1）国外的研究

吉尔在多次观察和实验的基础上，确定了交替传译过程中记笔记与注意力的关系。他认为，记笔记消耗了原本应该集中在听力理解上的精力②。索耶③在《会议口译的监控过程：面向口译学员的模式》一书中，将克拉申的第二语言发展监控模式与吉尔的精力分配模式相结合，描述了口译中听力、监控和口语的精力管理技能之间的互动关系。索耶成功地阐述了监测在交替传译中的重要作用。福克④在其专著《从操作到行动：口译研究中的过程导向》中强调了语言情境与认知因素之间的相互关系，并进一步提出了一种协调不同要素的方法，从而实现了口译研究中广泛的过程导向方法。里瓦斯⑤在他的文章《交替传译中的问题与策略：口译培训两个不同阶段的试点研究》中得出结论，更好地理解口译中的各个过程，将为制定提高口译技能的训练参数提供更多的参考。

---

① 吴琼. 口译中的精力分配［J］. 集美大学学报（哲学社会科学版），2002，5（4）：81-86.

② 仲伟合. 口译研究方法论［M］. 北京：外语教学与研究出版社，2012.

③ Sawyer, D. B. Monitoring process in conference interpreting: towards a model for interpreter-trainees. Meta 39, 1994, 3: 433-438.

④ Pöchhacker F, Shlesinger M. Introduction: Discourse-based research on healthcare interpreting. ［J］. Interpreting, 2005, 7: 157-166.

⑤ Ribas, M. A. Problems and strategies in consecutive interpreting: A pilot study at two different stages of interpreter training. Meta 57, 2012, 3: 812-835.

（2）国内的研究

与西方关于如何将吉尔口译模型应用于口译过程的研究不同，中国学者主要将吉尔的口译模型引入到口译教材的编写、口译教学和实践中。

在教材编写方面，金艳[①]比较了国内两本基于吉尔口译模型的具有代表性口译教材，并指出口译教材的编写应以口译技能为基础，而不是以主题为基础。吕颖[②]对口译教材的选择提出了自己的看法，她提到口译教师应该考虑学生的水平和吉尔的口译模式，根据语言难度、主题和分析深度来选择教材。

在口译教学领域，厦门大学中英英语教学合作的主要学者林郁如和杰克·洛内根基于吉尔的口译模型设计了一种口译技能模型，并将该模型应用于口译教学。仲伟合[③]将吉尔的口译模式与厦门大学提出的口译技能模式进行了比较，认为口译实践应以技能训练为中心，并对大学口译大纲的设置提出了建设性意见。杨眉[④]进一步丰富了吉尔的精力模型和理解等式。他比较了口译专家和口译新手，强调技能培训和图式构建在口译教学中的重要性。李德萍[⑤]指出，吉尔的口译模式有助于外贸英语学生的学习能力、短时记忆和记笔记能力的培养。

除了对吉尔的口译模式在口译教材编写和教学中的运用的研究外，我国口译实践领域也有大量的研究。针对本节的具体论题，本节将介绍交替传译的几个代表。杨晓华[⑥]阐述了吉尔口译模型的三个主要组成部分，强调了语言外语言在口译理解中的重要性。后来，另一位名叫李学兵[⑦]的学者分析了吉尔提出的理解等式，强调了口译中的理解以及理解的训练策略。邹珊珊[⑧]认为吉尔的精力模型和理解等式可以帮助口译员提高理解速度和质量。刘佳[⑨]从语言语境的角度分析了

---

① 金艳. 从口译性质和技能看口译教材编写问题 [D]. 苏州大学，2008.

② 吕颖. 从吉尔口译理解模式看本科口译教材的选编 [J]. 成都师范学院学报，2010 (5).

③ 仲伟合. 口译训练：模式、内容、方法 [J]. 中国翻译，2001 (2)：30 - 33.

④ 杨眉. 论认知负荷理论在交替传译中的应用及其对口译教学的启示 [D]. 上海外国语大学，2007.

⑤ 伦芳，李德萍. 吉尔口译教学模式在外贸英语口语与听力课程中的运用 [J]. 广西职业技术学院学报，2012 (1)：43 - 46.

⑥ 杨晓华. 即席口译的理解过程 [J]. 西安外国语大学学报，2003，11 (1)：82 - 84.

⑦ 李学兵. 口译过程中影响理解的因素及理解能力的培训策略 [J]. 外语教学，2005，26 (3)：85 - 89.

⑧ 邹珊珊. 吉尔的口译理解公式对译员的启示 [J]. 郑州航空工业管理学院学报（社会科学版），2005，24 (1)：82 - 84.

⑨ 刘佳. 语境层次理论对吉尔口译理解公式的解释及其应用 [D]. 中国地质大学，2007.

口译理论，揭示了语言语境与吉尔提出的理解等式之间的内在一致性。

通过以上讨论，国内外对吉尔的口译模型进行了大量研究（包括精力模型和理解等式）。然而，他们中的大多数仍然以口译教学和教材编写为核心。尽管有些学者将吉尔的口译模型应用于实践，但很少有研究人员解决了口译理解中的困难。针对这方面的研究空白，本节旨在以吉尔口译模式为指导，为口译中可能存在的问题提供可行的应对策略。

3. 研究方法

3.1 研究问题

本部分将提出一些研究问题，以明确研究的目的，并从吉尔的口译模型的角度为后续分析提供具体指导。

（1）口译过程中具体的精力分配难点是什么？

（2）在口译中，口译员在哪些方面无法平衡精力？

（3）根据吉尔的口译模式，口译员在口译之前和口译过程中如何选择正确的策略和方法？

3.2 理论指导

本部分的理论框架将讨论丹尼尔·吉尔的口译模型中的两个部分：精力模型和理解等式。具体介绍了精力模型中的一些主要概念、交替传译认知过程中的两个阶段以及交替传译成功的一些条件，最后简要介绍了吉尔的口译模型。为下一章的案例分析提供了坚实的参考。

（1）吉尔精力模型

口译中出现的错误不仅仅来自密集的信息或一些困难的技术词汇，有时候也发生在清晰而语速缓慢的口译环境中。此外，有时即使是第一次翻译正确，口译员也会在同一段语音中出现错误。丹尼尔·吉尔①认为，口译中的这些问题与口译员的处理能力密切相关。在对上述现象进行了大量研究之后，在 20 世纪末，

---

① Gile，D. The processing capacity issue in conference interpretation［J］. Babel：Revue Internationale de la Traduction，1991，37（1）：15 - 27.

他在其专著《口译与翻译训练的基本概念与模型》中提出了著名的精力模型。事实上，吉尔最初开发了同声传译的精力模型，后来他又提出了另一个类似的交替传译模式。要全面了解吉尔的精力模型，首先必须弄清该模型的前提。

（2）假设

吉尔的精力模型是在两个假设的基础上发展起来的。

首先，口译所需的真正精力是有限的。

其次，口译过程往往占据了我们大部分的精力，有时甚至超过了可用的精力，口译的效果就会下降。

（3）交替传译的两个阶段

第一阶段（理解阶段）：听与分析（L）＋记笔记（N）＋短时记忆（M）＋协调精力（C）；

第二阶段（言语产出阶段）：记忆（Rem）＋读笔记（Read）＋产出（P）[①]。

交替传译的这两个阶段基本上是口译员的工作记忆运作的过程。工作记忆负责口译过程中的记忆保留和处理。具体而言，说话人的信息是在听、分析和记笔记的过程中获得、处理和保留的。在语音输出的第二阶段，把信息提取出来，翻译成目标语言。如果口译员的工作记忆超负荷，口译质量必然会下降。因此，为了说明口译实践中不同部分的处理能力要求与口译者的处理能力之间的关系，吉尔给出了如下公式，以期为口译者在实际口译中顺利进行提供指导。

（4）交替传译的条件

LR＋NR＋MR＋CR≤TA

LR：听力理解处理能力要求（L）；NR：笔记处理能力要求（N）；MR：短时记忆的处理能力要求（M）；CR：协调处理能力要求（C）；TA：口译员的可用处理能力（T）。

根据吉尔，上述等式也应满足以下要求，即 LR≤LA，NR≤NA，MR≤MA，CR≤CA，TR≤TA。

LA：听力理解处理能力（L）；NA：笔记处理能力（N）；MA：短时记忆的

---

① Gile，D. The processing capacity issue in conference interpretation ［J］. Babel：Revue Internationale de la Traduction，1991，37（1）：15－27.

处理能力（M）；CA：协调处理能力（C）；TA：口译员的处理能力（T）。[①]

吉尔在此强调了在听、说和记忆中分配精力的重要性，以及三者之间的平衡。正如他所说的那样，在口译过程中所需的全部精力不应超过口译员的精力总容量。例如，如果口译员过分关注某段语音的听力和分析，那么短时记忆就会过载。因此，分配给笔记记录过程的精力将减少，口译员很可能会在记笔记中出现延迟，错误或遗漏某些信息。在言语产出阶段，口译员可能会出现失误，错误或不流利等错误。更糟糕的是，前一段语音口译的延迟会直接影响到后续口译活动的精力分配和效率。此外，如果译员过于注重记笔记，而没有理清逻辑联系，那么在口译的某一时刻就会精力饱和，导致语音输出的断开。

3.3 理解等式

吉尔高度重视口译过程中的理解，因此提出了理解等式，这也是他的口译模型的重要组成部分。他的理解等式，也称为口译理解模型，指 $C = KL + ELK + A$（KL 代表语言知识；ELK 代表语言外知识；A 代表分析）[②]。吉尔认为，口译中的理解是上述三个要素的综合作用的结果。理解不仅仅意味着在对话中接收和识别说话者的语音段，还包括熟练使用语言外语言和对说话者意图的积极分析。在吉尔的精力模型中，倾听和分析构成了基本精力模型第一阶段的一个基本要素（口译＝ L ＋ N ＋ M ＋ C），它们也是口译过程的起点。在探究口译活动的理解过程后，吉尔在其口译实践的精力模型中提出了理解等式，以指导听力和分析。这说明了吉尔的理解等式与他的精力模型之间存在着内在的联系，因此这两个模型统称为吉尔的口译模型。

3.4 研究方法

本节的研究对象是笔者从交替传译实践中选取的一些案例。在吉尔的交替传译精力模型的指导下，根据本节的理论框架，对口译过程中出现的不同失误进行分类分析，找出可能的问题诱因，并提出相应的应对策略。这些例子都来自作者的汉译英和英译汉实践。

笔者回顾了以前所有的录音和口译实践笔记。经过仔细阅读和充分考虑，本

[①] Gile，D. Basic concepts and models for interpreter and translator training［M］. Amsterdam：John Benjamins Publishing Company，2011：165.

[②] 仲伟合. 口译研究方法论［M］. 北京：外语教学与研究出版社，2012.

节最终确定了几个最能代表作者典型失误的案例。这些情况涉及不同程度的困难，说话者的性别，以及母语是英语（汉语）的人，要么是非母语人士（有口音）。此外，这些案例涵盖了广泛的主题，因此研究结果可以更普遍地应用于交替传译实践。

4. 口译失误原因及应对策略

本节将选择六个案例分析作者的口译失误。此外，在这个实践部分，从作者的日常口译实践中选择样本，并从误解、冗余和不流畅的角度进行讨论，然后在吉尔的口译模型的指导下探索吉尔的口译模型。本节的第三部分将为口译学习者提出可行的应对策略。

4.1   精力需求过高

（1）误译

误译是口译练习的一个常见错误，它可能由听不懂、笔记难以辨认、说话人的口音严重、嘈杂的环境、缺乏技术词汇知识所引发。

例1：ST（原文）：1982年1月1日，中国共产党历史上第一个关于农村工作的一号文件正式出台，确立了家庭联产承包责任制。

IT（译文）：In January 1st of 1982, the first paperwork about rural production was issued by CPC, establishing a system of… eh, family co-production… with shared responsibility.

在此示例中，源文本是关于农村生产的政策。当译者听到"家庭联产承包责任制"这个短语时，她对这个术语及其英语对应词的具体含义完全不了解。所以她只记下了"家＋co＋sys"的说明。到了言语输出阶段，她停顿了两次并用了错误的表达来解释这个词。在这个例子中，引发问题的原因是她对术语缺乏知识。可以看出，译者在翻译不熟悉的术语时停顿了两次。在这里，译者花费了额外的精力来理解术语，导致她没有在这次口译实践中做好。

例2：ST（原文）：People want to be treated as Jack, John, Pedro, Maria, Cristina as you want. So we have to develop a tourism which is no longer for a mass tourism but for small niches.

IT（译文）：人们想要做杰克，约翰，玛丽亚，甚至是克里斯提娜。所以我们需要发展的旅游业不再是大众化的而是小众的。

在这个例子中，源文本是关于现代旅游业发展的。从口译的忠实性来看，显然，译者误译了原文中"Pedro（佩德罗）"，并采用了直译策略，这种策略没有任何意义，同时也使听众感到困惑。事实上，该句出现的多个外国名字的旨在传达一种感觉，即游客希望被视为景区的特殊顾客，而不仅仅是大众游客。译者的错误解读反映了对原文目的的误解，以及未能把更多的精力放在口译的理解过程上。同时，根据原句的意思，"niche"一词也应该翻译成"个性化的"。因此这个短句的口译总共有三个错误。

（2）冗余

例 3：ST（原文）：漓江是桂林山水风景区的象征，这条如诗如画的玉带是桂林山水的一个主要组成部分。

IT（译文）：Lijiang River is a symbol of Guilin Water and scenery. Like a jade belt, Lijiang River is also a major component of Guilin scenery.

上面是信息冗余的典型案例。译者逐字逐句地对原文进行解释，而不是对原文进行分析，从中提取有用的信息，然后用目的语进行表达。在这里，译者没有认识到汉语和英语的一个主要区别，即汉语的特点是通过重复强调句子的重要性，而英语高度动态，力求简洁。口译员在口译实践中应充分考虑到这一点，上述例子中的冗长表达正是由于译者在口译过程的第一阶段对听力和分析的关注太少。由此可见，她无法在口译的第二阶段提供正确的解释。

例 4：ST（原文）：Science fiction is becoming science fact. And that's what we're going to see next year. Oh, it should be the end of this year.

IT（译文）：科幻小说正在成为科技现实，而这也是我们明年将要看到的情况。哦不，应该说是今年年末。

在这种情况下，源语言的发言者犯了口误并很快纠正。根据口译规范，口译员应跳过说话人的自我纠正，只提供正确的信息。但是，译者没有意识到她需要省略错误的陈述。可以看出，她在翻译过程中没有足够的协调精力，使得译文中包含了不必要的误导信息，这种冗余会使听众感到困惑或产生误导。

（3）言语障碍

例 5：ST（原文）：现在有很多不同的 app 可以帮助我们追踪记录今天摄入

的水量。此外，还可以给自己买个好看的水杯，走哪都带着。这样，你就有意愿多喝水了。买水杯的时候，不要忘了挑一个容易清洗并且不含双酚 A 的水杯。

IT（译文）： There are a lot of apps that could help us keep track of the water intake. In addition，you could buy yourself a cool cup，take it wherever you go. Err… you will want to drink more water. When picking a cup，don't forget to choose one that is easy to clean up and… free from A.

上面的例子是关于人们日常生活中的饮水问题，从原文的内容来看很容易理解。然而，在这种对译者友好的情况下，译者在翻译过程中仍然两次停顿。第一次停顿是由于她的注意力不集中，她忙着把上一句的笔记记下来，没有注意到这里的逻辑联系，所以当她遇到一个不同的演讲片段时，她有点不知所措，停顿了几秒钟。第二次停顿是由于她对术语的不熟悉，这也是由于她在口译前缺乏语言外的知识准备。虽然这只是一种练习，而不是真正的口译实践，但是在口译失败的情况下，也应该适当考虑准备技术性词汇。

例 6： ST（原文）：As these images show, the poor in Southeast Asia are increasingly being joined by wealthy Western backpackers who are begging simply to fund their trips.

IT（译文）： 正如这些图片所显示的那样，东南亚的穷人……有许多西方的背包客加入到了东南亚穷人的……乞讨行列，而他们仅仅是为了赚些旅游经费。

如本例所示，译者暂停两次，暂停持续时间加长。这种不流畅是由于译者过于注重笔记而没有注意到中英文的语言差异。译者没有解释原文的"意义"和逻辑，而仅仅是"文字"本身的意义而已。因此，她在记笔记和阅读笔记上花费了太多时间和精力，导致她在口译中缺乏集中。这也反映了绝对的专注对于一个成功的口译是非常重要的。

4.2 原因分析

上述口译案例中出现的失误主要是由于口译过程不同阶段的精力需求过高造成的。本部分将基于吉尔的解释模型（理解等式和精力模型）分析这些失败的原因。

（1）语言与言外知识不足

在上述情况中，第一类失败可以被视为缺乏语言和语言外知识。根据吉尔的理解等式：C ＝ KL ＋ ELK ＋ A，例 1 中的错误属于 ELK（语言外知识）类别。另一方面，例 2 中的误解和信息丢失表明，口译员在口译过程之前没有做好充足的准备，没有传达出说话人的真实意图，而且她的作品不准确和混乱。如果口译员对口译情况有更多的了解，例如一些背景资料（如例 2）或说话者的兴趣爱好，他/她将能够更好地处理这次口译。

（2）理解不足

冗余作为第二种类型的翻译失误，通常是由于译者对源文本中的消息处理不当造成的。当译者试图记录说话者所说的一切时，她没有足够的精力去理解源信息。因此，在她的言语输出中经常会出现冗余。根据吉尔的精力模型，译者在例 3 中所犯的错误可归因于口译过程的第一阶段中的精力分配不平衡：口译＝L＋N＋M＋C。在这个阶段，译者过分关注笔记，并且 L 的可用剩余能量小于所需的量（LA<LR），这与原始方程式相悖。同样的情况也适用于例 4，其中译者没有充分地分析源文本消息并将不必要的消息放入有限的短期记忆中。这个错误可以放在吉尔精力模型的第二阶段。口译＝Rem＋Read＋P＋C。阅读笔记占用了过多精力，因此言语输出结果不令人满意。

（3）笔记无序

流畅性障碍是译者在口译实践中出现的第三大突出错误。例 5 和例 6 中的失败都归因于译者专注于她的笔记，只翻译了她记录的信息而没有对语音片段的逻辑联系给予足够的重视，也没有在信息处理上投入足够的精力。事实上，口译本质上是对意义的翻译，而不是对言语中每一点信息的双语重复。口译还要求口译员处理两种截然不同的语言系统之间的消息。在例 5 和例 6 中，译者主要在口译过程的第二阶段犯错：口译＝Rem＋Read＋P＋C，阅读笔记付出的额外精力导致言语产出部分的精力减少，因她在笔记上匆忙写下来，如果没有逻辑联系，将需要更多的时间来区分她以前记下的笔记。

4.3 应对策略

（1）语言与语言外知识准备

准备语言和语言外知识的应对策略主要针对上述第一类失误。虽然以上案例都是笔者从口译实践中选择的，但仍然需要强调准备在口译中的重要性。由于口译是一项要求很高的职业，但它通常会给口译员带来新的或意想不到的挑战，例如嘈杂的环境、口音混乱的非母语人士、语速快等等。最重要的是，口译人员对口译领域的知识并不熟悉。

根据吉尔的理解等式，对源文本的良好理解需要语言知识，也需要语言外知识。语言知识包括听、说、读、写的实践。此外，口译主题的相关词汇和背景信息的知识将大大减少口译过程中遇到的障碍。准备工作可以通过以下方式进行：列出不同类别的技术术语，例如政治、国际贸易、历史和农业。此外，口译员可以观看讲英语的电影和电视剧，阅读《经济学人》、《环球时报》、《纽约时报》和《卫报》等权威英文报纸，以获得广泛的知识和不断进步的英语思维模式。至于浓重的口音，口译员可以在口译之前与说话者进行一些沟通，以便在口译过程中适应口音。

（2）适当的省略

考虑到一些说话者会自我纠正或重复一些单词，要记录和解释源语的每一个细节几乎是不可能的。因此，口译员必须采取一些省略策略，以帮助他们在输出中节省精力。基于吉尔的精力模型，口译的第二阶段＝Rem＋Read＋P＋C。如果可以协调进行适当的省略，那么节省的精力可以提高口译员的言语输出质量。口译员可以采取以下策略来实现适当的省略。首先，省略不相关的信息。在真实的口译情境中，说话者并非全程紧扣主题，而且他们给出的一些信息是不相干的。为了满足口译员的精力需求和听众的兴趣，口译员可以选择跳过不相关的部分，把注意力集中在对话中真正重要的部分。其次，省略常识。在口译学习的初始阶段，教师将培养学生的主要口译技巧，有助于培养学生的分析、记忆和表达能力。这同样适用于真实的口译情景，这些情景中也有主要和次要信息。口译员有责任选择与目标语表达相关的主要信息。

（3）笔记策略

至于前面例子中发生的冗余，有必要检查笔记是否以有效的方式记录下来。与听写不同的是，口译笔记往往是随着时间的推移而发生的。口译员几乎不可能记录下口译过程中的每一个细节。根据吉尔的精力模型：口译的第一阶段＝L＋N＋M＋C。如果N（读笔记）需要翻译人员的精力太多，那么言语产出将受到影响。在吉尔的精力模型的指导下，口译中的笔记可以归纳为两种方式。

首先，利用好缩写和符号。人们认为口译笔记应该用最少的字符来表达最多的信息。这也符合最少努力原则，这在吉尔的精力模型中是非常重要的。将语音段压缩成符号将使口译员更好地处理目标文本的传递。例如，"government（政府）"可以写成"gr"，"specialized（专业的）"可以写成"specz"。当然，良好的符号和缩写的使用并不一定保证良好的口译效果。它们只是"有机符号"，在不同的情况下可以象征不同的概念。有时，它们也可以以不同的方式组合来表示其他概念。常见的解释符号有数学符号、箭头、标点符号和一些视觉符号。

其次，另一个造成笔记混乱和难以辨认的原因是笔记内容排列不当。根据吉尔的精力模型，口译笔记的安排有三条规则，即垂直布局、移位和左页边距留白。垂直布局是指在一张纸上从上到下做笔记，每一组都有一条独立的线划分。移位是指根据口译者的理解来拆分信息。因为英语是一种形合语言，一个句子后面跟着一系列的从句，移位的使用可以帮助组织思想。第三，左边留白是指在笔记纸的左边保留一个空白的空间，以便记录不同语音段之间的逻辑连接，保证其不会与其他信息混淆。

本章通过对译者口译实践中主要失误的探讨和分析，在吉尔口译模式的指导下探讨可能的原因，并提出相应的应对策略，以指导未来的口译实践。

5. 结论

本部分致力于总结本节的主要发现，目前的局限性以及对未来研究的意义。首先，通过分析吉尔口译模型的指导下口译实践的典型失误，得出以下结论：

（1）根据吉尔在精力模型中的两个阶段，译者在口译实践中面临的具体精力分配困难分别是记忆与笔记之间的不平衡，笔记阅读与言语产出之间的不平衡，理解与生产之间的不平衡。因此，口译失误，如误读、流利性障碍以及冗余的目标发言可能会不时发生。

（2）针对口译过程中遇到的困难，笔者进一步确定了根本原因。以吉尔的口译模型为指导，包括精力模型和理解等式，译者在口译实践中失败的原因是缺乏语言和语言外知识、笔记混乱、对原文理解不足。

（3）在这项研究中，吉尔的口译模型对于解决口译过程中的失误具有一定的指导意义。具体而言，它可以指导口译员事先准备好语言知识和口译主题的语言外知识，以提高听力理解能力，解决口译第一阶段的精力分配问题（口译＝L＋

N+M+C)。在第二阶段，口译员可以采用适当的记笔记策略，如垂直度、移位和左页边距留白等，以减少记笔记中的工作量，提高工作效率。（口译＝L＋N＋M＋C）。

然而，正如任何学术研究都会受到批评一样，本节的研究也不例外，它也有一定的局限性。首先，研究对象代表性不够，本节仅以笔者自己的口译实践作为实例进行讨论和分析，将研究成果广泛应用于所有的口译实践还缺少权威性。为了解决这个问题，笔者将在未来的研究中纳入广泛的研究课题。其次，鉴于口译的动态性和复杂性，在实际口译中存在更多的困难或失败，本节仅选择一些典型的口译问题。因此，本节可能还不够全面，无法解决真实口译情况中出现的所有问题。再次，尽管存在上述局限和弱点，但本节的确从吉尔口译模式的角度尝试分析了口译实践中的常见错误。从某种意义上说，它将理论框架与实践口译相结合，试图为学习口译的学生提供一些见解和启示。然而，目前的研究远远不够，应该有更深入地研究探索吉尔的口译模式在指导口译学习中的指导意义。此外，应还需要集和分析更多的研究数据，以确保其普遍性和适用性。最后，政府应该大力支持这方面的口译研究，因为培养高素质的专业口译人员无疑将促进中国与世界的有效交流。

第三章 口译信息感知与理解

第一节 口译信息感知机制

概要：感知机制是语言学习者掌握语言用法的重要工具，也可以辅助口译过程。本节综述了感知机制及其在口译中的应用，并对口译感知机制的未来研究方向提出了一些建议。

1. 绪论

在外语习得过程中，感知机制一直受到重视。无论在国内还是在国外，很难定义这样一个抽象的概念，所以即使我们查阅各种词典，仍然没有一成不变的定义。我们只知道，感知机制是一种经过长期语言实践而形成的能力。有了这种能力，人们可以很好地理解使用语言的方式，甚至也可以理解在某种特定的文化中思考和行为的方式。它可以让人们在用外语交流时反应迅速。但是，感知机制并不能很清晰地被解释，对于外语学习者来说，掌握这样一个机制从来都不是一件容易的事情。对于已经建立感知机制的人来说，他们很难阐明如何建立它。

在许多国家，比如中国，感知机制在语言学习中需要被重视，几乎每个人都知道拥有感知机制很重要。但是在语际交流中，却对感知机制不太关注。本节对感知机制及其在口译过程中应用的相关研究进行了综述，并对其未来的发展进行了探讨。通过本节，人们将对感知机制的概念及其与口译的关系有更好的理解，本节也有助于今后进一步的研究。

2. 相关研究

在对感知机制研究的回顾中，很明显，无论是在国内还是国外，感知机制都没有受到太多的关注。也许是因为感知机制相对情绪化的本质，在国外的研究中，人们总是很重视它与其他学科的关系，而只是粗略地概述关于感知机制自身的详细讨论。因此，在这里我们更关注中国的相关情况。

在中国，关于感知机制的讨论始于几十年前。关于汉语的感知机制，王尚文的《语感论》对此做了充分的论述。而对于外语的感知机制，只有少数学者在其出版的书中对这一机制的形成和培养进行了研究。当我们在中国社会科学引文索引中搜索"英语语感"（英语感知机制）的术语时，我们获取了48个结果。基于这些搜索结果，我们从发展历史、相关术语和作者等方面对结果进行了可视化分析。

英语 语感 −期刊学术发展趋势曲线

缩放　全部　10年　20年　30年　　　　　年份　1998　到　2019

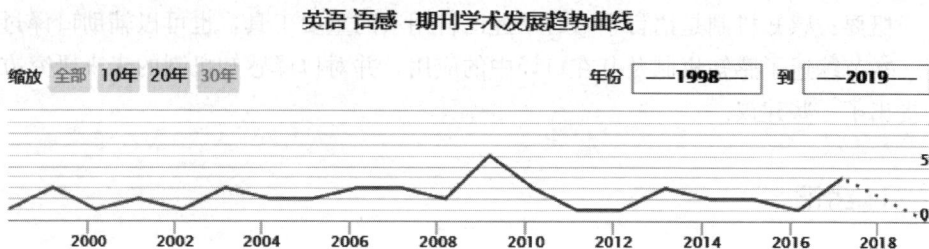

从上图可以看出，感知机制研究的发展并不乐观。从1998年到2019年，折线图没有显著波动。即使从2008年到2010年，这种上升和下降幅度相对较大，但在整个图表中并不明显。总的来说，这一领域的研究一直处于不活跃状态。

在对相关术语的分析中，我们可以从可视化图形中看出，即使在对英语感知机制的研究中，在某些情况下，人们仍然关注与汉语相关的方面，如汉英翻译和拼音。通过阅读这些文献，我们发现中国学者经常将感知机制应用于英语教育研究，这可以证明人们普遍认为感知机制在英语学习中非常重要。另一方面，对于真正关

切换重要期刊

相关知识点

翻译能力

表达能力

汉译英

英语教学

英语写作

英语专业

语感培养

语言能力

英语 语感

汉语

普通话

显著差异

汉语拼音

英语学习

学习效率

二语习得

相关性：● > ● > ●

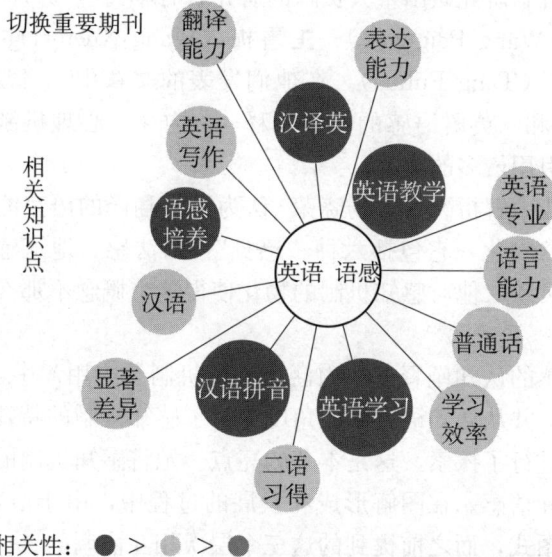

注英语感知机制的研究来说，最常提及的术语是感知机制的培养以及感知机制与英语教育的关系。通过分析，我们可以得出结论：国内对英语感知机制的研究主要集中在它在教育领域的应用，而其他领域，如翻译和口译，却很少受到重视。

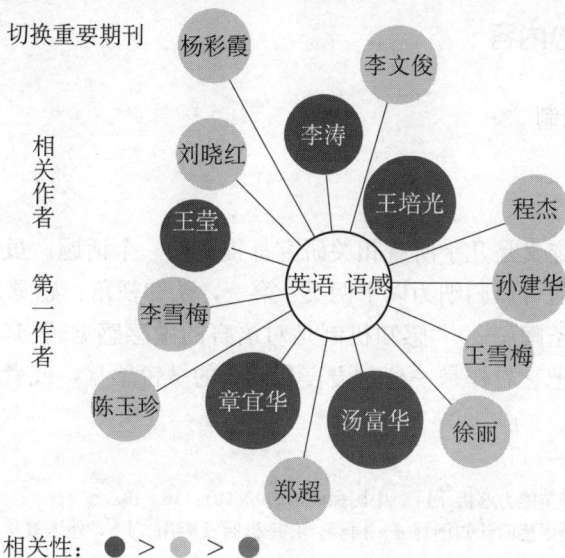

切换重要期刊

相关作者

第一作者

杨彩霞

李文俊

李涛

刘晓红

王培光

程杰

王莹

英语 语感

孙建华

李雪梅

王雪梅

陈玉珍

章宜华

汤富华

徐丽

郑超

相关性：● > ● > ●

　　对英语感知机制研究做出重大贡献的研究者有李涛（Li Tao）、王颖（Wang Ying）、王培光（Wang Peiguang）、王雪梅（Wang Xuemei）、张一华（Zhang Yihua）和汤富华（Tang Fuhua）。在他们发表的文章中，《汉译英能力解析》（杨晓荣，2002）和《英语语感的认知阐释——内涵、心理机制及应用》（王雪梅，2006）是被引用最多的文章。

　　在《汉译英能力解析》中，杨晓荣[①]认为汉英翻译的语言能力感知机制，他谈到了感知机制的物化，它包括六种"感觉"：语法感、地道感、意义感、风格感、情景感和连贯感。他对感知机制的物化使得这个概念不那么抽象，更容易被英语学习者理解。

　　在《英语语感的认知阐释——内涵、心理机制及应用》中，王雪梅[②]定义了感知机制的概念，并从认知语言学的角度探讨了感知机制的特征。此外，她还对感知机制的图解进行了探索，这是本节的亮点。她将感知机制的图解分为三个层次：知识、技能和情感。在图解形成和发展的过程中，由于语言和词汇的原因，图解会变成新的图式，而之前提到的这三个层次相互协调。

　　然而，这一分析也反映了这样一个事实：迄今为止，几乎所有关于感知机制的研究都集中在这个机制本身，而很少涉及它与口译的关系。但实际上，感知机制在口语转换过程中发挥着相当重要的作用。

3. 研究核心内容

3.1　感知机制

（1）定义

　　感知机制的定义是几乎所有相关研究都提到的一个话题。虽然不同研究者给出的定义不同，但可以归纳为以下两类：第一，认知视角：感觉、感知和直觉

　　感觉——叶圣陶[③]说，"感知机制是对语言的敏感感觉。"有的人认为感知机制是一种感觉，把它看作是一种对语言和词语的敏锐感觉，或者是一个声音或词

---

① 杨晓荣. 汉译英能力解析［J］. 中国翻译，2002（6）：16-19.
② 王雪梅. 英语语感的认知阐释——内涵、心理机制及应用［J］. 外语教学，2006，27（1）：6-13.
③ 叶圣陶. 叶圣陶论创作［M］. 上海：上海文艺出版社，1982.

语形状在人大脑中所留下的图像，例如对英语中某个用法是否正确的感觉。张景祥[①]说感知机制是违反语言原则的一种敏锐，也是对语言连贯的一种敏锐。感觉实际上在感知机制中是最基本的。

感知——感知是指让人类大脑理解、联想和记忆单词内容的过程。在大多数情况下，这里所指的内容只是文字意思或表面意思。

直觉——感知和直觉都强调对意义的理解。当感知机制被认为是一种直觉时，它指的是人们对词语的潜在或无意识意义的快速反应或理解。

第二，功能视角：能力、知识和情感

能力——在许多研究中，人们认为感知机制是一种语言能力。这种能力主要集中在对语言的理解上，包括判断过程（判断语言的形式、风格、情感等），区分（区分不同）等等。李珊林[②]认为感知机制是理解和感知语言的能力，这是通过长期的语言实践培养出来的。韦志成[③]认为感知机制是一种对语言的理解能力，它使人们能够理解单词的形式到内容，感知机制是一种识别和纠正语言使用中错误的语言能力。

知识——这里的知识并不意味着感知机制就是知识，而是知识转化的过程，包括内化过程和外化过程。由于感知机制意味对语言有着很好的掌握，人们需要将语言知识，如语法和原则、内化、以建立感知机制。然后在表现感知机制时，这些知识也将被运用和展示出来。

感觉——仍然有人认为感知机制是各种感觉的混合，包括伦理意识、理性意识、审美意识等。所有这些感觉都可以应用于对语言内容的感知和理解，并有助于人们有更深层次的理解。

还应该注意的是，上面提到的定义并不是完全互不相关的。事实上，一些研究者认为感知机制不是单一的东西，而是一个混合体。司继涛[④]提出感知机制是一种对语言的直觉，然后这种感觉将转化为一种综合的语言能力。

（2）组成部分

虽然感知机制常被视为一个抽象的概念，但一些研究对感知机制本身进行了

---

① 张景祥．英语语感漫谈［J］．外语教学，2000（1）：88－92．
② 李珊林．语感训练的思考和做法［J］．语文学习，1990（9）．
③ 韦志成．语文教学情境论［M］．南宁：广西教育出版社，1996．
④ 司继涛．语际转换中的语感机制［J］．上海翻译，2008（1）：17－20．

进一步的探索，并讨论了其具体组成部分。例如，胡学云①认为，大多数定义简化了感知机制的概念，而感知机制由认知、语言心理定式和塑造的语言行为模型三部分组成。认知很容易理解。它指的是在交际中可以遵循的常规语言原则的知识。然而，后者的语言心理定式，很少被提及，也很难掌握。它是指长期受某种语言环境或社会文化影响的人持有的一种思维倾向。生活在不同文化背景的人总是有不同的语言心理定式，要想克服跨文化交际中的障碍，建立外语的感知机制，首先要建立该文化的语言心理定式。至于最后一个，它意味着人脑将保持已经练习了许多次的语言结构，并成为一种习惯。这个模型也进而有助于在交流中创造新的句子和单词。这三个部分不是分开的，而是相互关联的。

（3）影响因素

在感知机制形成的过程中，有许多影响因素。

胡学云②提出了五个要素：信息感知、语言结构与语境的结合、语言结构的逻辑理解、对语言结构和母语的敏感性。信息感知是指信息越容易被感知，感知机制就越有可能被建立。第二个因素是建立在第一个因素的基础上的，当语言结构与语境紧密相关时，结构意义将易于理解，从而感知机制则更有可能被建立。至于第三个要素，胡学云③认为，对语言结构的逻辑理解有助于提高直觉理解，从而有利于感知机制的形成。最后两个因素也是相关的。这里的敏感性指的是识别第二语言和母语之间差异的能力。在这方面更敏感的人将更容易建立感知机制。然而，由于大多数人已经习惯了母语的感知机制，这就阻碍了他们建立新的感知机制。因此，为了构建一种新的另一种语言，调整母语的感知机制是很必要的。

（4）感知特性

第一，模糊性。模糊性是感知机制最重要的特征。首先，定义决定了这一特征的存在。由于很难解释感知机制的概念并确定其标准，所以关于感知机制的一切都处于不清楚的状态。从认识过程到实践过程，这个机制总是模糊的。其次，它意味着不准确性。感知机制不能始终保证正确的判断。有时候个人感知机制会

---

① 胡学云. 语感的概念和语感形成的规律［J］. 外语教学，1992（2）：9-16.
② 同上。
③ 同上。

出错。这一特征决定了感知机制在大多数情况下不能作为进行语言分析的依据，而是作为判断的依据①。实际上，它更多指的是一个在非正式场合使用的无法形容的标准。

第二，个体性。感知机制是在语言习得过程中形成的，它是个人对一种语言及其原则的理解②。由于人们总是有不同的经历、成长环境和教育背景，因此感知机制因人而异。此外，在处理不同的情况时，一个人的感知机制也可能不同。

第三，隐含性。事实上，隐含性是模糊性导致的。因为感知机制的概念是模糊的，它实际上是人们大脑中的一个隐藏机制，反映了内在的潜能。这种机制永远无法向外阐释，但却能内在地发挥作用。

第四，自动性。自动性是以往研究中最有争议的问题。一些研究者认为感知机制是一个无意识的过程，应该自动形成并付诸实践，不受人的干扰。他们认为感知机制不能通过教育来教授或学习，而只能在语言学习过程中偶然获得。但是其他一些研究者认为，教育有助于人们建立这样的机制。

第五，直觉性。在大多数情况下，感知机制只与直觉判断有关。任何理性的分析是不可能，也是没有必要的。人们只能根据他们的感知机制来感觉某件事是对或者是错的，但不能解释他们为什么或如何这样感觉的。直觉的主要表现是人们可以直接感知和理解语言。这一特点经常出现在日常交流和文学作品中。拥有成熟的感知机制的人能够很快理解对话或文学作品中的深层或隐含情感，这种情感对于没有这种机制的人来说是很难解释的。

第六，动态发展性。这是王雪梅③提出的特征。王雪梅认为，感知机制的培养过程是不断变化和发展。语言学习者可以通过学习和训练来提高自己的感觉和能力，从而能够更好地理解语言，建立更好的感知机制。另一方面，由于感知机制与一些不稳定和动态的事物，如感觉和情感有关，所以说该机制也是动态的。

（5）感知功能

首先，指导功能。感知机制在语言表达中起着重要的指导作用。当人们从他人那里接收信息时，可能需要使用语法来帮助分析和理解语言，但是说话者只需

①　李泉．论语感的性质、特征及类型［J］．中国人民大学学报，1995，9（4）：99-102.

②　同上。

③　王雪梅．英语语感的认知阐释——内涵、心理机制及应用［J］．外语教学，2006，27（1）：6-13.

要感知机制。对于说话者来说，如果他们仍然需要用语法来进行分析，这将使说话者和听众都感到困惑。事实上，感知机制可以引导人们以自然和恰当的方式表达。关于引导功能，孙黎和王武娟[1]认为，引导功能主要是针对自己的语言活动，如说话、写作和翻译。

其次，监测功能。对于具有感知机制的人来说，他们对语言错误会更加敏感，这正是因为感知机制的监测功能。根据乔姆斯基的理论，感知机制将监测从深层语言结构向表层语言结构转换的过程和结果，并能避免犯错误[2]。孙黎[3]提到，感知机制的监测功能主要体现在听力和阅读上。与引导功能相比，监测功能更多的是监督他人的语言活动。

再次，调整功能。调整功能是监测功能之后的下一步。在识别到语言使用中的错误之后，人们可以根据他们的感知机制进行纠正，即调整。

另外，协助功能。第一，在今天的英语教育中，我们试图把学习者置于"英语环境"中，在这种环境下，英语可以被视为母语，有些孩子甚至在幼儿园之前就开始接受这样的教育。通过这种方式，在学习常规语法和语言原则之前，感知机制就已经建立了。因此它可以帮助学习者习得语言。第二，对于具有高水平语言能力的人来说，感知机制将是他们解决语言问题的主要工具。第三，感知机制也有助于语言动机的呈现。语言动机是指人们希望通过语言表达的主观情感或意愿。它是语言诞生的原因和理解的目标[4]。在感知机制的帮助下，人们可以表达自己的动机，理解他人的动机。

最后，培养功能。感知机制的培养是探讨感知机制在外语教育中应用的研究重点。在许多研究中都提到了培养方法。黎昌抱和周崇明[5]提出，感知机制的培养应从两个方面着手：听和读。"语言实践是感知机制的基础"[6]。听和读是两种基本的语言实践。由于两者都属于输入过程，它们锻炼了人们对所接收信息的理解，从而有助于建立感知机制。在此基础上，他们提出，在英语教育中，增加实

---

① 孙黎，王武娟.谈语感机制对译文的优化作用 [J].西安工程大学学报，2007，21 (4)：565-568.

② 胡学云.语感的概念和语感形成的规律 [J].外语教学，1992 (2)：9-16.

③ 孙黎，王武娟.谈语感机制对译文的优化作用 [J].西安工程大学学报，2007，21 (4)：565-568.

④ 胡学云.语感的概念和语感形成的规律 [J].外语教学，1992 (2)：9-16.

⑤ 黎昌抱，周崇明.语感培养与听力理解 [J].台州学院学报，1996 (4)：40-44.

⑥ 胡学云.语感的概念和语感形成的规律 [J].外语教学，1992 (2)：9-16.

践和营造英语环境有助于增强对所接收信息的识别和理解能力，这对感知机制的建立非常有益。

除了听和读之外，张景祥①提到了另外四种培养感知机制的方法。第一，学习语法。掌握语言的基本用法是建立感知机制的第一步。事实上，语法和感知机制是不可分割的。通过学习语法，感知机制也可以得到改善。第二，使用英英词典。用英语解释英语单词可以启发人们理解什么是感知机制，从而有助于建立这种机制。这种方法是通过感知来培养感知机制。第三，逻辑推理。张认为感知机制应该建立在逻辑的基础上。每种语言都有自己的逻辑，当我们学习另一种语言时，有必要习惯它的逻辑，然后我们才能建立起这个机制。第四，联想。联想是语言实践中不可或缺的一个环节，张认为更积极的联想可以带来更好的感知机制。

3.2　感知机制的图式

感知机制的图式只有王雪梅②这位学者提到过，因为它在一定程度上与心理学和神经学有关，这里我们将其列为一个加分点。

图式是一种知识表示形式，它指的是大脑用现有的知识和经验有机地组织新事物，以便于信息的存储和处理。它是一个由相关知识组成的完整信息系统③。王雪梅④提出了三种类型的感知图式：典型感知图式、中间感知图式和非典型感知图式。例如，在名词的感知图式中，名词可以指某人或某物，并且可以被量词修饰。而非典型感知图式非常普遍，可以作为其他图式的标准。而非典型的感知图式是不普遍且隐含的。比如，在某些情况下，名词可以用作形容词。那么典型和非典型知觉图式之间重叠的部分就是中间感知图式。在语言习得中，当我们已经掌握了解决问题所需的知识时，就会采用典型的感知图式，当我们不确定时，就会采用非典型的感知图式。同时，感知图式也可以随着知识的积累、训练和学习而发展和提高。

①　张景祥．英语语感漫谈［J］．外语教学，2000（1）：88－92.
②　王雪梅．英语语感的认知阐释——内涵、心理机制及应用［J］．外语教学，2006，27（1）：6－13.
③　赵艳芳．认知语言学概论［M］．上海：上海外语教育出版社，2001.
④　王雪梅．英语语感的认知阐释——内涵、心理机制及应用［J］．外语教学，2006，27（1）：6－13.

4. 口译中的感知机制

通过阅读相关文献，我们发现很少有研究涉及感知机制在口译中的应用。即使是对语言转换中感知机制的研究，大多数都是在比较宽泛的意义上讨论这种应用，而没有进一步讨论翻译活动的细分部分。

4.1 口译中的感知机制

冷建明①从口译的角度分析了口译中的感知机制。他认为感知机制包括五个方面：语言感知、思维感知、情感感知、风格和语境感知、文化感知。

4.2 语言感知

"健全的感知机制使句子结构能够摆脱形式限制，在双语转换中能够有灵活的对应关系。语感使结构转换更具选择性，语义匹配更合适，这可以大大提高目标语言的可读性。"② 虽然语言之间存在差异，但口译员应该对语言的规律能够敏感地感知，并能熟练地使用它，这恰恰是感知机制所包含的。良好的语言感知可以避免像"中式英语"这样令人困惑的翻译。

4.3 思维感知

感知机制也包括对思维的感知。思维模式可以反映在语言结构和词序上。例如，中国人总是把原因放在结果之前，而西方人喜欢把结果放在第一位。但是这些原则也可能被扰乱，尤其是在口译方面。口译员必须推测文章的大意，以确保口译流畅。这种推测是基于对思维的感知。

4.4 情感感知

当感知机制被理解为一种感觉时，它是对文本中情感的感知。口译员应传递源文本中的所有情感，根据奈达的理论，口译员还应产生同等的效果，并让听众中拥有相同的情绪。然而，在许多情况下，对情感进行口译是一个非常高的标准。

---

① 冷建明. 口译中的语感机制 [J]. 外语教育，2007 (00)：203–209.
② 刘宓庆. 当代翻译理论 [M]. 北京：中国对外翻译出版公司，1999.

4.5　风格和语境感知

冷建明[①]认为，口译应符合原文的语境，保持原文风格。在一定的语境下，口译的内容应该反映双方沟通目的、甚至时间和地点之间的关系，从而重构源文本的内容。还应该注意的是，原文的语境和风格必须以自然的方式传递，好的口译是很难通过简单的——对应产生的。

4.6　文化感知

不同的语言可以体现不同的文化。张景祥[②]提出，"英语中的文化问题可以理解为广义上的感知机制问题"。感知机制包括对原文文化特征的理解。在口译中，为了尽可能准确地再现原文，译员需要理解和解释文化因素。

另一方面，杨晓荣[③]提出六种"感觉"作为翻译感知机制的组成部分。第一是语法意识。这指的是语法知识，以及所学语法在实践中的巧妙应用。第二是地道感。在外语习得中，对许多学习者来说，俗语的理解是一个巨大的障碍。缺乏这种感觉会造成非标准或非地道的表达。第三是意义感。对意义的理解不应该受到形式或其他因素的干扰，人们应该学会克服这些困难，理解正确和真正的意义。第四种和第五种是风格感和情境感，这与我们上面提到的风格和语境感相似，所以我们跳到第六种，连贯感。它实际上是一种话语意识，主要体现在句子之间的关系上。由于不同的语言在语篇中有不同的联系，一种语言中的联系很难翻译成另一种语言。所以我们需要有连贯意识，这样翻译出来就不会突兀和不连贯。

5. 感知机制在口译中的功能

5.1　理解

在口译过程中，拥有不同语言水平和语言特征的说话者会对译员造成干扰和障碍。例如，来自一些非英语国家的人在说英语时会有很重的口音，例如印度人和日本人，因此会妨碍口译员对内容的识别和理解。在这种情况下，如果口译员

---

① 冷建明. 口译中的语感机制 [J]. 外语教育, 2007 (00)：203 - 209.
② 张景祥. 英语语感漫谈 [J]. 外语教学, 2000 (1)：88 - 92.
③ 杨晓荣. 汉译英能力解析 [J]. 中国翻译, 2002 (6)：16 - 19.

对源语言有很好的感知机制，那么不管干扰的影响如何，口译员都能够更容易地提取信息和理解意义。此外，感知机制可以帮助口译员处理信息，包括这些感觉的分割，这也有利于理解和减轻记忆的压力。

5.2 转换

事实上，转换和理解的功能是可以联系在一起的。口译是一个整合的过程，在这个过程中，信息将被分析和处理，以便为以目标语言重复信息的目的做准备。口译员在理解内容后，借助感知机制，能够完整、清晰、简洁地表达主要意思。

5.3 预测

在口译活动中，人们经常会觉得口译员的思维活动总是在说话者之前。这是因为大多数口译员都有预测能力，通过这种能力，他们可以大致了解说话者会说什么，并在此之前做好准备，以防止出现错误或延误，并减轻组织语言和传递信息的压力。"口译员根据语言成分感知内容，根据翻译语言的知识进行语义预测，根据认知记忆进行预测或意义预测，从而保持语言的完整性和统一性，并以流畅的形式再现语言。"[1] 安新奎[2]在谈到口译员预测能力的培养时，提到了感知机制的预测功能。在他的研究中，他把感知机制归类为语言知识。他认为，"感知机制首先建立在掌握大量语言知识的基础上，然后在经过长期的语言环境训练或熏陶后，在自己的思维模式、思维特点和思维方式与源语言文化相似或相当的条件下产生。"[3] 基于对感知机制的理解，他认为，首先，在感知机制的建立过程中，人们可以拥有与源语言文化相似或相同的思维方式、思维特征和思维风格，这肯定有利于缩小甚至消除思维差距，进而有助于提高口译预测能力。其次，"感知机制在双语交流过程中也起到了咨询作用，提高了口译员预测的准确性和速度。"

5.4 最佳化

司继涛[4]强调了感知机制的优化功能。他认为感知机制可以作为纠正语言错

---

① 冷建明．口译中的语感机制［J］．外语教育，2007（00）：203-209.

② 安新奎．口译的预测机制管窥［J］．中国科技翻译，2001，14（3）：27-29.

③ 同上．

④ 司继涛．语际转换中的语感机制［J］．上海翻译，2008（1）：17-20.

误的手段，他认为良好的感知机制有助于优化翻译，使其更好地适应目标语言语境和文化，并从三个方面探讨了优化功能。

第一，表达的优化。他认为，感知机制可以指导译者调整想法的表达，使想法能够得到更清晰的解释，符合目标语言和文化的思维方式。例如，汉语中常见的重复和赘言现象在英语表达中应该避免，因为英语的感知机制强调逻辑，更喜欢简洁明了的表达。因此，具有敏感感知机制的笔译员和口译员能够迅速认识到这种差异，并对其笔译和口译进行调整。另一方面，感知机制也能引导人们遵循匹配习惯、叙事逻辑、措辞习惯等，从而实现更好的语言转换。

第二，语言结构的优化。在语言转换中，严格遵守语法和语言原则往往会使翻译变得僵硬，因为这不符合目标语言的语言习惯。相比之下，运用感知机制会产生更好的结果。良好的感知机制有助于摆脱语言结构形式和原则上常规要求的束缚，能够找到更灵活的对应翻译或口译，更好地表达意义，增强可读性。例如，在英汉翻译中，为了使译文自然并符合汉语的语言习惯，虚词将被用作语义衔接的一种方法。

第三，整体一致性的优化。在翻译活动中，尤其是文学翻译中，保持源语言的风格非常重要。为了更好地理解这种风格并调整目标风格，笔译员和口译员必须有一个敏感的感知机制。例如，当源文本具有简洁的写作风格时，目标文本也应该以这样的方式来构建，以保持原始风格。王佐良翻译弗朗西斯·培根的《谈读书》就是一个很好的例子。

第四，灵感的优化。由于翻译除了传递源信息外，还包含一个再创造的过程，因此也需要灵感。因此，司继涛认为，一个敏感的感知机制意味着译者对源语言有一个透彻的理解，在这种情况下，可以激发翻译的更好灵感。

6. 研究方法

以往感知机制研究中最常见的研究方法是文献研究、案例研究和跨学科研究。

6.1 文献研究

文献研究是根据一定的研究目标或课题，通过查阅文献来获取信息，从而全面、正确理解和掌握需要研究的问题的一种方法。文献研究广泛应用于各个学科，其主要功能是：第一，了解相关问题的历史和现状，帮助确定研究课题。第二，形成对研究对象的大概印象，这有利于观察和进一步研究。第三，获取真实数据和比较数据。第四，能够帮助全面了解一个事物。我们这次收集的大部分文献都有相关研究的综述。通过对各种文献的考察，不同的研究提出了不同的分类，并最终提出了自己的观点。收集到的文献是他们观点的依据和证明。

6.2 案例研究

案例研究是一种研究方法，包括对研究对象（案例）及其相关的语境条件进行近距离、深入和详细的分析。案例研究的结果长期以来，从心理学、人类学、社会学和政治学到教育学、临床科学、社会工作和行政科学，在许多学科和专业中都占据了突出的地位。在进行案例研究时，被研究的"案例"可以是存在于特定时间和地点的个人、组织、事件或行动之中。我们这次探索的一些研究是以某些案例为例进行分析，以小见大，然后从中得出结论。

6.3 跨学科研究

跨学科研究又称"交叉研究法"，是指从多学科理论、方法和成果的角度对一个学科进行综合研究。任何东西都不能单独存在。对一门学科的研究似乎是一门独立的学科。但事实上，学科之间有一个统一的整体。学科之间的联系也越来越紧密，在语言、方法和一些概念上有统一的趋势。

在收集的文献中，一些研究者从教育、心理学、神经学等角度展开研究。这反映了感知机制的应用不仅仅局限于语言领域，它还与其他领域相关，因此在今后的研究中，人们可以从更多的角度进行研究，以便对它有更全面的了解。

7. 研究前景和趋势

从收集到的文献分析来看，很明显，大多数关于感知机制的研究都局限于英语学习或英语教育领域。这其中只有少数人谈到翻译活动，而那些侧重于翻译的活动的研究就更少了。因此，在今后的研究中，我们应该更加重视感知机制与口译之间的关系，这里有两个主要方向：

第一，口译中感知机制的相关理论。我们发现许多论文中所引用的话语和依据实际上是其他研究中的，因此其可靠性受到质疑。唯一被证实的理论是乔姆斯基的理论，所以我们需要找到或建立更多的理论体系来追踪和支持未来研究。

第二，口译中感知机制的影响。在大多数与口译相关的感知机制研究中，当作者谈到口译中感知机制的影响时，总有一种普遍的看法，即"口译的感知机制有助于提高口译质量"。然而，几乎没有人详细解释如何进行提高以及提高的效果如何。此外，"改进"或"优化"都是非常宽泛的概念，缺乏科学性和严密性。在今后的研究中，应该更具体地讨论口译中感知机制的影响。

第三，口译感知机制的培养。实际上很多研究都提到了感知机制的培养，但大多数都是针对常规的感知机制，或者说大概的想法，所以我们需要关注感知机制在口译中的具体应用，并可以提出一些日常口译学习中可以采用的培养或训练方法。

除了上述三个方向之外，未来的研究还可以将口译的感知机制与心理学等其他学科联系起来，甚至与人工智能等高科技联系起来，从而带来一种全新的学科知识。

8. 结语

本节首先回顾了前人关于感知机制的研究，主要集中于国内研究。然后在前人相关研究的基础上，对感知机制进行了探讨，包括定义、组成、影响因素、特征、功能、培养等。在此基础上，我们讨论细化为口译的感知机制，并从口译感知机制的内容和功能到培养方法进行了探索。

我们发现大多数关于感知机制的研究都与口译无关。在今后的研究中，我们应更多地关注感知机制在口译中的应用，如相关理论、影响过程、培养方法等，并且可以将其与其他学科联系起来，这可以扩展关于这个概念的相关知识，并且对于感知机制的研究和口译的研究都将是有意义的。

第二节 口译听力解码认知过程

概要：本节综述了听力解码过程的研究现状，尤其是口译中的听力解码过程。本节分为四个部分。第一部分是绪论，阐述了研究听力解码过程对口译的意义。第二部分总结和综合了前人关于听力解码过程的研究成果，分为理论和实证两部分。理论研究主要探讨听力解码过程的定义、过程、可能存在的障碍等问题，提出听者能够拥有更好的听力解码过程的建议。同时，实证研究更加关注大学生在实验过程中的真实表现。第三部分是对前人工作局限性的反思，并对今后的研究提出几点建议。最后一部分为结论。

1. 绪论

当今科学技术飞速发展，全球化的趋势明显，来自不同文化的人们和社区之间的交流正在激增，特别是汉语和英语之间的交流，因此需要认真处理两种不同的语言，这对口译员的需要是前所未有的。众所周知，口译员是说不同语言的双方之间的桥梁。要想成为一座好的"桥梁"，口译员不仅要精通两种甚至更多种语言，还要具备专业素质，如文化差异意识、优秀的听力能力、良好的记忆力、标准的口语能力等。在所有这些品质中，听力和解码的能力被认为是最基本的能力，并且口译中的听力解码过程需要特别注意，这有多个原因：

首先，听力解码过程中的一个小错误或失败会对整个口译产生负面影响。听力解码可以被看作是一个长链中的开始和不可或缺的一部分，记忆、编码和表达都与之密切相关。因此，即使是最琐碎的信息，比如名字、地点或号码，在口译过程中被口译员错误地接收和感知，口译员也很可能会用目标语言向对方传递错误的信息，造成误解和混淆。

其次，听力解码过程中的一个错误会导致恶性循环。一旦口译员在解码过程中出错，接收到错误消息的一方会基于此做出响应，然后另一方会在这条错误的道路上走得更远。如果在交流中错误的信息至关重要，可能会导致严重的后果，这可能会破坏对话、关系、贸易、意向合作，甚至公司的利益。

在这种背景下，对口译中的听力解码过程进行深入的研究是必须的，以阐明口译员在这一过程中需要具备的必要素质，从而更好地提高口译成绩。

最后，听力解码过程需要细致的前期工作。目前，关于听力解码过程的研究还不多，尤其是在口译过程中的听力解码研究。因为人们相信，无论一个人在日常生活中听，还是他/她在听他人口译，听力解码过程都几乎是相同的，除了后者由于沉重的精神压力和对专业素质（如更快的反应等）更严格的要求而要求更高。因此可以说，口译中的听力解码过程来自日常听力解码过程的积累，没有这种积累，口译就无法成功。因此，关于听力解码过程的研究综述如下。

这里的研究包括理论研究和实证研究，理论研究占主导地位。主要讨论了两个主题：1）听力解码过程及其存在的问题；2）听众在这方面的能力以及提高能力的方法。

2. 相关的理论研究

关于听力解码的理论研究主要讨论以下四个问题：1）什么可以被视为听力解码？2）听力解码过程的工作方式是什么？不同的过程之间有什么不同吗？3）哪些因素可能会阻碍听力解码过程？4）在听力解码中，听者要想表现好，需要具备哪些基本素质？这些研究中的发现被相应地分类如下。一些研究采用语言学或心理学领域的著名理论来支持他们的论点，而另一些研究基本上是对某一特定论点的阐述或总结。

听力中的解码过程通常被视为解释或理解的过程。正如 Edwards[①] 所说，"解码/解释阶段是听者理解并赋予信息意义的阶段"。于善志[②]更进一步地认为听力解码不仅仅是对话语的理解，而是对特定语境下话语的演绎。徐翰指出[③]"'听辨'环节是指通过'听'来感知语音信息，并通过'语义检索'手段，形成语义初迹；然后提取大脑所储存的相关背景知识，并对动态语境进行分析，将输入信息进行解码并转化为深层含义之过程。"

一些研究则更深入，将表达部分纳入听力解码过程。通过回顾 Ellis 和 Young 的听觉认知模型，刘文红[④]认为听力在口译中不能与翻译分离，听力解码过程包括理解过程和表达过程；通过回顾 Roger Bell 对听觉认知过程的描述，刘文红[⑤]进一步得出结论，听力解码的认知过程由感知、理解和表达组成。

谈到听力解码过程的模式，从听者主观能动性的角度来看，包括两种类型的

---

① Edwards, R. Listening and message interpretation. International Journal of Listening, 2001, 25: 47 – 65.

② 于善志. 语境、图式与第二语言听力解码 [J]. 河南大学学报（社会科学版），2003, 43（3）: 132 – 134.

③ 徐翰. 口译信息解码与动态语境的关联性研究 [J]. 江西师范大学学报（哲学社会科学版），2008, 41（4）: 145 – 148.

④ 刘文红. 论英语口译中的听觉解码 [J]. 湘潭师范学院学报（社会科学版），2005, 27（1）: 111 – 112.

⑤ 同上。

听力理解过程：自下而上的处理（根据输入的语言数据，从声音到单词，从语法关系到意义）和自上而下的处理（利用背景知识从信息中获得意义并解释信息）①。Field② 也回应了这一点，他说，"使用'自下而上'和'自上而下'来指代不同的'处理方向'更合适"。大多数研究认为这两种模式都适用于口译。例如，于善志③认为，在听力解码过程中，口译会将自下而上和自上而下两种模式结合起来。然而，Dai 和 Liu④ 指出，"似乎有一种倾向，促进自上而下的策略，而忽视自下而上/解码的技巧，尤其是在中国英语教学实践中"，这仍然需要进一步的实证研究。

此外，从听者所需能力的角度考虑听力解码过程时，听力解码过程一般包含三个步骤：1）语音解码，在此过程中听者快速识别语音信号、音节构成和发音规则，从而得知这些语音的基本组成成分和数量；2）语义解码，在此过程中，听者从语义上解构这些语音单元并赋予它们意义；3）文化解码，比前两个步骤更复杂和微妙，因为没有文化的单纯语言是苍白和无意义的⑤。同样，徐翰⑥运用关联理论探讨了口译听力解码与动态语境的关系，认为听力解码由分析意义和分析语境组成，而口译语境包括语言语境和语外语境，后者又进一步分为情景语境和文化语境。

于善志⑦引入了一个新的概念——"方案"，以进一步解释在听力解码过程中可能出现的情况：

当言语的激活点能正确激活相关图式、且被激活的图式与直接语境所传达内容相符时，解码将非常容易。当大脑中已存图式与当前有声信息有较大差异时，

---

① Dozer，C. V. 1997. Improving ESL learners' listening skills：At the workplace and beyond. Adult Education 6.

② Field，J. 2004. An insight into listeners' problems：Too much bottom-up or too much top-down? System 32，363 – 377.

③ 于善志. 语境、图式与第二语言听力解码 [J]. 河南大学学报（社会科学版），2003，43（3）：132 – 134.

④ Dai，C.，Liu L. 2012. The effectiveness of explicit unstruction of certain becoding skills in improving chinese EFL listeners' general comprehension performance. Chinese Journal of Applied Linguistics，35（2）：243 – 255＋257.

⑤ 夏宁满. 多媒体信息输入. 认知负荷与英语听力解码 [J]. 外语电化教学，2014，155：34.

⑥ 徐翰. 口译信息解码与动态语境的关联性研究 [J]. 江西师范大学学报（哲学社会科学版），2008，41（4）：145 – 148.

⑦ 于善志. 语境、图式与第二语言听力解码 [J]. 河南大学学报（社会科学版），2003，43（3）：132 – 134.

听者解码时会有三种情况：1）借助于"自下而上"的方式去捕捉含义（此情况下，外语学习者水平较高；此外，当语言水平为不变量情况下，有一定图式基础的人要比无基础者解码更容易）；2）对有声信息进行误配（mismatching）；3）解码者根本无力从声音中找出能够激活图式的激发点（trigger）（语言水平较低，同时大脑中也可能缺乏相对应的图式）。

各种因素都可能阻碍良好的听力解码。从宏观角度来看，这类因素大致有两种：语言因素和非语言因素。张玉翠[①]结合 Austin 的言语行为模型和从 Shannon-wesver 的信息传递模型中推导出的英汉口译信息传递模型，提出口译员既要面对语言意义噪声，也要面对非语言意义噪声。大多数研究更关注非语言因素。例如，在认知理论的指导下，贾玉凤和刘懋琼[②]将听力解码失败的根本原因归结为四点，即缺乏必要的认知语境、未能触发相关的认知语境、未能构建新的认知语境以及说话者和听者的认知语境错位。

从相对微观的角度来看，可能妨碍听力解码过程的因素如下。缺乏必要的体系和背景知识可能会使正确解码变得困难[③]。更明确地说，夏宁满[④]总结了与英语听力解码相关的三个基本因素，分别是认知处理、多媒体信息输入（如相应的图片，其更容易触发相关体系）和认知负荷（发现合理的认知负荷能够很大程度上产生成功的听力解码）。此外，心理压力也在口译员的表现中发挥作用，因为无法听到话语和焦虑会相互影响，并可能导致恶性循环，给听力过程带来负面影响[⑤]。龚龙生[⑥]进一步解释了他的论点，他引用了国际口译会议协会进行的一项调查，该调查表明，与教师、高科技工作者和武装部队高级指挥官相比，口译员必须应付工作中最大的压力。徐翰[⑦]也这样认为，他发现口译黑人英语可能会给口译员带来更大的心理压力，并影响口译质量。

因此，当谈到听众解码和理解的必要素质时，大多数观点都认为需要足够的

① 张玉翠. 英汉口译信息解码中的语义噪音干扰及排除 [J]. 盐城工学院学报（社会科学版），2012，25（3）：77-80.

② 贾玉凤，刘懋琼. 认知语境视角下的英语听力解码研究 [J]. 教学探究，2016，（1）：87-90+101.

③ 于善志. 语境、图式与第二语言听力解码 [J]. 河南大学学报（社会科学版），2003，43（3）：132-134.

④ 夏宁满. 多媒体信息输入、认知负荷与英语听力解码 [J]. 外语电化教学，2014，（155）：33-38.

⑤ 龚龙生. 心理压力对口译解码过程的影响 [J]. 外语电化教学，2006，（108）：40-43.

⑥ 同上.

⑦ 徐翰. 口译信息解码与动态语境的关联性研究 [J]. 江西师范大学学报（哲学社会科学版），2008，41（4）：145-148.

语言和文化背景知识。除了句法处理能力之外，原先的知识或背景知识对听力理解至关重要①②。否则，如刘文红③所言，缺乏原先知识会妨碍听力理解。"听觉感知好的口译员用前沿感官捕捉到的信息比听觉感知差或较差的口译员得到的信息可以多出三分之一到二分之一，这一'盈余量'（surplus）足以使前者有较多的时间进行词语、语句到语义的完形，凭推理和判断说出自己的意思来。"

教师也有责任帮助提高学生的听力解码能力。教师应该培养学生的听力兴趣，在听力过程中设定明确的目标，并努力提高学生记录信息的能力④。于善志⑤提出，教师应该培养学生的元认知策略和认知策略，并且可以运用听写技巧来培养学生的听力能力，这可以鼓励他们掌握自下而上和自上而下的方法。此外，贾和刘⑥认为教师应该使用适当的听力训练材料，注重这些材料的真实性和多样性；逻辑推理和自动语言处理的能力也应该加强。

3. 相关的实证研究

关于听力解码过程的实证研究相对较少，大多出现在 21 世纪。这些研究总结如下：

听者的能力以及听者在听力解码过程中可能遇到的问题仍然是实证研究中非常关注的问题。例如，Goh⑦ 进行了一项研究，其中"数据已经在 Anderson（1995）提出的语言理解认知框架中进行了分析和展示"，这是一个包括感知、解析和利用的三阶段理解模型。在这项研究中，发现了 10 个实时听力理解问题，其中 5

---

① Anderson，A.，Lynch，T. Listening. Oxford：Oxford University Press，1988.

② Brown，G.，Yule，G. Teaching listening comprehension：Teaching the spoken language（Vol. 2）. New York，NY：Cambridge University Press，1983.

③ 刘文红. 论英语口译中的听觉解码 [J]. 湘潭师范学院学报（社会科学版），2005，27（1）：111 - 112.

④ 吴志平. 浅谈口译的解码功能与听力教学 [J]. 海外英语，2015，（4）：55 - 56.

⑤ 于善志. 语境、图式与第二语言听力解码 [J]. 河南大学学报（社会科学版），2003，43（3）：132 - 134.

⑥ 贾玉凤，刘懋琼. 认知语境视角下的英语听力解码研究 [J]. 教学探究，2016，（1）：87 - 90＋101.

⑦ Goh，C. C. M. A cognitive perspective on language learners' listening comprehension problems. System，2000，28：55 - 75.

个是感知问题，3 个是句法分析问题，在 Dai 和 Liu[①] 看来，"这证实了菲尔德的说法，即一个熟练的听者需要的是'准确和自动解码，而不是利用语境的能力'。"

在 Shang[②] 的研究中，63 名受试者被分为三个熟练组（低熟练、中熟练、高熟练），并测试他们的听力理解能力，重点是"认知操作的组成部分在解释主要观点、识别细节和解释含义方面的相互作用和差异"。研究表明，"每组在细节问题上表现最差"，而且"使用概念从认知过程中概括、推断和综合信息比只获得主要思想信息更难"，这意味着在听力解码过程中，琐碎的细节往往容易被忽略，人们在无法从特定语境中获得信息的情况下更容易掌握主要思想。

Shang[③] 进行的另一项关于不同语言模式下不同熟练程度听者所使用听力策略的研究结果显示，"高效的听者可以自动整合自下而上和自上而下两种处理方法，却很少注意单个单词。"与此同时，据报道，初级水平的听者表现不佳，因为"他们仅在逐字的基础上构建意义而大量使用记忆策略"。这呼应了 Shang 以前的实验，两者都表明作为一个好的英语听力者和一个好的口译员，一个人必须表现出采取多种策略和整合信息的能力。

此外，还有一些研究可以启发听者，特别是口译员在听之前做好充分的准备，从而增加成功解码的机会。Kashani，Sajjadi，Sohrabi 和 Yonespour[④] 评估了不同条件下视觉对英语听力理解的影响，以找出在哪些特定条件下视觉最能增强理解。通过在德黑兰一个由 40 名英语水平相近的学生组成的同类小组的实验，该研究证明了"前面有图片的教学材料能够更有效地激活解码听觉信息所必需的心理资源"[⑤]。

同样，Madani 和 Kheirzadeh[⑥] 评估了四种听力前活动（"教学前词汇"、"内

---

① Dai，C.，Liu L. The effectiveness of explicit instruction of certain decoding skills in improving Chinese EFL listeners' general comprehension performance. Chinese Journal of Applied Linguistics，2012，35 (2)：243－255＋257.

② Shang，H. F. An investigation of cognitive operations on L2 listening comprehension performance：An exploratory study. International Journal of Listening，2005，19 (1)：51－62.

③ Shang，H. F. Listening strategy use and linguistic patterns in listening comprehension by EFL learners. International Journal of Listening，2008，22 (1)：29－45.

④ Kashani，A. S.，Sajjadi，S.，Sohrabi，M. R.，& Younespour，S. Optimizing visually-assisted listening comprehension. Language Learning Journal，2011，39 (1)：75－84.

⑤ ibid：83.

⑥ Madani，B. S.，Kheirzadeh S. The impact of pre-listening activities on EFL learners' listening comprehension. International Journal of Listening，2018，00：1－15.

容讨论"、"阅读前问题"和"话题讨论")在听力理解测试中对英语学习者的帮助程度。总共 80 名学生,这些学生是从伊朗伊斯法罕的伊斯法罕大学分院的贾哈德—埃·达内什加希随机选出,分成两个不同的熟练组(初级和高级)。结果显示,"在初级阶段,词汇准备和阅读前问题组分别优于其他两组,而在高级阶段,词汇准备和内容讨论组分别优于其他两组",因此建议"在听力前活动中应更加强调词汇知识"。

有人提出了听和自动处理信息一起进行的概念。在刘文红①进行的一个小规模实验中,五名参与者听了两遍英语段落文章,其中一些单词被有意省略,说话者会暂停两秒钟。在听力结束时,参与者被要求回答省略的部分。结果表明,一个好的口译员之所以能在短时间内解码,是因为他/她有他/她独特的知识模式,因此能够使用推理和自己的判断来自动处理信息。

此外,教师在指导学生提高听力解码能力方面也发挥着至关重要的作用。Dai 和 Liu② 进行了一项类似的实验研究,以测试某些解码技能在 117 名受试者中提高听力理解能力的有效性,其中 60 名受试者接受了为期 6 周的基本解码技能明确教学,主要基于 Goh③ 提出的培训的大致框架,另外 57 名受试者作为对照组。研究发现,"解码技能的明确指导和精心设计的技能训练有助于学习者更好地理解和控制 L2 听力过程,从而帮助他们提高综合理解能力。"④ 作者建议第二语言教师在 L2 听力教学中采用三角形模式,即"解码技能教学＋自上而下策略教学＋自动化训练"⑤。

4. 反思与建议

尽管上述研究令人鼓舞,但仍有几个局限性需要解决,以启发该领域未来的研究。

---

① 刘文红. 论英语口译中的听觉解码 [J]. 湘潭师范学院学报(社会科学版),2005,27(1):111-112.

② Dai,C.,Liu L. The effectiveness of explicit instruction of certain decoding skills in improving Chinese EFL listeners' general comprehension performance. Chinese Journal of Applied Linguistics,2012,35(2):243-255+257.

③ Goh,C. C. M. A cognitive perspective on language learners' listening comprehension problems. System,2000,28:55-75.

④ ibid.

⑤ ibid.

对于这些理论研究，人们注意到缺乏有用的材料。尽管有大量关于听力解码的资料，但是很少有专门针对具体过程的研究，更不用说口译中的具体过程了。这也反映了这样一个事实，尽管对口译的需求越来越大，对口译的关注也越来越多，但大多数人仍然认为口译没什么难度，只要一个人精通两种语言，而不管其他专业素质如何，口译是可以完成的。实际上，口译应该作为一个独立的学科来对待，应该得到系统的理论指导，否则口译员犹如没有航海员的海上船只。

理论研究的另一个局限在于相对薄弱的陈述。几乎所有这些研究都是以定性的方式进行的，发言过于笼统，而很少有相关的例子或统计数据支持这些论点。例如，当涉及不同模式的听力解码过程时，没有进一步研究"自下而上"和"自上而下"方法发生的细节，也没有进一步研究这两种方法是否会同时发生。对于结合实时口译的解码过程也没有一个完整的解释，比如说，学生在口译比赛中的表现或者口译员在会议中的表现。

就目前关于 L2 听力解码的实证研究而言，实验对象和实验材料有待改进。一个突出的问题在于，一些用于受试者听力理解能力的听力材料通常是标准英语，这可能不能令人信服地反映受试者在实际情景中听力解码的真实能力。例如，Dai 和 Liu[①] 以三种不同的大学英语四级听力测试作为他们的研究材料。Madani 和 Kheirzadeh[②] 使用了选自美国英语文件系列的听力材料。这些材料大部分是由说话声音稳定、流畅、相当清晰的人录制的。他们通常采用标准音调、语调、音高等特定的说话模式。这使他们所说的话易于识别、记录和跟进。然而，当一方与外国人交谈或口译员与外国客户合作时，另一方不会考虑他们的沟通者以前的培训和实际能力，这可能会产生非常不同的结果。

另一个值得解决的问题是关于实验对象。几乎所有这些实证研究都是关于大学生的：Goh[③] 从 40 名来自中国的外国大专学生的听力日记中收集数据，这些学

---

① Dai, C., Liu L. The effectiveness of explicit instruction of certain decoding skills in improving Chinese EFL listeners' general comprehension performance. Chinese Journal of Applied Linguistics, 2012, 35 (2): 243-255+257.

② Madani, B. S., Kheirzadeh S. The impact of pre-listening activities on EFL learners' listening comprehension. International Journal of Listening, 2018, 00: 1-15.

③ Goh, C. C. M. A cognitive perspective on language learners' listening comprehension problems. System, 2000, 28: 55-75.

生正在学习英语，为本科学习做准备；Dai 和 Liu[①] 调查了大连理工大学 117 名非英语专业的新生；在 Shang[②③] 所说的两个实验中，台湾一所大学的 63 名二年级学生和台湾一所大学的 97 名二年级学生参加了听力课。同样，Kashani 等人[④]、Madani 和 Kheirzadeh[⑤] 进行的两项研究的受试者也是大学生。虽然现在大多数英语学习者和口译员都接受过高等教育，但大学生并不是社会中所有成员的典型。以大学生为研究对象当然会给研究者带来更多的便利以及更大的样本量，但这可能不会给读者呈现出一个客观而清晰的整个社会图景。

基于上述观点，建议今后在这一领域开展更多的理论研究和实证研究。

首先，学者们应该更多地关注口译中听力解码过程的特殊研究；他们可以借助其他领域的理论，如生物学领域的理论，来更详细地解释整个解码过程，从而演绎出更可行的理论。

其次，研究人员可以转向实时口译过程，或者使用口译员以前的视频来分析听力解码过程。研究课题不应该局限于大学生群体。此外，为了避免泛化，建议更多地关注个体口译员的表现和个体差异。可以进行更深入的调查，以深入了解这些口译员的语言水平、以往的学习经验、个人听力技能等，以揭示其与口译员表现的可能关系，并为口译学习者提供实践启示。

最后，研究者应该在他们的研究中使用更真实的材料。本节中可以找到一些很好的例子：Shang[⑥] 从《海因勒 & 海因勒托福考试帮手：听力》教材中选取了三篇背景相似的听力课文，并指出"教材所附录音课文中使用的语言是含蓄的、

① Dai，C.，Liu L. The effectiveness of explicit instruction of certain decoding skills in improving Chinese EFL listeners' general comprehension performance. Chinese Journal of Applied Linguistics，2012，35 (2)：243 - 255＋257.

② Shang，H. F. An investigation of cognitive operations on L2 listening comprehension performance：An exploratory study. International Journal of Listening，2005，19 (1)：51 - 62.

③ Shang，H. F. Listening strategy use and linguistic patterns in listening comprehension by EFL learners. International Journal of Listening，2008，22 (1)：29 - 45.

④ Kashani，A. S.，Sajjadi，S.，Sohrabi，M. R.，& Younespour，S. Optimizing visually-assisted listening comprehension. Language Learning Journal，2011，39 (1)：75 - 84.

⑤ Madani，B. S.，Kheirzadeh S. The impact of pre-listening activities on EFL learners' listening comprehension. International Journal of Listening，2018，00：1 - 15.

⑥ Shang，H. F. An investigation of cognitive operations on L2 listening comprehension performance：An exploratory study. International Journal of Listening，2005，19 (1)：51 - 62.

支离破碎的。有许多重复、冗余、中断、停顿等。"Shang[①] 在研究中使用了指定的教材《朗文托福考试准备课程》，该教材具有与前一教材相同的特点。这种安排可以确保更客观和有说服力的研究结果。

5. 结论

听不仅仅是听到，它对大脑的要求远远超过对耳朵的要求。口译员在听力解码过程中通常采用"自下而上"和"自上而下"的方法，这种过程大致可以分为语音解码过程、语义解码过程和文化解码过程。听力解码要求很高，因为口译员不仅需要精通两种语言，还需要具备必要的跨文化意识、相关背景知识和出色的应对压力的能力。此外，口译前充分而有针对性的准备和教师在培训过程中的适当指导也有助于口译听力解码的成功。

目前在这方面的研究还远远不够，研究人员需要专注于听力解码过程并深入挖掘。建议今后借鉴其他领域的理论来分析口译中的听力解码过程，并通过精心选择研究对象和材料进行更多的实证研究，以形成更具代表性和说服力的论点。

第三节　口译信息理解认知加工

1. 绪论

当今，随着全球化的发展，不同国家之间的交流越来越多，也越来越活跃。因此，翻译在最近几十年蓬勃发展。翻译有两种类型：笔译和口译。罗斯安·杜纳斯·冈萨雷斯（Roseann Duenas Gonzalez）等人认为，笔译是将书面文本从一种语言转换成另一种语言，而口译是将一种语言的意思转换成另一种语言，目的

---

① Shang，H. F. Listening strategy use and linguistic patterns in listening comprehension by EFL learn-ers. International Journal of Listening，2008，22（1）：29－45.

是让不使用同一种语言的人之间进行交流①。本节将进一步探讨口译的相关问题。

尽管自古以来使用不同语言的人就可以相互联系，直到第一次世界大战结束，口译才逐渐专业化。在现代，随着越来越多的国际活动和会议的进行，口译的作用得到了强调，并在国际社会中确立了自己的地位。随着我国经济的蓬勃发展，我国已经受到了越来越多的国际关注，许多中外活动都在进行，如外贸谈判、展览、国际会议、政治交流和各种多语言活动，这就需要大量的熟练口译员。

口译是一项重要而又富有挑战性的工作。然而，口译员凭借敏锐的跨文化交流技巧和高智商以及巨大的奉献精神，为促进跨文化交流做出了巨大贡献。他们凭借自己的才能和技巧，帮助说不同语言的人克服文化障碍，成为跨文化交流的桥梁。然而，成功的口译工作并不容易实现。面对这种需求，我国许多名牌大学都开设了口译专业或专业口译人才培养课程。与此同时，许多人对合格的口译质量都有所追求，每年都有成千上万的人参加 CATTI 考试，但只有少数人通过。

口译是一个复杂的语言传递和信息传递过程。从信息论的角度来看，语言是最基本也是最复杂的信息系统和信息载体。口译的本质是将一种语言中的信息传递到另一种语言中。在某种程度上，口译是使用不同语言的不同人之间的交流。尤金·奈达（Eugene Nida）指出，在任何语言中，无论是形式上还是意义上都有大约50％的冗余信息，因此，要求口译员识别信息的本质意义，及时处理信息，并适当分配注意力，以提高口译任务的效率，这样做对完成任务是十分必要的。

口译研究直到20世纪50年代才开始；早期对它的研究主要集中在描述其特征、个体经验以及提供一些技巧和策略。20世纪60年代和70年代以后，研究者开始从心理学的角度进行研究，并解决如何处理个体获得、理解和产出语言的问题。许多口译过程模型的假设得以提出，对口译的进一步研究和实践产生了很大的影响。如今，许多研究借鉴了这些理论。

影响口译效果的因素有很多，其中口译员对说话人信息的理解至关重要。人类信息处理系统就像一个"黑匣子"。信息在人的头脑中是如何被处理的，这让心理学、认知科学、翻译学等各领域学者越来越感兴趣。到目前为止，认知科学

---

① Gonzalez, R. D., et al. Fundamentals of court interpretation: Theory, policy and practice. Durham, NC: Carolina Academic Press, 1991: 296.

家在这个领域已经取得了很大的进展。

口译主要包括两个过程：理解和再现，本节将探讨第一个过程，即口译过程中的理解。根据源于认知心理学的图式理论，有两种理解方式：自下而上的加工和自上而下的加工。这两种方法在信息理解过程中都有各自的特点和侧重点，但本节旨在检验两种过程在理解过程中同时发生的理论假设，并阐述辅助这两种过程的要素以及这两种方法的性质。

2. 相关研究

随着国际组织的出现和全球经济的发展，对笔译和口译服务的需求不断增加。然而，成功的跨文化交际需要准确和熟练的信息交流，这可以通过掌握良好的语言能力和特定领域的知识，即额外的语言知识来实现。对于口译过程，许多有经验的语言使用者和语言学家都在努力探索这一领域。以下是先前一些研究成果。

2.1　同声传译和交替传译

"同声传译是指译员与源语言使用者同时说话的技术。"[①]在同声传译中，说话者对着麦克风说话，一旦口译员通过耳机获得信息，他就把同时听到的内容翻译成目标语言，这样听众就能听到说话者所说的内容。现在，国际社会，特别是国际会议中广泛使用同声传译，这被认为是高效率、低开支以及促进不同语言使用者之间交流的必要条件。

在翻译过程中，译员没有时间等待说话者完成整个演讲，他必须在听到几个单词后开始翻译，因此，他不能得到整个句子的含义，而是一点一点地、分门别类地翻译。最大的挑战在于，他必须把他所理解的东西与分析处理下一部分同时转化为一个有机的整体。

交替口译是指口译员等待说话者传递一段源语言信息，然后开始将其翻译成目标语言，然后说话者恢复讲话，口译员传递下一段，其伴随着整个讲话过程。

目前，在联合国和欧盟会议中，只有 $10\% \sim 15\%$ 的口译采用交替口译，但在其他场合交替口译还是广泛使用的。因为在翻译过程中，译员有时间做笔记，

---

① Gonzale, R. D., et al. Fundamentals of court interpretation: Theory, policy and practice. Durham, NC: Carolina Academic Press, 1991: 359 - 360.

把信息作为一个完整的信息块进行分析，然后用目标语言传递给听众。因此，对口译员来说理解说话者的主要思想在这种情况下更容易，因此，它对准确性、完整性和逻辑性的要求比同声传译更高，因此，交替传译的平均要求、标准和质量高于同声传译。这就是为什么许多重要的政治会谈或谈判是采取交替传译的模式。

2.2　国外的口译研究

20 世纪初，口译成为一种职业。交替传译是在第一次世界大战后巴黎和平会议期间发展起来的；组织者招聘了许多专业口译员在会议期间工作。

第一次世界大战前，法语是外交的官方语言和工作语言。然而，战后，法语失去了它在外交上的作用，英语变得越来越常用。法国的衰落和英国的崛起促进了同声传译的发展。在初始阶段，由于技术上的限制，同声传译的质量并不令人满意。联合国在 1945 年成立时，进行了一项试验来检验同声传译的结果，结果是令人满意的。通过同声传译，会议时间减少了 50%，费用也节省了。正是在纽伦堡审判之后，同声传译获得了世界的认可，1947 年，联合国在国际会议上正式接纳了同声传译。对同声传译的创立和发展做出贡献的早期专业人士有塞莱斯科维奇（D. Seleskovitch）、莱德雷尔（M. Lederer）和让·赫伯特（Jean Herbert）等。

塞莱斯科维奇和莱德雷尔是同声传译的先驱。将口译视为一个基本上基于理解的认知过程。他们在 20 世纪 60 年代末和 70 年代初发展了口译理论。他们的理论在诸如《口笔译概论》（*Interpréter pour traduire*）等书中可以看到。在这些书中，讨论了口译的过程、技巧和教学方法。ITI 理论认为，解释过程包括三个阶段：理解、脱离源语言外壳和再表达。说话人的话语、口译员掌握的"感觉"和口译员用母语重新表达之间的三角关系构成了口译过程的基本模式。尽管这一理论缺乏科学研究基础，但它成功地将口译建设成了一门专业。

Gerver[①] 和 Moser[②] 在"流程图"模型的基础上分析口译，这些模型从心理语言学的角度解释口译过程。格弗模型（The Gerver model）指出了记忆系统在

---

①　Gerver，D. Empirical studies of simultaneous interpretation：A review and a model. In R. W. Brislin (Eds). Translation Applications and Research. New York：Gardner Press，1976.

②　Moser，B. Simultaneous interpretation：A hypothetical model and its practical application. In D. Gerver，H. W. Sinaido（Eds）. Language Interpretation and Communication. New York：Plenum，1978.

思维中的作用，而默瑟模型（The Moser Model）则在感知部分做了详细的叙述。

丹尼尔·吉尔（Danniel Gile）将口译与走钢丝相比较，钢丝行走也被称为绷紧绳子的假设。也就是说，尽管口译员在高压力下工作，同时在头脑中协调各种信息，但他们的口译应该合乎逻辑、合理，并且表现得平静而优雅。吉尔[①]提出了"精力模型"（Effort Model）。他的理论可以在《会议口译：认知管理问题》（*Conference Interpreting as a Cognitive Management Problem*）、《口译员和笔译员培训的基本理论组成部分》（*Basic Theoretical Components in Interpreter and Translator Training*）等书中得到体现。在他的"精力模型"中，他声称应该努力在听力理解、记忆、产出和协调能力之间取得平衡。

2.3 中国口译研究

在我国，口译的历史可以追溯到周朝。然而，口译的研究直到 20 世纪 80 年代才开始。改革开放以来，翻译研究工作越来越受到学者们的重视。此外，口译已成为翻译研究的焦点，有关口译的出版物数量也在迅速增加。迄今为止，中国对口译的研究涵盖了理论研究、实践技巧、口译教学法和相关介绍（如西方国家的口译教学和培训）。

就理论研究而言，口译研究结合了认知心理学、心理语言学和信息理论等其他领域的理论成果。

由厦门大学教授林郁如（Lin Yuru）和威斯敏斯特大学教授杰克·朗尼根（Jack Lonergan）领导的"中英英语项目合作小组"提出了厦大模式。厦大模式充分解释了分析、理解和重建与技巧和专业精神的相互作用，所有这些对口译的成功进行发挥着作用。除了林郁如教授，其他学者也为口译研究的理论发展做出了巨大贡献，如孙慧双、刘和平、鲍刚、仲伟合、梅德明。

从以上可以看出，在过去的十年里，口译研究取得了一些突破，但仍远远落后于西方的研究成果。许多研究主要是以经验为导向的，现在需要一个完整的框架或理论来填补空白。借鉴西方学者的研究成果，可以激励中国的研究人员和专业人员继续研究并取得突破。

[①] Gile, D. The processing capacity issue in conference interpretation [J]. Babel: Revue Internationale de la Traduction, 1991, 37 (1): 15-27.

3. 自上而下与自下而上

3.1　自上而下与自下而上的处理方式

根据源于认知心理学的图式理论，有两种理解方式：一种是自下而上的，另一种是自上而下的。我们所说的"自下而上"是指译者试图理解具体的信息材料，如音素、单词、句子等。理解整个话语。这种方法也称为"数据驱动处理"，因为它从声音识别、单词构造等开始理解。激活储存在译者头脑中的语言知识，最终达到理解整个语篇的目的。在这个过程中，口译员的任务是快速检索他头脑中的知识，并将相关知识与他最近收到的信息进行匹配，从而弄清新信息的含义。我们所说的"自上而下"是指这种信息处理相反的方式。口译员利用他对社会和文化背景以及演讲主题的了解来指导他对整个语篇的理解。此外，他对说话者的理解也能帮助他理解话语。这种方法也被称为"概念驱动处理"，因为口译员的知识和推理可以帮助他将预期的信息与新收到的信息相匹配，最终理解整个语篇的意义。

"自下而上的加工"强调口译员的语言知识，"自上而下的加工"强调口译员的文化背景知识和相关知识。基于文本的语言特征解释意义的听者是属于自下而上的处理方式。基于现实世界知识解释意义的听者是属于自上而下的处理方式。

吉利恩·布朗（Gillian Brown）和乔治·尤尔（George Yule）在他们的著作《话语分析》（*Discourse Analysis*）① 中通过类比语言理解的计算模型描述了这两种处理方式。"我们可以把输出的话语看作是至少两种活动的结合。在处理一部分中，我们计算出单词的意思和句子的结构，并为句子建立一个复合意义，这可以称为自下而上的处理方式。与此同时，我们在上下文加上已经处理过句子的复合意义的基础上，预测下一个句子最有可能是什么意思，我们称之为自上而下的处理方式。"②

在讨论句子理解模型时，一些语言学家提出了一种语言处理的交互模型，也称为在线交互模型（on-line interactive model）。他们认为句子处理是从自下而上的处理开始的，我们首先发现和分析语音信号，然后是音素、单词和句子结构，

---

① Brown，G.，Yule，G. Discourse analysis［M］. Cambridge：Cambridge University Press，1983b.
② ibid.

直到我们根据句子成分的语义关系理解句子意义。同时，我们利用各种语言信息和非语言信息进行自上而下的处理，以加快和确认自下而上处理中的信息处理方式①。

　　卡罗尔（Carroll）还在他的《语言心理学》（*Psychology of Language*）一书中提出了自上而下和自下而上处理方式的定义。根据他的说法，我们实际上在四个层面上处理我们听到的话语：语音层面、词汇层面、句法层面和话语层面。自下而上的处理模型是这样一种模型，即"以最低级别到最高级别的处理这样一种方式进行，即所有较低级别的处理都不受较高级别的影响而运行"。"相反，就自上而下的处理模型而言，较高层次的信息可能影响较低层次的处理。例如，句子上下文可能会影响识别句子中的单词。"②

3.2　关联性研究

　　在《话语分析》（*Discourse Analysis*）中，Brown 和 Yule 将人类语言处理与计算解析器的语言处理进行了比较，并指出两者的区别："正是自上而下处理的预测能力使人类读者能够通过自下而上的处理方式，在遇到文本中不合语法或拼写错误的因素时，确定最有可能的想被传达的信息。"③

　　这一主张表明，在理解文本的同时，正是自上而下处理的预测能力使口译员能够填补缺失的空白，纠正被误解的内容。虽然自下而上的处理是按照句子语法和词汇语义的规则来操作的，但是一个关于自上而下处理的直接问题出现了：自上而下处理方式的基础是什么？或者换句话说，产出期望的基础是什么，我们如何知道这些期望是对还是错？Brown 和 Yule④ 提出了三个基础：

　　（1）与语篇内容相关的期望

　　（2）我们以前处理过其他的，或许非常相似的话语片段的经验会有所帮助。

　　（3）我们也可以借鉴我们对世界现状的经验——我们的背景知识。

　　图式理论对口译最重要的启示是：理解是读者背景知识和文本之间互动的过程。因此，在口译过程中，有效的理解需要将源信息与自己的知识联系

　　①　桂诗春 . 新编心理语言学［M］. 上海：上海外语教育出版社，2000.

　　②　Carroll，D. W. Psycholgy of language［M］. Monterey：Brooks/cole Publishing Company，1986：55.

　　③　Brown，G.，Yule，G. Discourse analysis［M］. Cambridge：Cambridge University Press，1983b：235.

　　④　ibid：235 - 236.

起来。

　　根据图式理论，口译的过程遵循这样的原则，即每个输入都映射到某个现有的图式，图式的所有方面都必须与输入信息兼容。这一原则导致了两种基本的信息处理模式，即自下而上和自上而下的处理方式。自下而上的处理方式是从输入数据开始的；数据的特征通过最合适的下层模式输入系统。图式是分层的，顶层最概括而底层的最具体。

　　当这些下层模式汇聚成更高层次、更概括的模式时，这些模式也会被激活。因此，自下而上的处理方式被认为是被数据驱动的。另一方面，自上而下的处理方式发生在其系统基于更高层次的概括模式做出大概预测的时候，然后搜索输入信息以适应这些部分满足的更高阶模式。因此，自上而下的处理被认为是被概念驱动的。

　　自上而下和自下而上处理方式的一个重要方面是，这两种处理方式应该同时发生在所有层次。自下而上的处理方式可以让读者对新颖的或不符合自身对文本内容或结构的假设的信息保持敏感；自上而下的处理方式有助于读者解决歧义或选择输入内容可能的意义。

3.3　案例分析

　　口译过程是一个复杂的过程，它涉及信息的获取、理解、再调整以及以恰当的方式传递。由于时间的限制，作者没有足够的时间进行实验，而只是分析以前研究者做过的一些案例来解释这两种信息处理方法。

　　示例1：源语信息：The process could take hundreds or even thousands of years to complete, and the cost would be staggering.

　　有趣的是，虽然很少有受试者在词汇测试中写下"staggering"一词的正确含义，但他们中的大多数人的口译是正确的。这是自上向下方法的成功例子。受试者可以把这个句子和之前的信息联系起来，对一个陌生单词的意思做出正确的预测。

　　示例2：Source message：Nuclear reactors might be used to melt frozen gases and eventually build up the atmosphere. This in turn could create a "greenhouse effect" that would stop heat from radiating back into space. Liquid water could be thawed to form a polar ocean. Once enough ice has melted, suitable plants could be introduced to build up the level of oxygen in the atmosphere so that, in time, the planet would support animal life from Earth and even permanent human colonies.

错误口译例子：

（1）将凝结的气体组成新的大气，将他们调节成温室效应——使得生命体存活。液体可以形成海洋，植物可以产生氧气。照这样的情况下去，火星上能出现动植物，甚至是人类的集合体。

（2）可以将火星上的固体的气体融化成可呼吸的气体，可以运用一些气体造成温室效应，从而防止火星中的温度散发到宇宙空间。可以从固体空气中抽取出水，并从中提取可以呼吸的氧气，从而把氧气释放到大气层中，这样火星中就有可以支持生命体呼吸的大气层，适宜人类居住。

（3）可以将冰冻的气体气化变成火星上的大气，这样会造成类似二氧化碳的情况，但是会阻止热量的散发。当极点冰冻的气体融化时就会在两极产生海洋。气体融化以后就为植物的生存提供可能性，会产生氧气，氧气支持植物的生存，植物支持动物以及人类的生存。

这部分的口译是一个很好的例子，展示了自上而下处理和自下而上处理的结合使用。在解释这个漫长而复杂的过程时，我们不能遗漏任何细节。像"nuclear reactor"、"greenhouse effect"和"oxygen"这样的单词或短语应该在目标语言中被准确地翻译，所有涉及的步骤都应该按照顺序进行阐述。这一部分主要依赖自下而上的处理。此外，口译应该是严谨的。录音表明，我们的受试者只是试图把笔记中的零碎东西联系起来，而没有描述出他们所解释的全部情况。他们头脑中缺乏图式，这使得他们很难构建连贯流畅的解释。在这种情况下，自上而下的处理应该同时进行。

示例 3：源语信息：Mars' air pressure is equal to Earth's at an altitude of 100，000 feet.

错误口译例子：

（1）火星上的气压是 10 万英尺。

（2）火星的气压和地球相似。

（3）火星的气压没有地球上那么大。

这是一个关于火星气压的简单句子。从上面的解释来看，很明显，受试者非常确定"feet"不是气压的测量单位。他们没有意识到另一个常识，气压随海拔高度而变化，因此导致他们对原来句子的误解。然而，我认为，对于我们在大学期间学过的学科来说，源语知识应该仍然是普遍的。受试者无法在极短的时间和紧张的环境中激活这种常识，这种知识一般是隐藏的。因此，我们得到了另一个暗示，即世界上的知识在很大程度上可以影响我们对原文的理解。这符合许多语言学家关于口译研究的理论。在口译过程中，我们可能经常参考我们的知识库，某些知识的缺乏会在我们的理解环节中留下一个空白。

在实际操作中，除了熟悉主题和背景信息之外，自上而下的处理方式还取决于将新信息与先前信息联系起来的能力以及口译员使用世界其他知识的能力。然而，自上而下的处理方法也会对外语学习者的理解产生负面影响。如果预先存储的模式包含错误或者口译员在以前的经历中误解了某些东西，他/她对源语信息的翻译很可能是有偏差的，这表明自上而下的处理方式不能独立存在。

自下而上的处理方式对理解也至关重要。首先，没有识别出任何一个单词、短语或句法标记将导致源语信息的不完整或失真。其次，自下而上的处理方式是自上而下处理方式的基础，因为自下而上的处理方式创建内容，这是自上而下处理中的一个关键元素。

4. 结语

自上而下和自下而上处理方式的相互作用对理解口译有很重要的作用。最理想的是，我们可以从本节的上述结论中得出一些对学生翻译的启示。Seleskovitch 认为，口译中出现的问题要么源于对所用语言的不熟悉，要么源于缺乏与主题相关的特殊背景知识。因此，我们的启示是学生口译员应该首先以他们所掌握的世界知识为基础。很大一部分困难可以追溯到常识不足，特别是在跨文化的情况下。学生口译员必须更多地接触所有学科的常识和通用概念。培训材料应该能够涵盖尽可能多的科目，从而使他们为未来的任务做更好的准备。他们不需要成为那个特定领域的专家，但至少应该理解这个主题是关于什么，并知道它的术语。

英语水平仍然是学生口译员作为第二语言学习者应该追求的。正如 Lederer 所建议的那样，专业口译员应该在自己的第二外语国家生活几年，并沉浸在这种第二外语中，以达到令人满意的熟练程度。这也是中国一些大学高级口译学院的做法。非专业的从业人员，最好进一步学习英语句法、语用学和比较语言学等课程。

自上向下处理方法中提到的整合能力确实很难训练。因此，强烈建议学生译员通过口译实践获得这一技巧。口译员只有通过现场口译才能将规范作为其工作的指导原则。经过频繁的尝试，他可以将技巧内化，也可以获得口译技巧。

本节是关于自下而上和自上而下处理方法的定义以及先前的研究者在这个问题上所做贡献的基本概述。由于时间有限，作者无法对自上而下和自下而上处理方法在口译理解中的作用和操作进行实证研究。由于语言理解的主题与人脑和心理学高度相关，进一步的研究可以从心理语言学或神经语言学的角度出发，利用电子机器设计来进行实验。

第四节 口译过程源语感知

概要： 口译是一项语言任务，需要口译员在听觉上接收源语言的信息，然后在目标语言中同时或交替地进行重构和输出。在这一过程中，对源语言、工作记忆和认知能力的理解对口译员至关重要。因此，为了解决口译研究领域的困惑，本节主要分析口译员对源语言的感知、口译过程中影响的因素、对认知负荷和工作记忆的详细解释。本节还将说明这些因素如何影响口译员的工作表现。

1. 绪论

口头或书面形式的语际和跨文化交流可以追溯到几千年前。然而，直到 20 世纪 50 年代，它才引起人们的注意，并在国际范围内被公认为一种职业。如今，国际贸易联合会成立于 1953 年，包括 49 个国家协会。同年还成立了国际会议口译协会（AIIC）。此外，国际应用语言协会（AILA）在 1978 年蒙特利尔 AILA 大会上成立了翻译和口译科学委员会，承认翻译研究是应用语言学领域的一门成熟学科。无数的学校和机构被建立，为学生提供专业培训计划和相关学位，以满足全球市场在国际交易中对合格双语口译员的大量需求。从语言学、心理学、科学分析等角度对口译的研究正在兴起。例如，Gile 提出了"顺序翻译模式"，这为这一领域的理论做出了巨大贡献。这个模型可以用一个等式来阐述：C=KL+

EKL＋A①，他认为对源语言的理解（C）不仅需要语言知识（KL），还需要外部语言知识（ELK）和主动分析（A）。此外，在1900年代，这方面还出现了其他理论，如"精力模型"、"信息句的信息模型"、"理解方程"和"口译/笔译的交流模型"。关于口译中的源语，相关研究也揭示了其语言特征，译者的认知负荷和外部因素对译员整体表现的影响。但是，谈到源语言处理，必须考虑相关心理因素，如短时、长时和工作记忆，认知负荷和处理能力。所有这些因素都需要进一步研究和分析。本节旨在阐述口译过程，以及相关因素是如何影响认知负荷和口译员的信息加工、信息转换和信息产生的。

2. 相关研究

自20世纪50年代以来，关于口译研究的争论一直存在，随之而来的是大量的理论和研究。当时也成立了各种翻译、口译学校和组织如巴黎高翻学院（ES-IT）、国际贸易联合会、国际应用语言协会（AILA）和国际会议口译协会（AI-IC）。

2.1　口译的阐释理论

这一领域的研究和理论在未来也将蓬勃发展。例如，ESIT大学的丹妮卡·塞莱斯科维奇提出了"口译的阐释理论"的研究模式。这一理论发展于20世纪60年代末至70年代，主张口译是意义转换，而不是语言本身。塞莱斯科维奇认为，口译过程由三部分组成，即源语言理解，去动词化的语义存储以及目标语言输出②。

2.2　信息处理模式

信息处理涉及口头信息的接收、存储、转换和传播③。著名的教育心理学家Gagne制定了一个信息处理模型，该模型说明了人类的内部大脑结构及各自的执

---

①　Gile，D. Basic concepts and models for interpreter and translator training［M］. Amsterdam/Phila-delphia：John Bejamins Publishing Company，2009：26 - 27.

②　丹妮卡·塞莱斯科维奇. 口译技艺［M］. 上海：上海翻译出版公司，1992.

③　Gerver，D. Empirical studies of simultaneous interpretation：A review and a model. In R. W. Brislin（Ed.）. Translation：Application and Research. New York：Gardner Press，1976：165 - 207.

行过程。下图详细解释了人类大脑中信息处理过程。

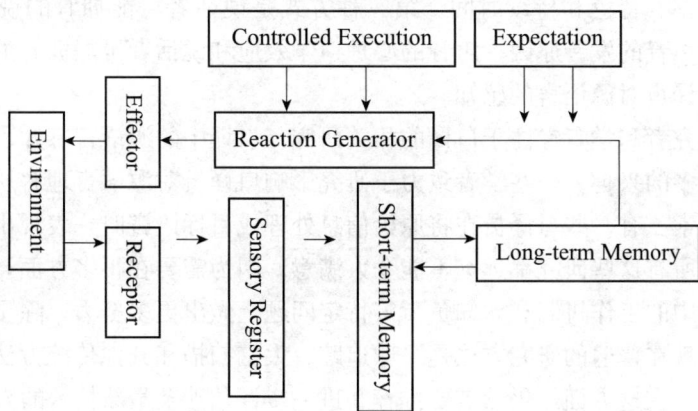

这个图表表明语言输入和输出都容易受到外界环境的影响。信息可以由不同级别的记忆处理。感官记忆只持续±0.25－2秒，它涉及视觉和听觉信息。然后，短期记忆是中央处理器，接收由感官信息选择的信息，并在处理和存储处理信息之前，在长期记忆中检索相关知识。然后，口译员将最终处理的信息与他或她对源信息可能产生效果的个人预期结合起来，并将其转换成目标语言。

2.3　丹尼尔·吉尔的同声传译精力模型

丹尼尔·吉尔（Daniel Gile）提出了同声传译的新概念。他认为同声传译有四方面的精力。这些努力是"听力和分析精力"（L）、"短期记忆精力"（M）和"输出言语精力"（P），以及"协调精力"（C）。公式如下：SL＝L＋P＋M＋C。听力和分析努力指的是对源语言在语音和语义上的理解。短期努力是将源语言信息去动词化的阶段。输出言语精力包括用目标语言表达的信息、言语筹划和输出言语筹划。协调精力是协调上述三项任务的工作，所有的这些任务都需要在如此有限和紧迫的时间内有序地执行。这些单独的任务需要在有限的能力范围内进行协调。

2.4　迈克尔·罗斯特的声波理论

迈克尔·罗斯特（Michael Rost）也对口译中源语言感知的特定领域做出了巨大贡献。口译的第一步是感知接收到的声波。迈克尔·罗斯特认为，人类通过对语音信号的频率、持续时间和振幅进行采样来感知语音。有三种互补的方式来区别声波类别。第一种方法是通过耳朵震动发出声音的发音源，包括嘴唇、舌头和引起耳朵近端刺激的声道运动。第二种方法是心理声学效应，包括耳朵接收到的声音的频率、音色和持续时间。第三种方式是说话者可能拥有的说话意图[①]。换句话说，声音的发音原因、声音的心理声学效应和说话者可能拥有的说话意图都会影响口译员对源语言的感知。

许多研究者和学者专注于口译的相关研究。口译中的源语言感知引起了专业人士越来越多的兴趣。一些学者致力于研究影响口译员对源语言理解质量的语言和非语言因素。有一些口译员在将原始信息处理成目标语言时，表现出了认知负荷。然而，所有这些研究都远远不能令人满意，因为需要在很多方面，诸如人脑在口译过程中的工作机制和认知负荷等特定问题上做出更多努力。除了研究远远不够之外，现在普遍的研究方法是眼球追踪、大脑扫描和其他传统方法，如问卷调查、访谈。在这方面，仍然需要推荐和进一步评估涉及最新技术的方法。

3. 研究方法

在相关研究中，人们采用了各种方法来分析口译中理解源语言的过程。传统情况下，研究主要采用问卷调查和访谈的方式。最近，随着技术的发展，在这方面已经应用了更先进的技术方法，例如视译中的眼球追踪和大脑扫描。文章的这一部分将详细阐述眼球追踪的方法。

眼球追踪作为翻译研究中的一种定量研究方法越来越受到学者的欢迎。它旨在收集翻译中认知过程的数据，因为眼动数据完美的空间精度和时间精度可以展现出译者的注意力分布。在翻译中有两种类型的措施。一种是注视，这意味着眼球相对稳定一段时间。在相关研究中，注视持续时间和注视次数常被用作测量指标。另一种是瞳孔大小或扩张的测量，这是认知系统工作负荷的指标。

特别需要提到的是，瞳孔越大，认知负荷就越高。而如果任务相对容易，瞳孔就会缩小，相应地，认知负荷也会相对降低。

此外，当研究人员试图将眼球追踪方法应用到研究中时，专家们提出了一些建议。首先，O'Brien[②]建议在黑暗的房间里使用一致的光源，以此收集眼球追

① Rost，M. Teaching and Researching Listening. Pearson Education，2002.

② O'BRIEN，Sharon. "Eye tracking in translation-process research：methodological challenges and solutions." In：Mees，Inger M.；Fábio Alves & Susanne Göpferich（eds.）Methodology，Technology and Innovation in Translation Process Research. Copenhagen：Samfunds litteratur，2009：251－266.

踪的数据，因为眼球的运动和瞳孔大小会受到光强变化的影响。其次，人们认为远程眼球跟踪器比头部支撑的眼球跟踪器更适合于翻译研究，因为远程眼球跟踪器对研究的参与者侵入性较小。

4. 口译

4.1　口译的定义

说到口译，有三种类型的口译，即陪同口译、交替口译和同声传译。同声传译是指译员必须同时听和说的场合。交替口译是口译员在听和说之间交替进行，只有在演讲者完成他或她的讲话后才开始翻译。与交替传译相比，同声传译的认知要求更高，因为译员必须理解和存储源语言的输入片段，并将这些片段从源语言重新组合成目标语言，同时还要注意说话者随时间推移而说出的话①。

在这种情况下，即使有经验的专业口译员每分钟也会犯几个错误，他们通常最多只轮班 20 分钟，然后就会休息②。在交替口译的情况下，应该没有这样的问题，因为口译员能够在第二阶段做笔记和语际处理，这时认知负荷要小得多③。

4.2　口译中影响源语感知的因素

同声传译中，源语言信息必须经过八个步骤，包括回声记忆的翻译阶段、语言解码、短期记忆存储、目标语言编码、目标语言输出和自身输出回声记忆的监控阶段、自身输出的语言解码和自身输出的短期记忆存储。自 20 世纪 80 年代以来，口译研究领域越来越关注口译的学术和专业质量。因此，影响口译员源语言处理效果和认知能力的因素是很值得分析的。

（1）规模、范围和决心

就理解而言，规模、范围和决心的概念是密切相关的。当口译员面对复杂的

---

① Gerver，D. Empirical studies of simultaneous interpretation：A review and a model. In R. W. Brislin（ed.），Translation：Applications and research. New York：Gardner Press，1976：165 - 207.

② Gile，D. Conference interpreting as a cognitive management problem. In Danks et al.（eds.），pp. 196 - 214

③ Gile，D. Basic concepts and models for interpreter and translator training. Amsterdam/Philadelphia：John Benjamins Publishing Company，1995.

句子或复杂的结构时，这三个要素构成了对口译过程的动态解释。规模通常被认为是一种表示观察的详细程度的方法。在通常情况下，术语"规模"与距离相关联：更近的视角——更高的规模，更好的细节，或者更远的视角——更低的规模以及更少的细节。因此，范围是指描述中包含的信息单元的总数。决心是人将信息分割成规则的、形状大小相同的片段。它通常是指进入特殊片段的最小信息片段的数量。从语言学上来说，一个单词是由许多音韵字母组成的。反过来，字母表是用来创造复合符号的一组基本符号，这些复合符号成为我们解释信息的一部分。在进行口译时，口译员首先要考虑到整个情况的规模，包括口译发生的地点以及相关的口译设备和器材。换句话说，译者需要对外部环境有一个整体的看法，并做好必要的准备。此外，译员还应具备系统的知识——即特定领域的知识。这种能力使他或她能够对听到的信息进行解码，并将新信息与已经存储在他或她的大脑中的先前经历和所学的概念联系起来，他或她可以从这些经历和概念中为最初抽象的信息赋予一定的意义。在这些要素的基础上，口译可以被认为是一个重复的过程，即符号选择、新信息和已学信息的组合以及信息组织，以便重新形成目标语言。

（2）认知管理

无论是同声传译还是交替传译，"认知负荷"都是不可避免的一部分，其需要加以考虑。在这方面，"精力模型"可以进一步阐明认知管理的问题。这套模型最早是在 20 世纪 80 年代早期发展起来的，此后在专业业界得到认可。一些著名的认知心理学家支持并应用其动态原则，特别是注意力和管理原则限制的概念应用到口译实践领域①②。为了详细解释，精力模型将同声传译分为听力和分析精力（要求理解源语）、短时记忆精力和输出精力（对应目标语的产出），所有这三种精力都需要相应的处理能力。然而，交替传译由四个步骤组成。听和记笔记是第一阶段，接下来是读笔记、重建话语的长时记忆和目标语输出。在初始阶段，同声传译和交替传译都将要求译员付出最大的努力，这可以被称为"走钢丝

---

① De Bot，K. Simultaneous interpreting as language production. In B. E. Dimitrova，& K. Hyltenstam (Eds.). Language Processing and Simultaneous Interpretation. Amsterdam/Philadelphia：John Benjamins Publishing Company，2000：65 - 88.

② De Groot，A. A Complex-skill approach to translation and interpreting. In Tirkkonen-Condit and Jaaskelainen (Eds.). Tapping and Mapping the Processes of Translation and Interpreting：Outlooks on Empirical Research. Amsterdam/Philadelphia：John Benjamins Publishing Company，2000：53 - 70.

假说"，这意味着与源语特征相关的处理能力增加的任务要求，以及管理能力的方式中任何错误（例如，将过多的精力投入到产出，留给听力和分析工作的太少）都可能导致彻底的错误[1]。一般来说，由于语言差异和文化差异，双语口译员在做决策和信息转换为目标语言的过程中更容易出现错误和遗漏。这种决定可能与适当的礼貌或正式感、动词主语的身份、所指人员的社会地位和性别有关。所有这些因素都需要纳入考虑范围。

当口译员开始理解和分析源语时，他们的认知开始处理和监控源语信息。在口译过程中，认知活动需要付出大量的努力，包括理解、重构源语和产出目标语言。根据定义，源语监控是对记忆、知识和信仰的根源进行归纳的一系列过程[2]。在源语监控框架中，记忆痕迹由几个定性特征组成，例如感知细节和所涉及的认知活动（例如，阐述、想象、组织），这些特征在编码过程中被记录为记忆痕迹的一部分[3]。与这些定性特征对应的是，口译员对源语言做出相应的判断。例如，如果有很多连续不断的丰富和生动的细节，那么这个事件可能会被判断为外部经历过的[4]。而如果感知细节少于预期，而认知活动足够多，那么这个事件可能会被判断为是自我产生的或想象的[5]。

这意味着感知细节和认知操作的数量决定了口译员的翻译效果和表现，并对信息的解码和编码产生影响。

（3）语言和非语言因素

除了口译员的认知能力和内部记忆能力之外，其他一些因素也影响着口译过程。不幸的是，有时口译员无法完成完整且准确的口译，当这种情况发生时，口译员会选择省略，以便尽可能多地保留原始信息。这项研究由巴里克（Barik）[6] 进行因此，两位学者迪莉娅·基亚罗（Delia Chiaro）和朱塞佩·诺塞拉·梅塔

---

① Gile, D. Testing the effort models' tightrope hypothesis in simultaneous interpreting-A contribution. Hermes, 1999b, 23: 153 - 172.

② Johnson, M. K., Hashtroudi, S., & Lindsay, D. S. Source monitoring. Psychological Bulletin, 1993, 114: 3 - 28.

③ ibid.

④ Johnson, M. K (1997) Identifying the origin of mental experience. In M. S. Myslobodsky (Ed.), The mythomanias: The nature of deception and self-deception (pp. 133 - 180). Mahwah, NJ: Erlbaum

⑤ ibid.

⑥ Barik, H. C. A description of various types of omissions, additions and errors of translation encountered in simultaneous interpretation, Meta, 1971, 16 - 4: 199 - 210.

(Giuseppe Nocella Meta)① 通过万维网进行了一项调查，以找出影响口译质量的语言和非语言因素。他们通过收集五大洲 286 名口译员的数据进行了这一领域的实证研究。这些专业口译员作为参与者，是能够更好地了解口译质量和影响整个口译活动的因素的一个好的开始。

在进行这项研究之前，先前的学者布勒（Bühler）② 已经区分了 16 种语言和非语言标准，要求口译员在以下四种价值观之间进行选择，这个量表将进行评估：高度重要、重要、不太重要、不相关。但是研究结果显示，参与者认为所有这些标准都是重要的因素，并且对它们进行排序很难。因此，迪莉娅·基亚罗（Delia Chiaro）和朱塞佩·诺塞拉·梅塔（Giuseppe Nocella Meta）③ 从另一个角度进行了这项调查，他们使用互联网提供的服务：万维网。为了避免以前研究中存在的问题，他们非常重视研究步骤。在他们的研究中，被审查的标准并不是在分项分类量表上测量的，而是在等级排序量表上测量的，不是要求参与者在一定的标准内对一组对象进行排序。

就方法来说，他们使译员、语言学家和统计学家合作，采取了跨学科的态度。此外，他们允许研究人员通过互联网迅速接触到大量不同类型的受访者，并从作为参与者而不是学生的成熟从业者那里收集信息。然后他们设计了一个包含两个部分的简短问卷。第一部分是关于受访者年龄、出生地、资格和经验的一般信息。第二部分着重于对影响口译质量的语言和语言外标准的理解。受访者被要求从最重要到最不重要排列九个语言标准和八个非语言标准。

至于非语言标准，译员的"集中"和"文件准备"被认为是对口译表达质量贡献最大的非语言特征，分别达到 1932 和 1598 的分数。其他因素或多或少按照以下顺序被认为同等重要：团队工作能力（1218）、耐力（1208）、身体健康（1184）、记忆技巧（1122）、百科知识（1068）和无压力状况（1064）。毫无疑问，在解码源语言时，在时间压力和认知局限的条件下，集中注意力和准备是必不可少的。

他们研究的结果表明，口译员按照以下顺序排列语言标准：与原文的一致性、信息的完整性和逻辑衔接性被认为是三个最重要的因素；流利的表达、正确

① Delia Chiaro，Giuseppe Nocella. Interpreters' Perception of Linguistic and NonLinguistic Factors Affecting Quality：A Survey through the World Wide Web ［J］. Meta，2004，XLIX.

② Bühler，H. Linguistic (semantic) and extra-linguistic (pragmatic) criteria for the evaluation of conference interpretation and interpreters，Multilingua，1986，5 (4)：231－235.

③ Delia Chiaro，Giuseppe Nocella. Interpreters' perception of linguistic and non-linguistic factors affecting quality：A survey through the World Wide Web ［J］. Meta，2004，XLIX.

的术语和正确的语法用法是第二重要的三个因素；最不重要的是适当的风格、愉快的声音和地道的口音。

（4）语速、口音、语调和音量

同声传译是一个复杂的认知和语言过程，其受到译员能力、外部条件和用户期望等多种因素的影响。口译的初始阶段是源语言的输入。源语言的理解会受到说话者语速、口音、音量和语调等变量的影响。对这些影响口译质量的因素的系统研究是有益的，因为一直以来关于这些影响的知识揭示了口译员在同声传译中的认知负荷①。下图分别揭示了之前关于语速和口音的研究和发现。

Previous studies on FSR and NNS

Speed factor	Intp.	Sample size	Quality criteria	Effect
Gerver（1969/2002）	P	5	• Omission, substitutions, etc.	（—）
Pio（2003）	S&P	10&5	• Mean equivalence, fluency	（—）
Shlesinger（2003）	P	16	• Correctly rendered modifiers	（+）
Chang（2005）	P	10	• Accuracy, linguistic quality	（—/+）
Liu et al.（2004）	S&P	22&11	• Content accuracy	（—/+）
Meuleman & Van Besien (2009)	P	16	• Acceptability	（—）
Accent factor				
Taylor（1989）	S	n/a	• n/a	（+）
Proffitt（1997）	P	9	• Intelligibility, informativeness	（+）
Mazzetti（1999）	S	15	• Semantic quality	（—）
Sabatini（2000/01）	S	10	• Semantic quality	（—）
Kurz（2008）	S	10	• Proposition correctly translated	（—）
Lin et al.（2013）	S	9—10*	• Accuracy/fidelity	（—）

Note：Intp.＝interpreter，S＝professional；n/a＝not available；（—）negative；（+）positive；* 9 to 10 participants per group

---

① Gile，D. Basic concepts and models for interpreter and translator training［M］. Amsterdam/Philadelphia：John Benjamins Publishing Company，1995.

在此背景下，研究者韩朝（Chao Han）和梅迪·里亚兹（Mehdi Riazi）[1] 对同声传译中语速和重音对源语感知的影响进行了相关研究。他们明确使用了多种方法研究设计，并试图从主位和客位来源（即口译员的口头回顾、评分员的绩效评估、研究人员对口译语言特征的分析）获取定量和定性数据。他们把这项研究分成两个阶段。结果附后。

Major findings from Phase Ⅰ and Ⅱ

	◆ Quantitative: performance data	◆ Qualitative: interview data • Task$_{SN}$: a benchmark task, with no difficulty factors
Phase Ⅰ	• StrA → InfoCom, (−)***, r=0.76 • StrA→TLQual, (−)***, r=0.61	• Task$_{SA}$: differs from Task$_{SN}$ regarding StrA StrA→InfoCom(−), FluDel(−) & TLQual(−)
	• StrA → FluDel, (−)***, r=0.66	possible reasons: re-directed attention, lagged behind & lacked monitoring
	• FSR → InfoCom, (−)***, r=0.57	• Task$_{FN}$: differs from Task$_{SN}$ regarding FSR
	• FSR→TLQual, (−), r=0.14 • FSR→FluDel, (+)***, r=0.52	FSR→InfoCom(−) & TLQual(−) FSR→FluDel(+) possible reason: used speed-up strategy
Phase Ⅱ	◆ Quantitized data: fluency parameters	
	FSR→tatal number of pauses(TNP)(−)*** FSR→speech rate(SR)(+)*** FSR→articulation rate(AR)(+)*** FSR→phonation/time ratio(PTR)(+)*** FSR→mean length of a run(MLR)(+)***	

Noter: *** $p < 0.01$; →effect; (−) negative; (+) positive; r=effect size

从该表中可以看出，重音在三个质量维度上对同声传译产生了显著的负面影响。同样，快速的语速也极大地阻碍了同声传译。尽管 FSR 和 StrA 对 InfoCom 产生了负面影响，但影响大小统计数据表明，相对幅度是不同的。虽然 FSR 和 StrA 对 InfoCom 的影响都很强（$r > 0.5$），但 StrA 的影响（$r = 0.76$）大于 FSR（$r = 0.57$），表明在其他因素保持不变的情况下，StrA 对 InfoCom 的负面

---

① Chao Han, Mehdi. Investigating the effects of speech rate and accent on simultaneous interpretation: A mixed-methods approach. Across Languages and Cultures, 2017, 18 (2): 237 - 259.

影响可能比 FSR 更强。

在定性访谈研究中，数据显示，关于口音的最大障碍似乎是口译员必须在听力上付出更多努力，并应该适当落后于源语较长的时间，以便更好地理解接收的信息，这反过来导致对输出的关注较少，并造成更多停顿。因此，它会使一些信息在听力和分析的第一阶段丢失。此外，从口译员的自我反思来看，即使在大量信息缺失的情况下，他们也有意识地选择加快口译速度，以跟上说话者的语速。这就是为什么口译员在 FluDel 标准上得分更高。

除了语速和口音，不熟悉也可能成为口译员的障碍。语调指的是音高、词的长度，这些变化会给原句带来不同的意义，从而达到说话者的交际目的。因此，如果口译员不能识别说话者的语调，那么口译员也不能理解隐含的意思。口译过程也将是无效和不成功的。音量也将在口译员听和分析源语方面发挥作用。在同声传译中，说话者对着麦克风说话，他或她的声音通过耳机传递给译员。低质量的设备可能会造成低音量和低音质，这导致口译员不得不进一步努力捕捉单词且感知它们是非常困难的[①]。因此，因为第一阶段无法完成，整个任务将无法继续。

（5）源语与目标语关联强度和译员对目标语的认知

越来越多的专业人士致力于研究双语者所掌握的两种语言在语言处理过程中是如何相互作用的。广东外语外贸大学的董燕萍和林洁绚调查了影响口译中平行处理的两个关键因素，并报道了两个测试这两个因素的实验。

为了观察目的语在源语理解过程中是否被激活，使用了比较口译阅读和重复阅读的范式[②]。在自定进度的阅读任务中，要求流利的双语者或专业口译员阅读一种语言的句子，然后要么用同一种语言重复它们（即重复任务），要么口头翻译成另一种语言（即口译任务）。这是用于实验的主要样本。

Example sets of Chinese and English sentences that participants either read for repetition or read for interpreting.

Position	Sentence							
	Chinese							
Control	飞机	正在	轰炸	军队，	附近	没有	任何	村民。
	feiji	*zhengzai*	*hongzha*	*jundui*	*fujin*	*meiyou*	*renhe*	*cunmin*

---

① 丹妮卡·塞莱斯科维奇. 口译技巧 [M]. 北京：北京出版社，1979.

② Macizo, D., Bajo, M. T. Reading for repetition and reading for translation：Do they involve the same processes? [J] Cognition, 2006，99：1 – 34.

续前表

Position	Sentence							
	plane	was	attacking	army	nearby	not	any	village
	"The plane was attacking the army, and around this area there was not a villager."							
Position 1	**坦克**	正在	轰炸	**军队,**	附近	没有	任何	**村民**。
	tanke	*zhengzai*	*hongzha*	*jundui*	*fujin*	*meiyou*	*renhe*	*cunmin*
	tank	was	attacking	army	nearby	not	any	villager
	"The tank was attacking the army, and around this area there was not a villager."							
Position 2	**飞机**	正在	轰炸	**坦克,**	附近	没有	任何	**村民**。
	feiji	*zhengzai*	*hongzha*	*tanke*	*fujin*	*meiyou*	*renhe*	*cunmin*
	plane	was	attacking	tank	nearby	not	any	villager
	"The plane was attacking the tank, and around this area there was not a villager."							
Position 3	**飞机**	正在	轰炸	**军队,**	附近	没有	任何	**坦克**。
	feiji	*zhengzai*	*hongzha*	*jundui*	*fujin*	*meiyou*	*renhe*	*tanke*
	plane	was	attacking	army	nearby	not	any	tank
	"The plane was attacking the army, and around this area there was not a tank."							
	English							
Control	The singer (*geshou*) made a phone call to the actor (*yanyuan*), and asked for a tailor (*caifeng*).							
Position 1	The model (*mote*) made a phone call to the actor (*yanyuan*), and asked for a tailor (*caifeng*).							
Position 2	The singer (*geshou*) made a phone call to the model (*mote*), and asked for a tailor (*caifeng*).							
Position 3	The singer (*geshou*) made a phone call to the actor (*yanyuan*), and asked for a model (*mote*).							

Note: In each of the examples, the three control words and the cognate word in the three critical positions are in bold, with the pinyin form in italics. Positions 1, 2, 3 refer to sentence-initial, clause-final, and sentence-final positions in the present paper.

69 名刚刚开始口译培训的三年级英语专业学生参加了实验。他们都在学校学了大约十年英语,但是他们通常被认为是不平衡的双语者,因为英语是作为一门外语学习的。两项实验的主要发现如下:

他们排除了低于三分参与者的实时数据。因此排除了三名参与者的反应时间数据,其余参与者的重复输出平均得分为 4.51 (标准差= 0.26),口译输出平均得分为 3.78 (标准差= 0.44)。

结果表明,对于目标语言并行处理,当输入语言是参与者的第一语言时,实验 2 与实验 1 没有区别。在重复或口译时，两名参与者未能正确遵循说明，他们的数据被剔除。在总共 5 分中，重复质量的平均得分为 4.22（标准差 ＝ 0.30），口译质量的平均得分为 4.47（标准差 ＝ 0.28）。与实验 1 相比，它表明重复没有改善（t（25）＝ 0.34，p ＝.740），尽管口译确实有显著改善（t（32）＝ 3.77，p ＝.001）。这种不对称的改进模式与中文版的阅读模式相同，这似乎表明两个学期的口译训练在双语口译任务（双向）中有效，但在单语重复任务（两种语言）中无效[①]。

5. 结论

专业口译涉及一系列复杂且认知要求高的语言处理任务，其中各种步骤必须同时执行。在同声传译中，译员接收到一种源语言的片段，同时，必须将另一个片段改写成目标语言。认知负荷、工作记忆和口译员的双语能力等外部因素和条件在整个口译过程中都扮演着一定的角色，影响着口译员的绩效和最终效果。本节对口译中的源语感知进行了文献综述。此外，还分析了影响源语言理解的一些因素，如认知管理、语速和口音、口译员的规模、范围和决心等。尽管如此，从现状来看，目前这方面的研究仍处于发展阶段，人脑方面尚未得到充分研究。先进的技术将为专家们提供最新的设备，使他们能够更详细、更全面地研究口译中大脑的功能和感知，以及这些功能如何影响口译的三个概念上不同的方面，即信息完整性、流利性和目标语言质量。口译中的源语感知研究在未来几年将会有广阔的前景。

---

① Yanping Dong，Jiexuan Lin. Parallel processing of the target language during source language comprehension in interpreting [J]．Bilingualism：Language and Cognition，2013，16（3）：682 - 692 C Cambridge University Press.

第四章 口译记忆认知理论

第一节 口译中记忆分配理论

概要： 随着经济的发展和全球化的不断深入，全球的人文交流和商务合作更加频繁。口译对于促进不同民族间的交流起着至关重要的作用。然而，与笔译相比，口译研究还相对落后，仍然存在着一些问题。本节将基于 Gile 模型分析口译中的记忆分配。研究表明，在信息加工过程中，需要有效地保持信息。同时，良好的记忆力也十分重要。因此，本节将提出一些关于提高记忆力和帮助记笔记的方法，以期为其他译员提供有益的建议。

1. 绪论

与笔译不同，口译是一种即席的口头翻译并逐渐进入了人们的视野。它是以交际为目的的服务活动，且方式通常是面对面交流。口译是一种研究将听到的源语信息进行解码并译成目的语的口头交际活动。

那么，无论如何我们都不能忽视口译员的重要作用。因为，是译员用另一种语言口述会议代表们的话语，以达到交流的目的。然而，他们是如何在高压和有限时间内分配精力的呢？他们的记忆在这样的一个过程中又是如何分配的呢？

20 世纪 50 年代，学界普遍从语言学角度研究翻译。在这样的背景下，丹尼尔·吉尔（Daniel Gile）的多任务处理模型应运而生，并随着时间的推移得到了极大的完善。Gile 的专著《口笔译训练的基本概念与模型》常被引用，因此，他是名副其实的口译研究代言人。其多任务处理模型不仅借鉴了心理学的研究成果，还运用了认知概念，赋予了人脑以信息加工的有限空间的意义。根据这一模型，要使口译顺利进行，译员本身具备的对各项任务的总体处理能力必须等于或超过各项任务需要的总体处理能力。

本节将对口译中的记忆分配进行研究，希望能为人们提供一些帮助或有用的信息，以达到最佳的口译效果。本节共由五部分组成。第一部分是绪论。第二部分是口译的概述，包括口译的特点和对译员的要求。第三部分是同声传译和交替传译的多任务处理模式。第四部分是主体部分，研究了在口译中记忆是如何分配的，并提出了提高记忆力和记笔记的相应建议。第五部分是结论。

2. 相关研究

在近五十年里，会议口译研究（Conference Interpretation）在口译研究中占有主导地位。现代科学中的众多学科，如心理学、语言学、心理语言学和跨文化交际都共同努力，为此做出了贡献。随着全球化的快速发展，非会议口译的新模式已经形成，并在跨国商务和跨文化交流中发挥着重要作用，满足了当今国际市场的需求。然而，相关学者却很少对这些口译新模式的全过程进行探索，很少对现存口译理论效度进行检验，也很少针对这一新领域的特殊加工要求制定相应的策略。

最早的口译活动要追溯到原始社会。当时，不同部落的人为了以物换物及交换商品和信息而进行交流。在现代社会很长的一段时间里，法语是所有国际会议上唯一的官方语言。然而，到第一次世界大战结束时，英语已经被用来处理众多国际事务了。

口译的学术研究具有重要价值，因为口译活动对国家的国际发展是必不可少的。从 1952 年让·艾赫贝尔（Jean Herbert）的第一本口译手册《口译须知》（*Interpreter's Handbook*），到 1968 年塞莱斯科维奇（Seleskovitch）的第一本口译专著，不同学科的研究人员都做出了重大贡献。从 1958 年北京大学出版的《中日口译手册》（*Handbook of Chinese to Japanese Interpretation*）到 1998 年鲍刚出版的第一本中文口译理论著作《口译理论概述》(*An Introduction to Interpretation Theory*),也可见中国口译研究的进步。口译理论与实践都在向着更加科学化、系统化的方向发展。

西方口译研究经历了四个重要阶段。20 世纪 50 至 60 年代的初级研究阶段(the Pre-research Period)主要以口译从业人员总结个人经验、观察口译活动和译员的工作环境并探讨其遇到的问题为主。探讨的问题包括对译员的语言和知识方面的要求、译员和客户的关系等。在这一阶段,口译研究主要关注个人经验而不是口译理论。20 世纪 60 至 70 年代的实验心理学研究阶段(the Experimental Psychology Period)主要是心理学家和心理语言学家利用相关理论框架,提出一系列的假想,来分析源语、噪音、发言速度、EVS(即源语和译语两股语流的时间差)等变量对口译过程的影响。Moser①,Gerver② 和 Gile③ 提出 20 世纪 70 至 80 年代是从业人员研究阶段(the Practitioners' Period),以口译从业人员进行理论研究为主。在这一阶段,口译从业人员撰写了一系列影响深远的论文,并建立了若干模式。最具代表性的理论之一是巴黎高翻学院(ESIT)创立的释意派理论。该理论认为意义是口译的中心,对口译训练至今仍有着积极的影响。然而,该阶段的研究相对孤立,学派间缺乏交流,实证研究也几乎被忽视。自 20 世纪 80 年代末以来,口译研究进入了新的时代——蓬勃发展阶段(Renewal Period)。在该阶段,实证研究受到重视。研究人员和具有研究意识的从业人员共同参与口译研究,使其成为学术研究中的重要一员。

3. 口译概述

"口译"(interpret)一词源自拉丁语"interpretari",意为"解释"。梅德明④认为,"口译的字面意思就是口头翻译,可以粗略地定义为对另一种语言所说内容的再造或重现"。口译有很多种,其中,交替传译(CI)和同声传译(SI)就

---

① Moser,B. Simultaneous interpretation:a hypothetical model and its practical application [A]. D. Gerver & H. W. Sinaido. Language Interpretation and Communication [C]. New York:Plenum, 1978.

② Gerver,David. Empirical studies of simultaneous interpretation:a review and a model [A]. Brislin R. Translation:Applications and Research [C]. New York:Gardner Press,1976.

③ Gile,D. L'évaluation de la qualité de l'interprétation par les délégués:une étude de cas [J]. The Interpreters' Newsletter. N° 3. 1990:66-71.

④ 梅德明. 高级口译教程 [M]. 上海:上海外语教育出版社,2000.

是两种基本类型。在 1919 年的巴黎和会上才第一次大规模地使用交替传译。1947 年，德、英、法、俄的同声传译也在德国纽伦堡得以使用。自此，为了提高工作效率，同声传译得到了广泛的应用。国际会议口译员协会（AIIC）的成立标志着口译正式成为了职业。

3.1　口译的特点

不可预测性：口译是一种即席口头翻译。以每年的新闻发布会为例，尽管每年都会有记者问一些诸如经济和外交关系之类的基本问题，口译员也会在此之前进行许多准备，但口译话题千变万化，任何问题都有可能被问到。因此，口译员无法预测交谈各方到底要说什么。

口语性：与笔译不同，无论是交传还是同传，都是一种促进不同语言使用者口语或手势语交流的口头翻译活动。译员更喜欢使用小词和常用词，因为使用太多长难词汇对译员自己和听众都是负担。毕竟口译是一种语言交流方式，译员必须能让听众听明白。如果口译不能帮助听众理解，那么口译的意义何在呢？

高压性：在口译过程中，译员必须自己解决问题。由于时间有限，他们无法去咨询他人或做寻求参考。在国际会议或外交谈判中，严肃的气氛会给经验不足的译员造成较大的心理压力，紧张的情绪会影响译员的自信，并对他们的表现产生不良影响。发音错误或用词不当可能会造成误解，甚至引发代表间的矛盾。作为个人，译员有义务对自己的口译负责。但在很多情况下，他们也无能为力。

3.2　对译员的要求

许多人羡慕口译员的高薪。对于语言专业的人来说，口译是一份理想的工作。然而，口译也是一种要求很高的职业。不是每个人都能当翻译的，尤其是专业翻译。以下是一些对译员的要求：

良好的语言能力：专业的口译员应是一名合格的双语或多语交流专家，这意味着他/她必须具备出色的语言能力，包括良好的听力、理解、编辑和口语能力。同时，语言也像一面镜子，可以体现出文化。所以良好的语言能力也包括掌握大量的文化知识，以便体会"言外之意"。Shuttleworth 和 Cowie[1] 称："口译不仅

---

[1]　Shuttleworth，M.，M. Cowie. Dictionary of translation studies [M]．Manchester：St. Jerome Publishing，1997.

被视为语言符号的传递，还被视为文化的交流，是一种跨文化的交际"，且好的口译表达应该是语法正确、修辞合理、逻辑通畅和文化契合的，因此，称职的口译员不仅应该掌握双语，还要熟悉两种文化。

具备百科知识：Jean Herbert 认为，要想成为一名出色的口译员，必须对一些事物什么都懂，也要对所有事物都懂一些。口译员必须具有广博的知识（如经济、政治、历史等），以便解决讨论的问题。译员还应专攻一个或多个领域，来"连接"所有可能出现的话题。他们对话题的了解越多，就越能更好地处理各种情况。

具有实践经验和口译技能：Chesterman 和 Wagner[①] 曾说："口译是以知识和经验为基础的职业，也是所有职业中学徒期最长的职业"。熟能生巧，只有在实践中，口译员才能发现口译的成败，并从中吸取教训，提高口译技能。这就是为什么译员经常在译后进行总结的原因了。当然，除了大量的实践外，掌握好翻译理论和技巧对他们也有很大的帮助。

最后，口译员要尊重职业道德，包括最严格的职业机密，这是他们为了职业生涯的成功所必须遵守的。口译员有义务永不泄露他/她在工作中了解到的任何机密。国际口译最高标准是指口译员始终是专业的、自信的、客观的、不妨碍信息交流的，且得到对话双方尊重和信任的。他们应该善于沟通，但何时说话和如何说话非常重要。没有人注意到他的存在是对口译员最高的评价。当然，他们也应该享受在聚光灯下工作或者经常出差的生活。

4. 吉尔模式

从 20 世纪 80 年代末开始，口译研究进入了一个与多学科并行的新阶段。这一时期最具代表性的人物就是在口译研究领域成果颇丰的著名学者丹尼尔·吉尔（Daniel·Gile）。Gile 著作的引用次数遥遥领先，使他成为口译研究领域名副其实的代言人。他的专著《口笔译训练的基本概念与模型》（*Basic Concepts and Models for Translator and Interpreter Training*）就是常常被引用的一个。针对

---

① Andrew Chesterman，Emma Wagner. Can theory help translators? A dialogue between the ivory tower and the word face [M]．Beijing：Foreign Language Teaching and Research Press，2006.

口译过程不同的工作模式，Gile[①] 提出了"多任务分配模型"。

4.1 同声传译的口译模式

同声传译（SI）是一项两种语言在有限时间内同时进行听力、语言理解和产出的复杂技能，必然会给译员带来包括高度认知加工在内的巨大压力。

Moser-Mercer[②] 提出在同声传译的口译模式中，同声传译被视为由话语辨别、储存机制、转换、表达及监督机制共同组成的多过程。

Paradis[③] 和 Setton[④] 过度地利用认知心理学、神经语言学和语言学的相关发展，创立了自己的同声传译模式。

然而，Gile 则另辟蹊径，创立了一套独特的口译多任务分配模型，Mahmoodzadeh[⑤] 指出，其目的不是要描述口译的过程，而是要解释口译中出现的困难和译员常用的对策。

口译的顺利进行要求译员在听力、记忆和口译过程中合理控制和分配注意力。郭兰英[⑥]提到，Gile 认为口译过程中所需要的注意力应该等于或小于人脑所能提供的注意力。张吉良[⑦]认为由于人脑所能提供的注意力是有限的，因此口译过程中每一步所需要的注意力不应超过限度，否则口译质量就无法保证。

$$SI=L+M+P+C$$

同声传译（Simultaneous Interpreting）＝听力与分析（Listening and analysis）＋短时记忆（short-term memory effort）＋言语传达（Speech production）＋协调（Coordination）

M＝短时记忆，包括与存储在记忆中所听到的话语片段相关的，在它们以目

---

① Gile, D. Basic concepts and models for interpreter and translator training [M]. Amsterdam/Philadelphia: John Benjamins Publishing Company, 1995.

② Moser-Mercer, B. Beyond curiosity: can interpreting research meet the challenge? [A]. Danks, et al. Cognitive Processes in Translation and Interpreting [C]. Sage Publications, 1997.

③ Paradis, M. Toward a neurolinguistic theory of simultaneous translation: the framework [J]. International Journal of Psycholinguistics, 1994, 10 (3): 319 – 335.

④ Setton, R. Simultaneous interpretation: a cognitive-pragmatic analysis [M]. Amsterdam/Philadelphia: John Benjamins Publishing Company, 1999.

⑤ Mahmoodzadeh, K. Consecutive interpreting: its principles and techniques [J]. Dollerup, C and Loddegard, A (eds), 1992: 231 – 236.

⑥ 郭兰英. 口译与口译人才培养研究 [M]. 北京: 科学出版社, 2007.

⑦ 张吉良. 交替传译与同声传译辨 [J]. 上海科技翻译, 2003 (a).

标语形式输出，或消失在记忆中，或被译员省译之前所有的心理活动。

Gile[①]强调，短时记忆被认为由存储话语信息的需要而产生，随命题的结束而终止。据称，同声传译对信息存储的要求特别高，因为无论是信息量还是信息存储和提取的速度都是由发言人决定的。

4.2 交替传译的口译模式

Gile 认为，交替传译由两个阶段组成：听力与信息重组阶段和信息再现阶段。

$$Phase\,I：CI＝L＋N＋M＋C$$

交替传译（第一阶段）＝听力与分析（Listening and analysis）＋笔记（Note-taking）＋短期记忆（Short-term memory operation）＋协调（Coordination）

M＝短期记忆。在听到信息和记下笔记之间的时间需要短期记忆。

$$Phase\,II：CI＝Rem＋Read＋P$$

交替传译（第二阶段）＝记忆（Remembering）＋读笔记（Note-reading）＋传达（Production）

在交替传译的第二阶段，口译员从短时记忆中提取信息、重建言语（R）、阅读笔记（Read）并生成目标语（P）。

肖晓燕[②]指出，Gile 认为口译训练建立在语言能力、分析能力和言外知识的基础上。Gile 模式将口译看作是一个多任务和源语信息处理过程，因此，口译训练应与对口译过程的分析和评估相适应，以便找出口译中的问题，但并不能只关注口译结果。

5. 口译中记忆分配理论

通过以上模式可以看出，Gile 把口译看作一个基于理解和同化的动态过程，该过程包括信息输入、分析以及加工和处理，最终重现并表达信息。在两个模式

---

① Gile，D. Gile，D. Basic concepts and models for interpreter and translator training［M］. Amsterdam/Philadelphia：John Benjamins Publishing Company，1995.

② 肖晓燕. 同声传译的多任务处理模式［J］. 中国翻译，2001（2）.

中，Gile 都强调了短时记忆的重要性。因此，仲伟合①认为口译短时记忆是口译训练初期学员就应该学习的几个特定技能之一。在所有优秀口译员必备的技能和技巧中，记忆技巧应最先被引入到口译培训中。

无论是交传还是同传，好的记忆力都是必不可少的。信息处理能力是口译成功的重要一环，而听辨、理解和保持信息的能力又是处理信息的关键。本章将对口译中的记忆分配进行研究，并就此提出建议。

人脑就像一个照相机，但它不仅会拍下我们看到的，还能记录我们感受到的、听到的、闻到的和尝到的。当用真正的照相机拍照时，我们在拍照前以及把照片给朋友看之前，都会做许多准备工作。同样地，在我们将图片永久保留在大脑之前，我们要做的也有很多。记忆就是我们关于自己的日记。在日记里，我们记下了自己经历过的事。正如沃尔夫冈·佐尔克（Wolfgang Zoelke）在他的畅销书《训练你的记忆力》（Conditioning Your Memory）中所说，"记忆不是大脑中的局部功能，也绝不是一种容器，而是你所拥有的整个思维体系。""记忆是众多无意识的、有感觉的、心理的、身体的瞬间长久运行的结果。"记忆有两类：短时记忆和长时记忆。

短时记忆：短时记忆的持续时间很短，最多 6 到 30 秒。口译中的记忆只会持续很短的时间。一旦口译任务结束，译员通常就转到另一个有着不同语境、不同主题、不同听众和不同说话人的任务上。

长时记忆：当创造出用于存储可以在几周、几个月甚至几年后记起的思想和信息的神经通路时，意味着长时记忆的发生。要想创建这些通路，就必须有意识地以将来还要回忆起这些信息的方式对它进行编码。长时记忆是一个学习的过程，本质上是口译员获取知识的重要一环，因为存储在长期存储器（LTM）中的信息可能会持续几分钟到几周、几个月、几年甚至一辈子。

按照内容分，口译可以分为导游口译、礼仪口译、会议口译、宣传口译和会谈口译。但按口译方式分，最常见的有交替传译和同声传译。无论何种口译都需要译员有较好的记忆能力。在交替传译中，一场讲话或会议可以持续几分钟、几小时到几天不等。比如说，正常的发言速度是每分钟 120 到 220 字。译员能记住所有细节吗？答案肯定是不能。有些译员确实有超强的记忆力，能轻易地记住一些东西。世界上许多伟人也有很强的记忆力，例如著名的英国作家，查尔斯·狄

---

① Zhong Weihe. Memory training in interpreting［J］. Translation Journal，2003（3）.

更斯 (Charles Dickens)。他说他可以走过伦敦的任何一条长街,然后告诉你他路过的每一家商店的名字。然而,也有另外一些像我一样需要通过不断重复才能记忆的人。在口译中,需要的并不是记事能力,而是记住几分钟前刚说过的话。对记忆的研究表明,信息越有意义,口译员记忆所需时间越短。译员不仅关注意义,还关注用词。一旦抓住了主旨,主旨就变成了译员主动记忆 (active memory) 的一部分,而具体的词汇只会在他脑海里留下非常微弱的印象。交替传译中的记忆只包括理解话语所传达的意义。

以下是一些提高记忆力的方法。(1) 首先,要有充足的睡眠和休息时间。经常熬夜会让人变糊涂,也会影响信息的存储。疲劳会让你无法集中注意力。虽然茶和咖啡里的咖啡因能有效地驱除困意并帮助集中注意力,但它们也会对记忆力造成不良影响。(2) 大体保持健康和定期进行体检也有利于提高记忆力。健康的饮食和充足的维生素对记忆正常地工作是必不可少的。多喝水也能保证记忆力不出问题。(3) 最后,当你要去记忆时,应该集中注意力,做到全神贯注。而要想集中注意力,就一定要放松。除了要特别注意身体健康,还有众多其他的方法可以提高记忆力。例如,你可以通过做你平时不会做的活动或改变日常习惯来定期地刺激大脑,使得记忆更加高效。还可以将信息和图片相结合,有效地提高记忆力。这被称为记忆术 (mnemonic techniques)。试着在你脑海中的画面提高形象记忆能力。学习一项新技能也有助于大脑发育。当你试图去记忆时,你应该集中注意力,把注意力集中到最重要的事情上。不要想其他的事情,因为那样会降低记忆的准确性。

然而,有一种讲话类型是信息压缩模式的。它正式、客观、学术性强,且都是数字、地点、名字和特殊术语。在这种情况下,译员几乎不可能在那么短的时间内记住所有内容,因此我们需要笔记来辅助记忆。口译笔记与普通的笔记不同,因为口译时间有限并且口译笔记是专为译员自己准备的,所以我们为什么记、记什么、什么时候记、怎么记、用哪种语言记以及如何使用缩写和符号呢?

为什么记:笔记有助于提高译员注意力、促进话语分析、激活译员记忆、提高再现准确性以及避免错译和遗漏重要信息。单靠我们的短时记忆,无法保留口译中说话人传达的所有信息。所以,我们需要使用其他方法来帮助我们保留和提取信息。笔记有助于促进听辨、理解、分析和传达这四项交替传译中重要活动的进行。笔记的主要用途在于减轻记忆负荷。尽管译员可能已经理解了讲话的中心思想，但他/她几乎不可能回忆起五分钟讲话的所有要素，尤其是涉及数字、名字和列举时，因为这样的信息无法根据分析和逻辑来回忆。随着时间的推移，我们的记忆效率会下降，口译质量也会越来越差。因此，记笔记就成了译员补充短时记忆、减轻记忆负荷和克服人类记忆局限性的必要手段。

记什么：口译笔记的性质和速记、课堂笔记、会议记录或听写并不一样。笔记是口译的提示簿，所以你无须记下每一个词，只需要记下中心思想、不同观点间的联系，以展现上下文的逻辑关系，如对比、矛盾、指向或因果关系的省略以及动词时态（条件式）和情态动词。它们都是提取记忆的线索，有助于理清源语语言结构和组织目标语的生成。此外，对于信息压缩式话语来说，还需要记下准确的数字、地点、日期、地址、标题、言语、格言和引文，以防遗漏重要信息。

如何记：1) 用符号或线条代替写字（如用向上的箭头表示上升或增长，向下的箭头表示下降或减少，星号表示重点）。画比写要快。符号和线条可以直接提示信息，比字要来得生动，且无须进行语言转换。使用熟悉的符号，而不是创造新的。尽可能使用更多的符号。笔记要非常清晰，并始终用来表示你熟悉的概念。2) 使用缩写（如用 WHO 来代替世界卫生组织）。因为一旦你用了更少的字或字母来表示更多的含义，你就有了更多的时间和精力去听辨和理解。尤其要注意，在会议中不要临时发明创造符号或缩写，否则你会忘记的。只要你能认出自己写的东西，就尽可能快地记下笔记。形成你自己的速记方法。3) 想到了哪种语言就用哪种。尽管要鼓励译员使用目的语做笔记，从而便于最终译语的产出，但是这个要求太高了。实际上，你根本没有时间去思考要用哪种语言。并不是非要使用目的语做笔记，所以忘掉这个要求，想用什么语言，就用什么语言。在很多情况下，源语和目的语会混合使用。另外，不要关心拼写和语法。毕竟，口译笔记是一次性的，也仅仅是给你自己读的。4) 垂直记笔记，把句子分成有意义的单元，合理布局。笔记要在纸上展开，写大字为好，一句话甚至可以占一整张纸。5) 给之前的笔记结尾要清晰。当你完成一段时，在下面画一条线来表示此段的终结或者直接翻页。不要把记完的和没记完的混在一起。6) 遵循垂直结构而不是水平结构。因为垂直结构可以显示出不同的意义单位。7) 使用一个 15cm×20cm 的速记员的记事本；避免纸张松动；只在纸张的一侧书写；用一支好的老式铅笔。

总之，笔记应该具有易读性。如果过后看不懂，那么笔记就没用了。然而，笔记本质上是个人化的。试着创建一套自己个性化的笔记方法，而不要盲从于他人。更重要的是，要保持记忆和笔记的动态平衡，尽量减少对笔记的依赖。笔记确实有助于口译，但只是次要的。实际上，整个信息很大程度上取决于记忆而不是笔记。笔记只是用来辅助大脑记忆的。

Gile[①] 提出"口译包括用目标语表达、同时或交替传达源语信息的确切含义以及对说话者语气的保留"。口译的标准是思维敏捷、准确和流利。准确性是口译的基石。思维敏捷是口译的生命，因为你必须在三秒内开始口译，否则观众不会信任你。流利是高质量的标志。想要成为出色的口译员，我需要做的还有很多。

6. 结论

随着经济的发展和全球化的不断深入，不同民族间的口译变得越来越重要。因此，口译研究具有重要的价值。应当强调的是，口译交流不仅仅是表达信息，还是一种特定的为人类翻译信息的交流策略。从专家的专业术语，到日常用语，都可以通过口译来翻译。

根据 Gile 的认知理论和模型，在口译训练中，教师应该让学生认识到外语学习实际上是为了表达和交流而通过语言加工传递的信息进行的分析。与语言学习的结果相比，其学习过程对学生更为重要。语言学习是一个动态过程，要求学生积极参与，从而调动和激发他们的学习能力，提高语言和信息的综合认知能力。

为了提高口译质量，本节已经对口译中记忆分配进行了系统的研究，希望能为其他译员提供有用的建议。本节先是对口译和 Gile 模式进行了概述。主要部分是口译中记忆分配理论，并就如何提高记忆力和如何记笔记提出了建议。

当然，本节也具有局限性。第一，例子的客观性有待提高。第二，缺乏足够数据来证明有关论述。最后，由于能力和时间有限，某些分析还不够深入和完整，未来仍需要进一步的研究。

---

① Gile，D. Basic theoretical components in interpreter and translator training [J] . In Dollerup, C. and Loddegaard，A. (eds)，1992：185 - 194.

第二节　口译中的工作记忆

1. 绪论

工作记忆（WM）是由认知心理学家 Baddeley 和 Hitch 在 20 世纪 70 年代共同提出的一种深层记忆的处理系统。Franz[①] 提出有一个容量有限的注意系统（即"中央执行系统"）控制着两个子系统，一个是"语音回路"，另一个是"视觉空间面板"。与以信息存储为主的短时记忆（STM）不同，工作记忆同时负责着信息存储与加工的双重任务，它提取信息并将其传输至长时记忆（LTM）。

鉴于工作记忆在认知过程中的重要性，它在理解语言、解决问题、推理和学习等方面也发挥着重要的作用。自从提出了工作记忆的概念，关于其本质、结构、功能和运行模式的研究和探索日益活跃。许多模型都基于 Baddeley 提出的假设，如 Cowan 提出的嵌入加工模型（the embedded process model）以及 Ericsson 和 Kintsch 的"熟练记忆"（the "skilled memory"）理论。此外，随后又提出了三种最新的处理同声传译（SI）和工作记忆相互关系的模型。与此同时，这些模型也为工作记忆的理论分析、实证验证及其与同声传译的关系提供了新的视角和观点。而工作记忆的应用也扩大并渗透到了认知心理学、心理语言学、人工智能等众多科学领域。

张威[②]发现在这些研究和试验中，人们对工作记忆容量及其发展潜力的关注和兴趣不断，对在工作记忆空间有限的前提下工作记忆容量的分配和协调也存在争议。同时，考虑到口译的高要求，特别是由于同声传译（SI）在理解和传达上的实效性和同时性，同传已经成为众多研究者关注的重点。而对于交替传译来说，记笔记和信息传送的延迟会干扰甚至阻碍对口译和记忆之间相互作用的评估，这也就是交传没那么受欢迎的原因了。

---

① Franz Pochhacker. Introducing interpreting studies［M］. Shanghai：Shanghai Foreign Language Education Press，2009.

② 张威. 同声传译工作记忆模型研究［J］. 解放军外国语学院学报，2012：67 – 71.

　　因此，自 20 世纪 60 年代以来，工作记忆与同声传译之间的关系被广泛研究，引起了各领域学者的极大关注。Maria[①] 发现，他们尤其热衷于找出发音抑制（articulatory suppression）对默读（subvocal vocalization）的影响——一个深入处理信息和长时记忆的关键过程。换句话说，缺乏公开演示（overt rehearsal）是否会阻碍同声传译中的检索和推理，且导致几乎没有时间演示及从长时记忆中提取信息。工作记忆对帮助或破坏口译过程所起的实际作用，以及在扩大或适当分配工作记忆容量方面建立实用模型的可能性，一直都吸引着国内外心理学家和语言学家。然而，尽管中西方学者都强调口译员的基本技能和素养，但他们在工作记忆的研究领域有着显著的区别。具体来说，前者更注重概念引入和理论论证，将分析建立在真实口译中的记忆技能和教学活动的基础上，而后者则强调实证研究的重要性，通过设计实验来验证其理论结果。这一差异也为我国今后的研究和本节的实例分析提供了依据。

　　本节将先总结国内外学者对"口译中的工作记忆"的相关研究，分析其优缺点，并根据理论指导概括在实证研究中已取得的成果。然后再展示一些著名的理论和模型，尤其是 Baddely、Cowan 以及 Ericsson 和 Kintsch 等人的模型。是他们开创和发展了工作记忆理论。尽管他们的研究重点和研究领域不同，但都对指导研究工作起到了重要作用，也为本节的应用奠定基础，为相应的设计、程序和讨论提供科学依据。最后，我们将进一步检验和分析 Yeh-Zu Tzou 等人[②]针对受过一年或两年正式口译培训的学生译员和 16 个未经培训的双语对照组进行的实证研究。Franz[③] 提出他们的研究旨在通过对被试进行数字广度和阅读广度测验，探究"学生口译员和双语控制组口译训练和语言水平（被认为与训练无关）在工作记忆容量和同传表现间的关系"。同时也引入了其他学者（如张威）的研究，以揭示他们所得研究结果的差异。

---

　　① 　Maria Teresa Bajo. Articulatory suppression in language interpretation：Working memory capacity, dual tasking and word knowledge [J]. Bilingualism：Language and Cognition，2005：207 - 219.

　　② 　Yeh-Zu Tzou，Zohreh R. Eslami，Hsin-Chin Chen，Jyotsna Vaid. Effect of language proficiencyand degree of formal training in simultaneous interpreting on working memory and interpreting performance：Evidence from Mandarin-English speakers [J]. International Journal of Bilingualism，2011：213 - 227.

　　③ 　Franz Pochhacker. Introducing interpreting studies [M]. Shanghai：Shanghai Foreign Language Education Press，2009.

2. 相关研究

Gile[1] 研究发现，工作记忆影响到同声传译的各个方面，包括加工输入语言并将其传输到负责控制和传达目的语的"中央执行系统"的存储中。然而，同声传译和工作记忆之间真正的工作机制还尚未确定，因为 Bajo、Padilla & Padilla[2] 收集的研究结果证明了发音抑制的破坏性甚至是毁灭性的影响，使得工作记忆在同声传译中起的作用的相关理论站不住脚。然而，在 Baddeley[3] 最近的文章中，他驳斥了这一观点，并指出发音抑制（AS）的效果有限，只能将听觉记忆的跨度从 7 位数减少到 5 位数。但是，除了关于发音抑制在阻止信息提取与回忆方面的抑制作用的争论与矛盾，研究人员还希望找出同声传译的正式训练能在多大程度上提高对多种认知资源的协调与控制效率。相关研究还包括 Liu[4] 进行的大规模研究，其突出了增强译员工作记忆能力的必要性。在阐述了重点研究的基础上，本节也提出了一些具体的实验及其研究结果，并对其进行了比较和分析，以展示在这些领域取得的成果。

Darò[5] 通过对三名口译训练初期的译员和五名高级译员进行的"复杂听觉前景化实验"结果的评估，得出了同声传译对增强短时记忆有着直接影响的结论。Franz[6] 发现，在他 2000 年的研究中，Bajo 等人通过对专业译员、见习译员和其他领域的专家的数字和短语广度的研究，探索了工作记忆和语言能力间关于用词选择和词汇分类的相互作用。通过调查发现，译员在发音抑制条件下的工作记忆

① Gile, Daniel. Conference interpreting as a cognitive management problem [C]. London/Thousand Oaks/New Delhi: Sage, 1997: 196 - 214.

② Bajo, M. T., Padilla, F., & Padilla, P. Comprehension processes in simultaneous interpreting. Amsterdam: John Benjamins Publishing Company, 2000: 127 - 142.

③ Baddeley, A. D. The episodic buffer: A new component of working memory [J]. Trends in Cognitive Sciences, 2000: 417 - 423.

④ Liu, M. Expertise in simultaneous interpreting: A working memory analysis [D]. Unpublished doctoral dissertation, The University of Texas at Austin, 2001.

⑤ Darò, Valeria and Fabbro, Franco. Verbal memory during simultaneous interpretation: Effects of phonological interference [J]. Applied Linguistics, 1994: 365 - 381.

⑥ Franz Pochhacker. Introducing interpreting studies [M]. Shanghai: Shanghai Foreign Language Education Press, 2009.

测验中表现较好。但是，Ingrid[①] 指出，Christoffels，de Groot，和 Waldorp[②] 发现，荷兰—英语口译员在词汇、阅读和口语广度方面的表现确实优于未经培训的双语学生，但却只在记忆任务方面优于英语教师。因此他们得出结论：是语言能力而不是认知资源在口译中比工作记忆发挥着更大的作用。Padilla[③] 等人在 2005 年将新的实验对象融入了他们的研究中，即具有较高工作记忆能力的心理专业学生，并将他们在阅读广度测试中的表现与专业译员和非双语专业人士进行了比较。研究结果表明，高工作记忆广度不一定决定着信息加工的效率和准确性，因为他们在回忆词汇和非词汇时会受到发音抑制更大的不利影响。Franz[④] 称，他们通过让四组被试者（训练有素的译员、低年级口译学员、高年级口译学员和双语对照组）完成标准任务，再次证明了其 1995 年得出的结论，即"训练有素的口译员能够更有效地控制受同时发声影响的注意力资源分配"。

此外，Franz[⑤] 还指出，刘敏华于 2001 年测试了 36 名汉语母语被试者的听力跨度和翻译由 20 个"关键句"和附加句组成的英语文本的能力，得出结论：专业口译员不具备更大的工作记忆容量，但语义处理技巧更好，注意力资源的分配和控制效率更高。另外，Köpke & Nespoulous 和 Liu & Schallert 分别在 2004 年和 2006 年用专家—新手方法进行了两次调查。在 Liu 的研究中，他以 11 名专业口译员和 22 名口译学生的对比为重点，发现了那些受过更多训练、有着更多实践经验的专业口译员有着更好的判断力，对基本意义的翻译也更加精细。他们补充说，由于这两组人在听力跨度试验中的表现相似，所以所得结论是因为专业口译员在特定领域使用口译技巧的效率更高，而不是由其工作记忆能力更强而导

---

① Ingrid K. Christoffels，Annette M. B. de Groot，Judith F. Kroll. Memory and language skills in simultaneous interpreters：The role of expertise and language proficiency [J]．Journal of Memory and Language，2006：324 - 345.

② Christoffels，I. K.，de Groot，A. M. B.，&. Waldorp，L. J. Basic skills in a complex task：A graphical model relating memory and lexical retrieval to simultaneous interpreting [J]．Bilingualism：Language and Cognition，2003：201 - 211.

③ Padilla，F.，Bajo，M. T.，&. Macizo，P. Articulatory suppression in language interpretation：Working memory capacity，dual tasking and word knowledge [J]．Bilingualism：Language and Cognition，2005：207 - 219.

④ Franz Pochhacker. Introducing Interpreting Studies [M]．Shanghai：Shanghai Foreign Language Education Press，2009.

⑤ ibid.

致的。然而，Köpke 和 Nespoulous[①]针对法英专业口译员和双语非译员进行的试验表明，两组在工作记忆、语音和语义任务方面的表现几乎不存在差异，专业译员仅在语义分类上表现更好。相反，Stavrakaki[②]等人的调查却指出，口译员在语义处理能力和记忆能力方面要优于其他语言能力较高的被试者。

同样值得一提的是，Franz[③]指出，Shelesinger 在 2000 年对 16 名英语—希伯来语专业译员进行的调查研究中证实，不仅信息加工、存储和产生的同时进行对同声传译提出了极强的要求，源语的语言结构也会对翻译的保留和再现产生影响。因此，他认为记忆负荷会随着单词的长度和源语表达速度的变化而变化，并假设翻译中的表现不佳是由时间差带来的"未演示记忆"的更大损失造成的。

综上所述，研究结果的分歧在于同声传译的正规训练或经验是否对工作记忆容量或其协调分配能力有影响。此外，有些研究结果在决定哪个因素对同传效果产生更大影响方面甚至持对立观点。更好的工作记忆能力是源于大量的实践，还是源于能产生更高回复反应、提供即时资源的"特定领域技巧"？差异可能是由于在不同方面评估工作记忆采取的方法不同，如 Teresa[④]提出的"用发音速率（测量默读发音）和非词复述任务评估语音工作记忆。用线索回忆测试评估独立于语义信息的语音回忆（反之亦可）。用阅读广度测试评估复杂的存储与加工过程。"同时，Yeh-Zu Tzou[⑤]等人认为，处于不同层次的被试的类别、比较的标准和他们选择的语言以及有限的研究时间也会影响他们的研究结果。撇开他们的差异，他们通常强调同声传译训练与增强工作记忆能力之间存在相关性的可能性，以及通过加强同声传译训练来提高工作记忆资源分配和协调能力的重要性，反过

---

① Köpke，Barbara and Nespoulous，Jean-Luc. Working memory performance in expert and novice interpreters [J]. Interpreting，8 (1)，2006：1 – 23.

② Stavroula Stavrakaki，Kalliopi Megari，Mary H. Kosmidis，Maria Apostolidou & Eleni Takou. Working memory and verbal fluency in simultaneous interpreters [J]. Journal of Clinical and Experimental Neuropsychology，2012：624 – 633.

③ Franz Pochhacker. Introducing interpreting studies [M]. Shanghai：Shanghai Foreign Language Education Press，2009.

④ Teresa M. Signorelli. Working memory in simultaneous interpreters [D]. Dissertation，The City University of New York，2008.

⑤ Yeh-Zu Tzou，Zohreh R. Eslami，Hsin-Chin Chen，Jyotsna Vaid. Effect of language proficiency and degree of formal training in simultaneous interpreting on working memory and interpreting performance：Evidence from Mandarin-English speakers [J]. International Journal of Bilingualism，2011：213 – 227.

来也有利于同声传译的进行。他们还强调语言能力，避免过度关注工作记忆在同声传译中的作用。

3. 理论体系

3.1　工作记忆模型

（1）Baddeley 和 Hitch：多成分模型[①]

Baddeley[②] 等人提出的多成分模型表明，工作记忆处于中央执行系统的控制之下，该系统控制、协调和管理两个特定区域的附属存储系统，即保存语言和数字信息的"语音回路"和负责存储视觉和空间信息的"视觉空间面板"。在 2000年，Baddeley 又在成分里加上了情景缓冲区，用于解释长时记忆的接口和"相关串"的回忆。情景缓冲区是加工和整合信息的工作站。另外，语音回路还可进一步划分为语音储存和发音控制，前者关注语言信息，后者控制将视觉文本通过默读发音转化为发音文本的过程。然而，语音存储只能保持大约 2 秒，且工作记忆的成分间彼此相对独立。

自从构建了该模型以来，对它的研究大多集中在"语音回路"的重要性上，因为听辨、理解、存储、加工和传达是翻译成功再现的关键环节。但是，在近期的研究中，相关调查已经转为关注"执行控制系统"，并试图从神经心理学的视角理解同声传译。

（2）Ericsson 和 Kintsch：长时记忆模型[③]

与 Baddeley 等人揭示工作记忆的目标不同，Ericsson 和 Kintsch[④] 更关注功能层面，即他们旨在探讨工作记忆与下棋、医疗异常、阅读及理解等专门活动的相互关系。于是，他们提出了长时工作记忆（LM-WM），以解释专家存储的大

---

① Baddeley, Alan D. and Hitch, Graham J. Working memory [M]. New York: Academic Press, 1974: 47 – 89.

② ibid.

③ Ericsson, K. Anders and Kintsch, Walter. Long-term working memory [J]. Psychological Review, 1995: 211 – 245.

④ ibid: 93 – 114.

量信息、暂时分心后的记忆恢复、回忆信息更高的准确性，以及为专家扩大短时记忆的可能性。然而，他们的发现只适用于熟悉领域的专家，并且依赖于从长时记忆中提取信息。实际上，长时工作记忆更多的是对原始工作记忆模型的"添加而不是补充"，在许多研究领域都与之重叠。它处理了可以采取一系列长时记忆的专家们的具体情况。同时，该模型也没有将工作记忆和短时记忆分隔开来，因为基于他们的模型，"短时记忆中可以获得的特定检索线索"是追踪长时记忆的重要来源。

（3）Cowan：被激活的长时记忆[①]

Nelson Cowan 将工作记忆看作长时记忆的一个组成部分。他认为，长时记忆中项目的子集一旦被激活，就会以无意识的方式转化为工作记忆的内容。一旦这些项目进入了意识知觉，他们就会成为注意力的焦点。他将长时记忆分为层次结构。记忆进入注意焦点后，就会被激活，而激活的记忆本身就是长时记忆的一个子集，也就是说，激活并转移到注意焦点的记忆将由长时记忆转化为工作记忆。此外，注意力源自短时记忆中的刺激，但是，Cowan[②] 却进一步提出工作记忆受到了两种形式的限制，即时间限制和容量限制，前者将激活的记忆维持在 10－30 秒左右，后者如果不反复演示，就会将可维持的项目限制在 4 个左右。Oberauer[③] 在 Cowan 模型的基础上进行了研究，也深化和巩固了 Cowan 的模型。他们提出的控制注意力来源于工作记忆中的个体差异，负责目标保持、干预和努力的过程校对，进一步发展了 Cowan 模型的理论基础。他还提供了更多的实证结果来验证他的理论。

（4）三种模型的讨论

尽管后两种模型的理论基础来源于第一种，且他们有着许多共同的观点，但在工作记忆的三种模型中还存在许多分歧。具体来说，它们有三个主要区别。第一是他们对工作记忆的看法不同，即工作记忆是结构记忆还是功能记忆？Badde-

---

① Cowan，Nelson. Attention and memory：An integrated framework［M］. New York/Oxford：Oxford University Press，1995.

② ibid.

③ Oberauer，Klaus. Access to information in working memory：Exploring the focus of attention［J］. Journal of Experimental Psychology：Learning，Memory，and Cognition，2002：411－421.

ley 将工作记忆模型的组成部分视为独立的实体，强调认知的影响。但后两种模型的提出者则是从功能性和目的性的角度看待工作记忆，强调工作记忆是通过记忆中的短期保存来完成任务的，就像同传译员那样——在翻译后迅速丢失信息，并且难以回忆起相关内容。因此，后两者与专业研究联系密切，并试图对其进行合理的解释。第二，模型中执行控制的地位。Ericsson 和 Kintsch 在模型中显然忽视了执行控制，而更多地关注之前长时记忆中的存储和激活相关记忆以利于完成目标任务的适当刺激上。但对于 Baddeley 和 Cowan 来说，执行控制及其与处理过程中注意力的相互作用是优先考虑的问题。Cowan 认为，工作记忆直接关系到注意力的控制和信息的加工。同样地，Baddeley 也认为执行控制是短时记忆与长时记忆间负责协调与操纵的媒介，它的存在保证了其模型中各组成部分的相对独立作用及其模式的密切关系。最后，在工作记忆容量方面也存在分歧，包括工作记忆容量及其本质的局限性。根据 Baddeley 的说法，语音回路的时间限制约为 2 秒，且会根据发音速率的变化而变化。相反，Cowan 认为，工作记忆受到上述的双重限制。此外，Šárka[①] 指出为了激活长时记忆而处于激活状态的提取线索的项目和时间也尚未被定义。

3.2　工作记忆与口译

工作记忆理论及其相关模型在神经学、心理学、生物学、临床治疗等众多学科的研究中得到了广泛的应用。工作记忆与专业相结合的最突出的研究之一就是口译，尤其是同声传译，因为其工作机制是感知、加工与生成并行。为了阐述工作记忆与口译间的相互作用和相互关系，并对其有深刻的理解，人们建立了许多关于同声传译的认知模型，为这一领域的实证研究提供了有用的理论依据。然而，如上文所说，Šárka[②] 提出自 Baddeley 提出了多成分模型以来，支持该模型的口译研究者们一直倾向于过度强调工作记忆的存储功能，而忽视了它的执行功能。下面，几种关于工作记忆和同声传译关系的著名模型将被提出并进行分析和比较，成为今后案例分析的设计和实施的有效工具。

---

① Šárka TIMAROVÁ. Working Memory and Simultaneous Interpreting [J]. KULeuven, 2008: 1 - 28.

② Šárka TIMAROVÁ. Working Memory and Simultaneous Interpreting [J]. KULeuven, 2008: 1 - 28.

（1）同传和工作记忆加工模型

该领域的研究历史不长，因为工作记忆的概念是 20 世纪 70 年代才提出的，而第一个同声传译的认知模型在 Gerver① 提出相关概念不久后才出现。基于大量的口译员现场实验，Gerver 提出了一个有序的心理处理模型。关于源语的存储，他指出，在处理器忙于加工之前信息的同时，存在着一个开放的输入缓冲区，用于初始信息的引入和进一步加工。并且这个加工过程与长时记忆是不可分割的，需要从长时记忆中提取并积极应用适当的语言和语法知识。相应地，也有一个输出缓冲区，负责在有意识地选择和监控后产生已经处理的信息。尽管 Gerver 模型的实际功能尚不明确，但它是第一个将长时记忆与短时记忆结合起来的模型，提出了同时加工信息的两个缓冲区，并描述了工作记忆的概念。

（2）抽象记忆模型

Barbara Moser② 的模型详细说明并强调了生成抽象记忆（GAM）来代替工作记忆的作用。在此模型中，Moser 同时从结构和功能的视角看待工作记忆。生成抽象记忆的主要功能是存储处理过的文本块，用语言记录和转换文本。在执行这些功能时，生成抽象记忆与长时记忆和译语产出密切合作，以排除声觉感知与发音的干扰。她基本上将工作记忆等同于短时记忆，过于强调工作记忆在存储信息方面的功能。然而，与当时盛行的将短时记忆看作被动记录器的观点不同，她看到了通过短时记忆实施执行功能的可能性。

（3）Darò 和 Fabbro 模型

第三个值得一提的模型是由 Darò 和 Fabbro③ 提出的。他们将工作记忆和同声传译间相互作用的最新发现纳入了记忆心理学。从理论上讲，有两种存储器系统串联工作，即工作记忆和长时记忆。他们可以进一步划分为子系统。对于工作

① Gerver，David. A psychological approach to simultaneous interpreting［J］. Meta，1975：119 - 128.

② Moser，Barbara. Simultaneous interpretation：A hypothetical model and its practical application［M］. New York/London：Plenum Press，1978：353 - 368.

③ Darò，Valeria and Fabbro，Franco. Verbal memory during simultaneous interpretation：Effects of phonological interference［J］. Applied Linguistics，1994：365 - 381.

记忆，Darò 等人遵循 Baddeley 提出的关于发音系统和执行控制的工作记忆多成分模型。然而，在一定程度上又不同于 Baddeley 的提议，因为他们只把工作记忆看作源语（SL）信息的短时存储（temporal storage），同时也受到了目标语（TL）的影响。此外，该模型还提到了执行控制和在翻译中提出两个独立模块的必要性，但未曾提及执行控制的角色。

比较和对比三种模式的共性和差异，不难发现它们都强调了工作记忆在口译中的作用，但它们之间也存在着明显的差异。具体地说，首先，它们在概念的时间上有所不同。因为 Gerver 的模型诞生得很早，忽略了执行控制的作用，而后两个模型则有所提及，但第一个模型只强调了工作记忆的存储功能。第二，支持这些理论成果的实证研究是不同的。因为前两种模型（即 Gerver 和 Moser 的模型）从来没有在真实场景中进行实验和证明，它们仅仅是基于口译员的个人经验或教学研究。与此相反，Darò 和 Fabbro 的模型进行了广泛的实验，其效度也得到了验证。第三，分配给工作记忆的功能不同。Šárka[1] 认为在同声传译过程中，实际工作机制是不同的。尽管在翻译过程中也存在着如长时记忆、工作记忆和翻译机制等相似的影响因素，但在整个口译过程中，似乎只有 Moser 优先考虑工作记忆。

尽管这些理论和实证的先例研究或由于时间限制，或因为缺乏与其他学科的合作而存在局限性导致了其不完整，但它们都为未来研究的推进和创新提供了重要的线索。最重要的是，他们证实了工作记忆的存在，确立了工作记忆在口译中，尤其是在同声传译中的重要地位，强调了工作记忆的存储功能，假设了工作记忆在加工、传输和与长时记忆合作方面的巨大潜力，为未来该领域的充实和完善留下了空间。

4. 研究方法

评估和检查工作记忆的测量方法可以分为简单的广度任务和复杂的广度任务。简单广度任务主要考察工作记忆广度的大小，而忽略其他处理能力。其中，常见的有数字广度任务和字词广度任务，即向被试者提供一系列的数字或字母，并要求他们按照准确的顺序回忆所听到的内容，然后增加测试项目，直到被试无法继续回忆出正确的数字或单词。而复杂的广度任务则是要求被试者同时完成两

---

[1]　Šárka TIMAROVÁ. Working Memory and Simultaneous Interpreting [J]. KULeuven, 2008：1-28.

个任务，在回忆相关内容时，实验的主持者会让被试者进行复杂的处理和推理任务，如听力广度测验、阅读广度测验和计数广度测验。在典型的测量阅读广度的任务中，被试者需要阅读屏幕上的一行句子，并记住最后一个单词。同时，为了保证深层处理，被试者要大声朗读句子，并判断其正误。尽管如此，杨小虎[①]认为研究结果还是由于研究方法和研究对象的不同而存在差异。本节拟采用的案例研究是为了讨论同声传译中的工作记忆。这些研究是由 Yeh-Zu Tzou 等人和张威分别于 2011 年和 2009 年进行的。之所以选择它们，是因为这两项研究在研究问题、研究领域、所选材料和标准等方面表现出了很大的相似性。此外，由于它们在不同时间不同领域对不同对象进行了研究，因此有必要比较两者的研究结果，以验证其效度。

4.1　研究问题

Yeh-Zu Tzou[②] 等人和张威[③]提出了以下问题：同声传译是否会以及在多大程度上提高工作记忆广度？在决定同声传译成功的过程中，哪个因素起着更大的作用，是语言能力还是提高了的工作记忆广度？工作记忆和同声传译是什么关系？

4.2　参与者

Tzou[④] 等选取了 36 名讲中英文的学生参与了这项研究，20 人是口译专业的研究生。他们中有 11 人马上读完研一，9 人马上读完研二。剩下的 16 人是其他专业的学生。他们都精通英汉双语的使用和转换。

83 个人在 2009 年参与了张威[⑤]的研究。其中，大一新生 35 人，大二学生 35

①　杨小虎.工作记忆与同声传译实验研究综述［J］.外语教学理论与实践，2009：77－83.

②　Yeh-Zu Tzou, Zohreh R. Eslami, Hsin-Chin Chen, Jyotsna Vaid. Effect of language proficiency and degree of formal training in simultaneous interpreting on working memory and interpreting performance：Evidence from Mandarin-English speakers［J］. International Journal of Bilingualism，2011：213－227.

③　张威.工作记忆能力与同声传译效果的关系——一项基于中国英语口译人员的实证研究报告［J］.外国语文，2009：128－134.

④　Yeh-Zu Tzou, Zohreh R. Eslami, Hsin-Chin Chen, Jyotsna Vaid. Effect of language proficiency and degree of formal training in simultaneous interpreting on working memory and interpreting performance：Evidence fromMandarin-English speakers［J］. International Journal of Bilingualism，2011：213－227.

⑤　张威.工作记忆能力与同声传译效果的关系——一项基于中国英语口译人员的实证研究报告［J］.外国语文，2009：128－134.

人，均就读于北京外国语大学高级翻译学院口译专业。其余的 13 人为国家部委专职口译人员，有着 5 年以上的实践经验。

4.3　实验材料

（1）Yeh-Zu Tzou[①] 的研究

①工作记忆的测量

汉英两种语言参与者的工作记忆是根据口头的数字广度测验和阅读广度测验进行测量的。为了完成数字广度任务，先用一个在线的随机数生成器选择数字，再将所选数字按随机顺序排列，数字长度从 0 到 10 不等。而对于阅读广度，则采取 Daneman 和 Carpenter 发明的测试方法——一个针对工作记忆中个体差异的经典试验。同时，由 13 到 17 个词汇组成的英汉双语的句子将应用于该测验。其中，部分句子分别由英汉母语者撰写。

②语言能力测试

为了评估他们的语言能力，将引入三个衡量标准，包括托福分数、两种语言的阅读速度行为测量（尤其关注习语阅读速度）以及要求被试者对自己的语言能力（包括基本语言技能）进行自我评估。

③同声传译能力的测量

Tzou[②] 等用美国前总统比尔·克林顿发表的一个演讲来测量他们同声传译的能力。

（2）张威的研究[③]

相对而言，张威[④]利用阅读广度测验来评估工作记忆容量；根据"语言难度控制句"的传达效果来测量工作记忆的协调和分配能力；利用实际口译语篇完成

---

①　Yeh-Zu Tzou，Zohreh R. Eslami，Hsin-Chin Chen，Jyotsna Vaid. Effect of language proficiency and degree of formal training in simultaneous interpreting on working memory and interpreting performance：Evidence fromMandarin-English speakers［J］. International Journal of Bilingualism，2011：213 - 227.

②　Yeh-Zu Tzou，Zohreh R. Eslami，Hsin-Chin Chen，Jyotsna Vaid. Effect of language proficiency and degree of formal training in simultaneous interpreting on working memory and interpreting performance：Evidence from Mandarin-English speakers［J］. International Journal of Bilingualism，2011：213 - 227.

③　张威. 工作记忆能力与同声传译效果的关系——一项基于中国英语口译人员的实证研究报告［J］. 外国语文，2009：128 - 134.

④　同上。

同传任务，测量同传效果；利用 TOEFL 听力测量听力理解能力；利用语篇视译测量口译语言转换技能；利用相关背景知识测验，评估长时记忆中的信息储备。

4.4 步骤和数据

（1）Yeh-Zu Tzou 的研究

Tzou[①] 按照数字广度、阅读广度和同声传译的顺序独立安静地进行实验。对于数字广度，一系列中的数字的数量将逐渐增加到 10 的有限集合中。然后，在阅读广度测试中记下被试者可能记录的句子的最后单词数。另外，还要记录他们理解句子含义所需的时间。对于同声传译测试，将记录、分析和比较对 15 分钟演讲的口译。也将通过独立的 3 × 2 方差分析（ANOVAs）[②] 来实现数据的收集、比较和对比。

（2）张威的研究

为了处理研究结果，张威[③]先采用人工分析排除不符合测试要求的数据，然后根据研究目的，引入 SPSS[④] 进行数据的采集和分析。

在以上所列的研究问题、参与者、实验材料和程序与数据评分来看，这两项研究在关注点、实验对象和实验的实际实施上有很多的共性。除了上述测量工作记忆和其与同传相互作用的方法外，还有许多方法可供选择，例如，词汇检索、在线处理任务、图片命名、单词翻译、n-back 任务、无关语音信息（ISE）、注意力分散以及发音速率。根据不同的研究目的，它们都广泛地应用于同声传译中工作记忆功能的回顾与更新，也已经证明了它们在验证理论成果和实证研究方面的价值。

---

① Yeh-Zu Tzou, Zohreh R. Eslami, Hsin-Chin Chen, Jyotsna Vaid. Effect of language proficiency and degree of formal training in simultaneous interpreting on working memory and interpreting performance: Evidence from Mandarin-English speakers [J] . International Journal of Bilingualism, 2011: 213-227.

② Analysis of variance (ANOVA) is a collection of statistical models used to analyze the differences between group means and their associated procedures (such as "variation" among and between groups) . In ANOVA setting, the observed variance in a particular variable is partitioned into components attributable to different sources of variation.

③ 张威. 工作记忆能力与同声传译效果的关系——一项基于中国英语口译人员的实证研究报告[J] . 外国语文，2009：128-134.

④ SPSS Statistics is a software package used for statistical analysis.

5. 应用

5.1　Yeh-Zu Tzou 2011 年的调查研究

（1）实验

①同声传译中的正式培训对工作记忆的影响：阅读广度

Tukey 的事后检验结果①证实，受过正规培训的口译员的分数要高于其他专业的双语学生。

②同声传译中的正式训练对其效果的影响

正如预期的那样，Tukey 的事后检验证明了，长期训练的口译员比短期训练的学员表现更好，而经过短期训练的学员又优于业余人员。

③工作记忆广度与同声传译的相互作用

为了揭示工作记忆与同声传译的关系，采用了皮尔逊积差相关分析系数②，该系数支持同声传译与工作记忆正相关的观点，即增强的工作记忆有利于同声传译的效果。

④语言能力对同声传译效果的影响

运用方差分析对语言能力和同传效果间的关系进行了追踪，发现语言能力更强的人在同传效果上的得分较高。

⑤语言能力对工作记忆广度的影响

通过数字广度分析，发现语言能力更强的人表现更好，即证明了语言能力对提高工作记忆广度的价值。

（2）讨论

Yeh-Zu Tzou③ 等人得出了以下结论：

---

① In the design and analysis of experiments，post-hoc analysis consists of looking at the data—after the experiment has concluded—for patterns that were not specified *a priori*.

② In statistics，the Pearson product-moment correlation coefficient is a measure of the linear correlation (dependence) between two variables X and Y，giving a value between $+1$ and -1 inclusive，where 1 is total positive correlation，0 is no correlation，and -1 is total negative correlation.

③ Yeh-Zu Tzou，Zohreh R. Eslami，Hsin-Chin Chen，Jyotsna Vaid. Effect of language proficiency and degree of formal training in simultaneous interpreting on working memory and interpreting performance：Evidence from Mandarin-English speakers [J]. International Journal of Bilingualism，2011：213 - 227.

第一，通过句子阅读速度测试、同传效果测试和工作记忆广度测试，可以得出受过正规训练的口译员总体上表现更好的结论。另外，口译员的工作记忆广度比未经过正规训练的人要大。但也有证据表明，长期训练的口译员的工作记忆广度不大于初级口译员，其差异主要在长期训练的口译员的理解速度更快、同传效果更好。第二，在语言效率与同传和工作记忆广度的关系方面，发现语言能力的提高与工作记忆广度的扩大并不对应。第三，研究表明，更大的阅读广度或工作记忆广度有利于同声传译的效果，且阅读广度和同传质量呈正相关。

5.2　张威 2011 年的调查研究

（1）实验

①非认知因素对同声传译效果的影响

为了最大限度地消除非认知因素对同传效果的干扰，被试者的听力理解能力、语言转换能力和背景知识整合到了工作记忆和同传效果分析的协方差分析（ANCOVA）过程中。工作记忆广度与协调性和同声传译效果的相关系数（皮尔逊皮尔逊积差相关分析系数）均在 0.6 以上，说明两者之间存在较强的正相关。

②同声传译能力对同传效果的影响

张威[①]通过一元线性回归和多元线性回归分析，发现工作记忆广度更高的被试在工作记忆广度和协调性方面的同传表现更好。且工作记忆能力和同声传译效果之间存在着明显的因果关系。但是，研究发现，随着同传水平的提高，工作记忆广度对同传的贡献随之减少，而对高级口译员来说，在口译中工作记忆协调性比工作记忆广度起的作用更大。最后，工作记忆广度与协调性对不同被试的影响存在差异。因为与专业口译员相比，对于处于较低水平的译员来说，工作记忆广度的影响最大，而工作记忆协调性的影响最小。

（2）讨论

张威[②]得出以下结论：

首先，本节进一步证实了以往关于工作记忆广度在同声传译中的重要性的结

---

① 张威.口译认知研究：同声传译与工作记忆的关系［M］.北京：外语教学与研究出版社，2011.
② 同上。

论。从整体上看，工作记忆广度与同声传译有着显著的正相关。工作记忆与同声传译呈一元线性关系，即认知记忆更强的学生在同传中的表现更好。

其次，本节阐明了工作记忆广度与记忆协调性的具体作用和相互关系。随着同传训练时间和实践经验的积累，工作记忆广度变得越来越不重要。因此，工作记忆广度对初级口译员更重要，而工作记忆输入的协调性对高级口译员更重要。

再次，本节验证了工作记忆在语言处理中的作用。虽然研究表明，工作记忆决定了语言处理的准确性和效率，但工作记忆的个体差异在于其分配效率，而不是工作记忆的总量。

最后，考虑到同声传译工作机制的复杂性，即使已经尽可能地排除干扰，但在多种因素的影响下，几乎不可能只评估单个因素对同传的影响。因此，不能得出工作记忆广度或协调性是影响同声传译的最重要因素。

6. 结语

20 世纪 70 年代，Baddeley 和 Hitch 在建立多成分记忆模型时首次发现了肩负信息加工和存储双重责任的工作记忆。自其概念出现以来，就在许多研究领域，特别是心理学和神经学领域，引起了广泛的研究和争论。同时，由于再现时间的限制和对输入、处理、输出的高要求，针对工作记忆的工作机制进行了大量的理论和实证研究，以期在专业领域揭示工作记忆的功能。研究人员还一直想发现工作记忆只有存储功能，还是包括处理、感知、转换和连接整个长期记忆的功能，又或是不具有任何功能，因为发音抑制被认为阻碍了默读和随后资源检索与回忆的所有可能。同时，他们也希望确定同声传译训练是否能扩大工作记忆广度的潜在能力。以及假设工作记忆容量达到一定水平后就不会提高，那么是否能通过同传的专业训练使得工作记忆协调和分配能力更高。

本节在理论研究的指导下，对 Yeh-Zu Tzou 等人和张威对不同对象进行的两项相关调查进行了研究。Tzou 分别对大陆和台湾的学生进行了测试，而张威只针对大陆的职业译员和受训译员进行研究。选择这两个实验，是因为它们在研究方法、研究问题和研究对象上具有相似性，但它们的研究结果却存在着差异。Tzou 的结论是，在接受培训后，口译员的工作记忆广度的提高有限，因为经过两年培训的译员在这方面并没有比只培训了一年的译员更好，他们的提高只体现在了同传表现上。然而，他的研究也表明，对于语言能力较强的业余口译员来说，也可能达到与正式培训过的译员相似的工作记忆水平。同样，从张威的研究结果来看，工作记忆容量的增大对同声传译的表现有着积极影响。即工作记忆能力越强，同声传译效果越好。然而，这种影响在一定程度上是有限的。他进一步指出，更多的同传培训和实践经验在决定同传效果方面发挥着更大的作用，因为它们能提高译员工作记忆协调和分配空间的能力以及工作记忆容量。从与工作记忆和口译，尤其是同声传译的相互关系和相互作用相关的实证研究和理论研究，可以看出，工作记忆能力对口译效果的影响，以及尽管工作记忆确切的工作模式一直存在争议，但确实是存在，且不能被低估的。由于对工作记忆的研究始于20世纪70年代，且研究方法有限，因此在进一步建立工作记忆理论基础和验证实证实验方面仍存在着很大空间，鉴于工作记忆在同声传译中的特殊功能，针对工作记忆与同传的讨论仍然颇有意义且影响深远。

第三节 口译信息选择认知

概要：口译活动中的信息加工是复杂的，其基本运行机制已经被口译从业人员、认知语言学家和心理学家所揭示。工作记忆，作为一种容量有限的认知系统，负责着信息的暂时存储，使得信息加工成为可能。至于信息加工机制，两个重要理论分别从宏观和微观两个层面对其进行了解释。一个是以巴黎学派为代表的释意理论，核心是提倡"脱离源语语言外壳"。另一个则是图式理论，它解释了源语（SL）自下而上的输入和目标语（TL）自上而下的输出。虽然信息选择的结果可以看作是目标语的信息重构，但到目前为止，其时间起点仍存在着争议。主要有三种相关论点为此提供了解释，即串行加工观，并行加工观和非对称有限并行加工观。

1. 绪论

随着全球化和全球本土化的发展，尤其是"一带一路"的推进，跨语言交流几乎无处不在。因此，实现跨语言交流的口译员在我们的生活中发挥着越来越大的作用。众所周知，口译活动需要高度专业化的技能。虽然像科大讯飞（iFly-tek）这样的公司已经发明出了口译机，但事实证明，现有的口译机器并不能代替真实的口译员。这主要是因为口译不仅仅是代码转换，相反，它涉及着密集而又复杂的认知活动。只有深入探索"黑匣子"（大脑）的运行机制，才能更好地了解口译活动，从而在未来开发出更完善、更高效的口译机。

我们"黑匣子"中的信息记忆、信息加工和信息重构机制非常复杂，所以不仅需要口译员和口译学者的努力，还需要认知语言学家、心理语言学家和神经科学家等的共同努力。本节试图通过以往相关研究的分类和分析，找出我们大脑中的信息选择机制，为今后的口译研究提供有用的参考。

王建华[①]认为，口译可以大致分为几个阶段，包括信息接收、信息记忆（包括记笔记）、信息理解和信息再现。需要注意的是，这里收到的"信息"指的是译员需要口译的信息，主要是听觉和视觉信息。信息记忆过程的重点是在我们的大脑中是如何保存和存储信息的。信息理解处理的是信息"脱离源语语言外壳"变成意义的过程。最后，信息再现过程主要是对目标语言中源语信息的意义进行编码。本节将探讨信息记忆、信息加工和信息再现的选择机制。在此基础上，提出了以下问题：

（1）如何选择性地记忆信息？

（2）如何选择性地加工信息？

（3）如何选择性地重构信息？

2. 相关研究

虽然几千年前就存在口译活动，但在一开始很少有关于此的科学研究。长期以来，口译研究很少受到重视。直到 20 世纪 50 年代，它才开始被视为一门独立的学科。王非[②]提到中国的口译研究比西方国家起步晚。从 2000 年开始，中国教育部才将"口译课"纳入英语专业本科生的必修课。从那时起，我国的口译研究和教育都取得了重大成就。随着全球化和全球本土化的发展，无论是个人层面、群体层面还是国家层面，跨语言交流都越来越普遍，而笔译和口译对这种交流是必不可少的。

在翻译研究领域，口译可能是最难研究的。因为口译中使用的语言是以听觉

---

① 王建华. 口译认知研究［M］. 北京：外文出版社，2015.

② 王非. 口译过程研究：记忆机制与信息加工模型［M］. 北京：科学出版社，2017.

的形式承载的，所以几乎没有可供参考的历史资料。与笔译不同，在口译活动中，译员需要在很短的时间内在且没有任何额外帮助的情况下对两种语言进行转换。口译是一个复杂的过程，根据译员的工作方式，口译可以分为同声传译和交替传译。王建华①认为口译过程可以分为信息接收、信息记忆（包括记笔记）、信息理解和信息生成。在以往的研究中，大多重视口译实践和技巧的研究。现如今，在语言学、心理学、哲学等领域探索口译机制的研究越来越多。

记忆作为一种基本的认知能力，几乎参与了所有的认知活动，在我们的生活、学习和工作中起着重要的作用。张发勇②认为记忆（工作记忆和长时记忆）在要求高水平的中介语和跨文化认知能力的口译活动中也有着重要影响。记忆和口译的相关研究大多是关于记忆模型和记忆能力的。传统上来说，记忆分为感觉记忆、短时记忆和长时记忆，而王厚平、郑雨轩和徐海铭③却提到，Baddeley 和Hitch 提出了由中央执行系统、语音回路和视觉空间面板组成的"多成分工作记忆模型"。之后在 2000 年，Baddeley 在此基础上又增加了另一个成分，即情景缓冲区，使模型更加完整。口译实践证明，工作记忆容量是有限的。许多研究，特别是心理学领域的研究，都是为了探索记忆的容量。毛伟宾和杨治良④提出，1996 年，Miller 发现，年轻人的短时记忆容量约为 7 个组块；2001 年，Cowan发现，年轻人的工作记忆容量约为 4 个组块，而儿童或老年人的工作记忆容量较小。之后包括 2003 年北京大学进行的实验在内的大多数研究也支持 Cowan 的观点。王建华⑤提到，王非（2017）认为研究口译的认知加工机制主要采用两种研究范式，包括以巴黎学派学者为代表的人文研究范式和以认知心理学和神经科学为核心的自然科学范式。前者主张用定性和反思的方法来研究口译的认知过程。由 Seleskovitch 和 Lederer 于 1992 年提出的达意理论，又称释意理论是人文研究的主要代表性成果。王非⑥认为根据该理论，将源语转化为目标语有两种方式，即脱离源语语言外壳和代码转换法或基于内容和基于形式的方法。从微观角度

① 王建华. 口译认知研究［M］. 北京：外文出版社，2015.
② 张发勇. 从认知心理学看长时记忆和工作记忆在口译理解中的作用［J］. 外语电化教学，2010 (5)：74-79.
③ 王厚平，郑雨轩，徐海铭. 工作记忆应用于口译研究综述［J］. 外语研究，2017 (5)：70-74.
④ 毛伟宾，杨治良. 工作记忆容量研究新进展［J］. 心理科学，2008 (3)：741-743.
⑤ 王建华. 口译认知研究［M］. 北京：外文出版社，2015.
⑥ 王非. 口译过程研究：记忆机制与信息加工模型［M］. 北京：科学出版社，2017.

看，心理语言学家普遍采用图式理论来解释信息加工机制。Carrell & Eisterhold① 认为根据图式理论，口译过程的指导原则是：每次输入都是在给现存图式提供信息，且该图式的各个方面都要与输入信息兼容。图式有三类，包括语言图式、内容图式和形式图式。这一原则产生了两种基本的信息加工方式，即"自下而上"和"自上而下"。自下而上的加工是由输入的数据引起的，因此也被称为数据驱动，这就解释了信息输入机制。而自上而下加工也称为概念驱动，则是负责信息输出。

而其他学者则十分重视口译研究的科学方法，提倡开展认知心理学实验和神经科学实验，探索口译的加工模式。如串行加工模式 Dong，2010；2011；2015、Macizo & Bajo② 和 Dong & Lin③ 提出的并行加工模式以及董燕萍④和王非⑤提出的非对称有限并行加工模式是他们主要的关注点。

3. 口译信息记忆

3.1 工作记忆

"工作记忆"的概念最早由 Miller、Galanter 和 Pribram 于 20 世纪 60 年代提出。起初，"工作记忆"被当作"短时记忆"的同义语，但 Aben，Stapert 和 Blokland⑥ 却认为它们是两种不同的记忆形式，工作记忆可以处理存储的信息，而短时记忆仅指信息的短时存储。1974 年，Baddeley 和 Hitch 引入了工作记忆的多成分模型。从那时起，"工作记忆"开始作为一个独立的研究对象，在认知科学领域取得了许多成就。有些学者认为工作记忆是认知加工过程的一部分，而不是记忆的一部分。有些学者则认为工作记忆是控制和规范认知行为的系统。但

---

① Carrell. P. L. ，Eisterhold，J. C. Schema theory and ESL reading pedagogy［J］. TESOL Quarterly，17（4），1983：553－573.

② Macizo，P.，Bajo，M. T. Reading for repetition and reading for translation：do they involve the same processes？［J］. Cognition，2006（99）：1－34.

③ Dong，Y. P. & Lin. J. X. Parallel processing of the target language during source language comprehension in interpreting［J］. Bilingualism：Language and Cognition，2013，16（3）：682－692.

④ 董燕萍. 交替传译中的语言转换心理机制：非对称有限并行加工模型［J］. 中国英语教育，2010（4）：1－11.

⑤ 王非. 口译过程研究：记忆机制与信息加工模型［M］. 北京：科学出版社，2017.

⑥ Aben. B. Stapert. S.，Blokland. A. About the distinction between working memory and short-term memory［J］. Frontiers in Psychology，2012（3）：1－9.

有一种观点他们达成了一致，即工作记忆有存储和加工信息的功能。最常见的模型是 Baddley 和 Hitch 于 2000 年提出的由语音回路、视觉空间面板、情景缓冲区和中央执行系统组成的多成分工作记忆模型。如下所示：

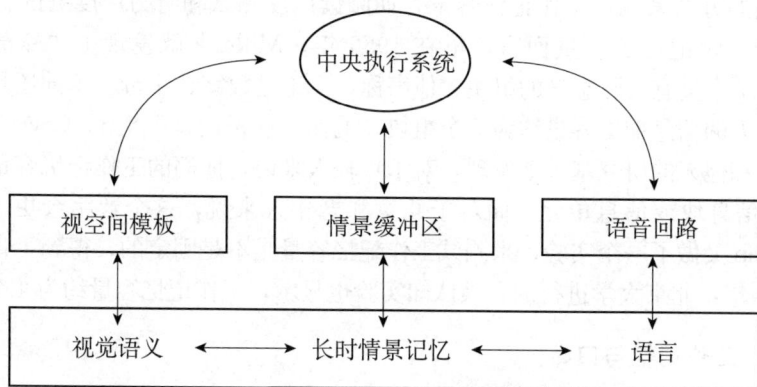

```
                        ┌─────────────┐
                        │  中央执行系统  │
                        └─────────────┘
        ┌──────────┐    ┌──────────┐    ┌──────────┐
        │ 视空间模板  │    │ 情景缓冲区  │    │ 语音回路  │
        └──────────┘    └──────────┘    └──────────┘
   ┌──────────────────────────────────────────────────┐
   │   视觉语义    ←→    长时情景记忆    ←→    语言        │
   └──────────────────────────────────────────────────┘
```

图 4.1 工作记忆模型 (Baddeley & Hitch, 2010)

整个语音回路处理声音或语音信息。它由两部分组成：有着会快速衰减的听觉记忆痕迹的短时语音存储部分以及可以恢复记忆痕迹的发音演示部分。许多实验表明，语音是语言理解的必要条件。相关的视觉空间面板用来保存可供加工的视觉信息。研究发现，视觉空间面板可以与语音回路同时工作，以处理听觉和视觉刺激，而任何一个处理过程都不会影响到另一个的效果。情景缓冲区是一种容量有限的被动系统，专门用于跨域连接信息，以形成具有时间序列的视觉、空间和语言信息的集成单元，如故事和电影场景的记忆。情景缓冲区也被认为与长时记忆和语义意义有关。中央执行系统是模型的核心。它协调着各成分之间的资源分配，并与长时记忆建立了联系。张明和沈毅[①]认为中央执行系统在语言理解中的作用体现在两个方面：一个是在一段时间内保持和激活信息；另一个是抑制无关信息。

3.2 工作记忆的容量

工作记忆容量通常被认为是有限的。也就是说，当认知活动对工作记忆容量的需求超过其上限时，其加工能力和存储能力将减弱到工作记忆容量允许的范围内。因此，工作记忆容量不同的个体在信息处理和存储方面表现出速度和准确性

---

① 张明，沈毅. 工作记忆与理解关系的研究和展望 [J]. 东北师范大学学报（哲学社会科学版），2002（2）：121-127.

的差异。在这里，将介绍两个关于容量限制的重要假设。第一个是衰减理论，认为工作记忆的容量会随着时间而衰减。另一个是资源理论，认为工作记忆容量是一种有限的资源，必须同时在所有需要保持的表现形式间共享。众多研究人员设计了不同的方法来测量工作记忆容量，如阅读广度测试和听力广度测试。

对于短时记忆的容量而言，早在 1956 年，Miller[①] 就发现了"神奇的数字 7"，意为 7 个具有实际意义的组块。他声称，无论是数字、字母、单词还是其他元素，年轻人的信息加工容量约为 7 个组块。毛伟宾和杨治良[②]指出，Cowan 于 2001 年在自己和他人的研究基础上发现，对于年轻人来说，他们的工作记忆容量大约是 3 到 5 个信息块或信息单元，而对于儿童和老年人来说，这个数字会更小。2004 年，Cowan 又做了一个实验，来测试工作记忆容量是不是固定的，得到了肯定的结果。2003 年，北京大学进行的一项认知实验也显示，工作记忆容量约为 4 个组块。

3.3　工作记忆与口译

在进行口译时，译员需要立即对一系列信息进行加工，因此译员应具有较高的短时记忆水平。20 世纪 60 年代以来，语言信息的记忆能力和口译质量一直是人们关注的焦点。众所周知，短时记忆的质量对口译效率有着很大的影响。相反，只有有了短时记忆的帮助，长时记忆——储存在译员脑中关于口译主题的背景知识才得以发挥作用。人们认为，记忆系统越来越受重视，不仅因为它具有自然短时记忆，还因为它有存储和加工信息的能力，即工作记忆。因此，短时记忆称为了口译研究者，特别是研究同声传译的学者的主要研究对象。

在研究同步传输对工作记忆的影响时，最常用的方法是利用工作记忆广度的多种工具来测量译员的工作记忆能力。同时，将同声传译与交替传译、视译、影子练习和其他语言加工活动，如听力理解、阅读等做比较，以判断记忆效果并做出各种解释。张威[③]证实了英汉同传中工作记忆压力大于汉英同传；工作记忆对英汉同传效果的影响大于汉英同传；同传经验越丰富，工作记忆对不同方向同传的影响差就越小。

王厚平、郑雨轩和徐海铭[④]认为，大多数关于工作记忆的研究都采用了"工

① Miller. G. A. The magic number seven plus or minus two: Some limits on our capacity for processing information [J]. The Psychological Review, 63 (2), 1956：343 - 352.

② 毛伟宾，杨治良. 工作记忆容量研究新进展 [J]. 心理科学，2008 (3)：741 - 743.

③ 张威. 工作记忆能力与同声传译效果的关系——一项基于中国英语口译人员的实证研究报告[J]. 外国语文，2009：128 - 134.

④ 王厚平，郑雨轩，徐海铭. 工作记忆应用于口译研究综述 [J]. 外语研究，2017 (5)：70 - 74.

作记忆广度测试＋口译测试"的范式，并没有人们想的那么合理。首先，口译工作记忆容量的测试方法不够准确。有的研究选择阅读广度试验来测量译员的工作记忆容量，有的研究则用听力广度试验。因此，他们主张采用一种标准的工作记忆容量测量方法，其次，这种范式的信度和效度受到了质疑。他们认为同传中的信息与阅读广度和听力广度试验中的信息有着很大的不同。因此，在以后关于工作记忆和同声传译的研究中，应该参考更为规范、科学的测量方法。并且需要进行更多的研究，以探寻工作记忆在交替传译中是如何运行的。

4. 口译信息加工

4.1 释意理论

（1）三角模型

张吉良[①]提到在口译研究的历史上，1952 年，Jean Herbert 首次将口译结果研究转向口译过程研究。他把口译过程分为三个子过程，即理解、转换和表达。但他关注的是语言转换和口译技能，而没有提到译员的认知。在那之后，通过比较直译和反思性翻译，她指出反思性翻译更具有灵活性，敢于去语言化。在后来的研究中，她和她的学生 Lederer 教授通过将口译过程描述为一个包括脱离源语语言外壳和再表达的三角结构，重新强调了 Seleskovitch 的观点。其中，脱离源语语言外壳是这一观点的核心。在第一阶段，通过对源语信息的听辨和分析，译员将重点放在对源语的理解上。在第二阶段，译员会忘记语言符号的结构和形式，从而记住语言所承载的意义。第三阶段，译员将在前两个阶段的基础上以另一种语言的形式重新表达意义。这一理论被后世学者称为释意理论，其三角模型如下：

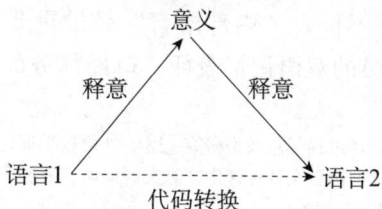

---

① 张吉良. 巴黎释意学派口译过程三角模型研究 [J]. 外语教学理论与实践，2011（2）：74 - 80.

张吉良①认为，释意理论（又称达意理论）包含了几个假设。第一，在释意理论下，口译是一种有人的思维参与、受译者因素影响的心理活动。第二，口译的对象是讲话的意义，而非承载意义的语言外壳。第三，口译是一个意义的理解与再表达过程，同时伴有在语言组合结构相似的情况下从一种语言符号直接转换为另一种语言符号的代码转移活动。第四，语言和思维是可以分离的，意义的理解不需要语言符号的介入，即在认知系统的参与下，译员对源语讲话进行解码，并将包含的意义与语言符号分离。尽管释意理论有其局限性，但它确实加速了口译过程研究，尤其是认知视角的口译过程研究。高璐璐和朱云翠②认为，释意理论突破了语言学范式的束缚，将口译研究扩展到了认知和概念研究。

（2）脱离源语语言外壳

在观察职业译员时，Seleskovitch 注意到，译员在听到较长讲话后通常记不住所有的单词，但只要他们能理解讲话的内容和意义，就能顺利而准确地译出源语信息。释意理论认为，口译过程不仅仅包括简单的代码转换，还包括一个特殊的非语言过程。在这个过程中，讲话的意义可以被存储并加工，而语言符号却不能。只要能有意识地、正确地抓住这种意义，就能以任何语言形式再现源语信息。作为释意理论的核心概念，"脱离源语语言外壳"假说引起了众多学者的关注。一些学者认为，对"脱离源语语言外壳"概念产生质疑的主要原因在于，Seleskovitch 和 Lederer 一开始并没有对这一过程给出科学而合理的解释。因此，国内外学者都尽力去研究"脱离源语语言外壳"是否存在，如何解释这一现象以及"脱离源语语言外壳"的影响。

1994 年，Isham 通过心理试验发现，与将英语翻译成美国手语相比，译员完成法译英口译后对语言形式的记忆较差，但结果并不能直接验证"脱离源语语言外壳"的存在，因为语音干扰也可能导致语言形式记忆的差异。鲍刚③发现，在"脱离源语语言外壳"之后，记忆中的言语意义是以浓缩的"内部语言"的形式存在的。与"外部语言"不同，"内部语言"是最重要的表达载体之一。陈雪梅④（2013）认为，口译员的双语记忆表征、口译任务的难度、源语语言信息的

---

① 张吉良. 巴黎释意学派口译过程三角模型研究［J］. 外语教学理论与实践，2011（2）：74-80.
② 高璐璐，朱云翠. 从释意理论看交替传译中"意义脱离语言外壳"现象［J］. 东北师范大学学报（哲学社会科学版），2013（6）：177-180.
③ 鲍刚. 口译理论概述［M］. 北京：旅游教育出版社，1998.
④ 陈雪梅. 双语记忆表征视域下的"脱离原语言外壳"［J］. 上海大学学报（社会科学版），2013（3）：129-140.

类型以及口译的经验都会影响到"脱离源语语言外壳"这一步骤。王建华①通过对专业口译员口译活动的分析发现，由于"脱离源语语言外壳"的存在，译员在真实的口译活动中普遍使用省译、增译和句型转换法。

4.2　图式理论

德国心理学家和哲学家 Kant 早在 1781 年就宣称，只有当新信息、新概念和新思想与个人已经知道的事物相关时，它们才具有意义。所以他提出了"图式"的概念。他认为，我们大脑中的"图式"作为一座桥梁，连接着不具有意义的概念和我们已知的事物。根据一组回忆故事的实验，英国心理学家 Bartlett 得出结论：回忆不是一个机械的再生过程，而是一个保留骨架信息、然后根据我们的总体印象重建细节的过程。根据图式理论，口译过程的指导原则是：每次输入都是在给现存图式提供信息，且该图式的各个方面都要与输入信息兼容。图式有语言图式、内容图式和形式图式，分别指语言学知识、文本内容知识、文本结构知识和修辞。这三种图式形式有助于提供用于吸收文本信息、分配注意力和推理信息的心理框架，从而加强理解，有序地提取记忆，编辑、总结和重构信息。图示理论研究已经表明了在阅读心理语言学模型中背景知识的重要性。该理论产生了两种基本的信息加工模式，即自下而上和自上而下的加工模式。

（1）"自下而上"输入

Carrell and Eisterhold（1984）② 发现，自下而上加工是由输入的数据引起的。数据通过最合适的方式，即下层图式进入系统。图式是按上层最概括、下层最具体的层次组织起来的。当这些底层图式聚集到一个更高层次、更加概括的图式，它们也会被激活。因此，自下而上的加工模式也称为数据驱动图式。更生动地说，我们的大脑可以被视为一个藏书众多的巨大的图书馆。例如，在中国的图书馆里，每来一本新书，图书管理员就会先弄清这本书的语言，然后再把它分为中文书或外文书。在此基础上，书会被大致分类并放到相应类别的书架上。

需要注意的是，高层信息不会对低层信息的加工产生影响。听觉信息包括词汇、语法和语调、音调、语速等语音特征，这将激活口译员的语言图式。然后，

---

① 王建华. 口译认知研究 ［M］. 北京：外文出版社，2015.

② Carrell，P. L. & Eisterhold，J. C. Schema theory and ESL reading pedagogy ［J］. TESOL Quarterly，1984，17（4）：553 - 573.

译员需要分析源语语言的语法、句法和修辞，以便理解源语信息的意义，再"脱离源语语言外壳"。在理解的过程中，内容图式和形式图式都被激活。因此，分析可知，如果源语语言有语言图式、内容图式和形式图式，那么在口译过程中，译员的三种图式信息都会被激活。

在《口译认知研究》（*Cognitive Studies on Interpreting*）中，王建华[①]认为，自下而上的信息加工可以被视为源语信息的自动解码。在此过程中，口译员的认知任务是搜索大脑中现有的信息，并将新感知的信息与之匹配。如果第一次匹配不成功，则可以重复执行此过程。由此可见，为了使口译顺利有效地进行，译员必须具备较高的语言知识水平。

（2）"自上而下"输出

另一方面，自上而下的加工随着系统根据更高层次（即一般图式）做出的预测而进行，然后在输入中搜索信息以适应部分满足的高阶图式。因此，自上而下的加工模式被称为概念驱动图式（Carrell & Eisterhold，1984）[②]。只看 Carrell 和 Eisterhold 的描述，还难以理解。因此，在这里用图书馆和书的例子能更清楚地说明问题。如上所述，我们的大脑被比作一个存书众多的巨大的图书馆。学生在不知道书名的情况下借书，首先要知道书的语言，这样学生就可以决定是去中文书的区域还是外文书的区域。其次，学生需要知道这本书是关于什么的，这样他/她就能去找到准确对应的书架，拿到想要的那本书。

总的来说，自上而下的信息加工模式主要是关于表达的。在自下而上加工模式的帮助下，译员应把握住以内容图式和形式图式的方式储存在大脑中的信息的意义。然后为了用另一种语言表达出来，这两种形式的图式将被转换为语言图式，表现为语音特征、词汇和句法。与自下而上的加工模式相反，在自上而下的加工过程中，译员对社会文化语境、讲话主题和对说话者的基本了解会帮助他们将预期信息与新输入的信息相匹配，从而形成语篇。

自下而上和自上而下的信息加工通常是同时进行的，且二者相互补充。前者强调口译员的语言知识，而后者则强调背景知识，包括社会文化信息、主题信息等。如果一个口译员的语言知识水平高，但背景知识水平低，那么他/她就会在

---

① 王建华. 口译认知研究 ［M］. 北京：外文出版社，2015.

② Carroll，P. L.，Eisterhold，J. C. Schema theory and ESL reading pedagogy ［J］. TESOL Quartrly，1984，17（4）：553 – 573.

口译中遇到许多困难，尤其是在口译话题高度专业化时。同样地，如果一个口译员的背景知识水平高，但语言知识水平低，那么仅仅靠推理是不可能顺利完成口译任务的。

5. 信息重构

5.1　串行加工观

Dong 和 Lin[①]认为，研究语言在口译任务中的激活方式可以看作是对现有双语理论和口译本身的一个关键的检验。源语语言理解和目标语言重构的过程是连续进行的还是同时进行的，是口译研究者们最关心的问题。源语语言的理解是指口译员对源语语言进行解码、提取包含的意义并在大脑中形成概念表征的过程，而语言重构是指源语语言代码转换为目标语语言代码的认知过程。认为两个过程是依次进行的人持有串行加工观，认为其同时进行的人持有并行加工观。下面是林洁绚和董燕萍[②]的串行加工模型：

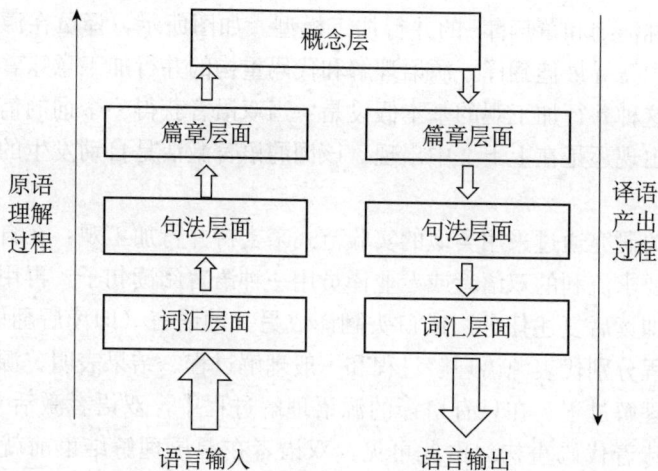

图4.2　串行加工模型（林洁绚和董燕萍，2011）

①　Dong, Y. P., Lin. J. X. Parallel processing of the target language during source language comprehension in interpreting [J]. Bilingualism: Language and Cognition, 2013, 16 (3): 682-692.

②　林洁绚，董燕萍. 汉英口译中语言转换的时间起点——串行加工观和并行加工观 [J]. 外国语, 2011 (4): 56-63.

串行加工观认为，只有在原语理解结束后才开始语言重构。其基本假设是，译员只有在源语理解完全结束后，才开始将源语转换成译语。Paradis 和他的同事在 1994 年提出的口译策略Ⅰ（Strategy Ⅰ）认为，译员先对源语进行解码，即先对源语在语音、语素、句法和语义层面上进行分析，直到形成非语言的概念表征，完成源语理解。然后再用译语对意义进行"编码"（encode），产出译语。在理解阶段，源语不激活译语，译语只有在概念表征形成以后才被激活和产出，即源语和译语的转换是以概念为中介和基础的。因此源语理解和语言转换是串行的。但这一策略是基于失语症病人的研究提出的，没有在正常双语者这个群体里进行验证，若要将该理论推及至更普遍的情况，还需要做进一步研究。

林洁绚和董燕萍①在学生译员中进行了一次自定步速阅读实验，比较了在读后复述和读后口译两个条件下的汉语阅读过程。结果表明，汉英不平衡双语者在英译汉交替传译中不能并行加工，只能串行进行源语理解和语言重构。

5.2　并行加工观

下图是林洁绚和董燕萍②的并行加工模型。如图所示，译员在源语理解时会同时在译语中搜寻最佳翻译。源语理解和代码重构的并行加工意味着两种语言同时被激活。这种并行加工观的基本假设是：当双语者获得一个词的信息时，无论该词是单独出现还是在上下文中出现，该词的语言激活是自动发生的，不承担任何认知负荷。

一些相关研究通过采用类似的实验范式来支持并行加工观：在自定步速阅读的任务中，要求流利的双语者或专业译员用一种语言阅读句子，再用同一种语言重复句子（即读后复述任务）或口头翻译成另一种语言（即读后翻译任务）。这两种阅读过程分别代表源语理解过程和一般理解过程。结果表明，源语理解过程不同于一般理解过程。在只有口译的源语理解过程中，双语者激活了两种语言。激活译语意味着代码重构。由此可见，双语者在源语理解结束前就开始源语重构了。

---

① 林洁绚，董燕萍. 汉英口译中语言转换的时间起点——串行加工观和并行加工观 [J]. 外国语，2011（4）：56 - 63.

② 同上。

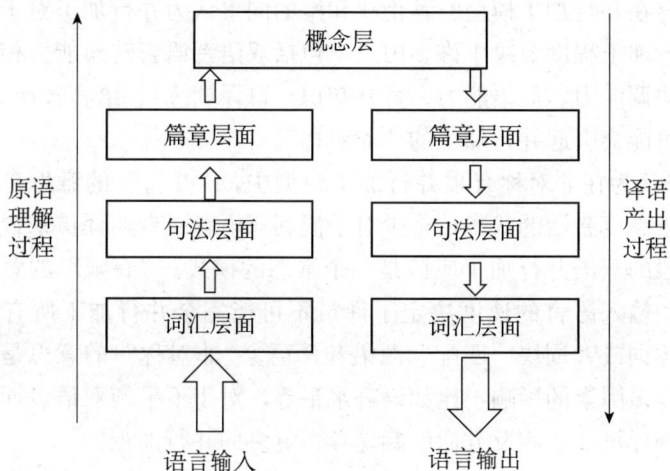

图 4.3　并行加工模型（林洁绚和董燕萍，2011）

Macizo 和 Bajo[①] 进行了不同的实验，实验结果都"为阅读或翻译时目标语词条的并行激活提供了直接证据"。除此之外，他们还得出结论，"读后口译比读后重复消耗了更多的工作记忆资源"，及"未经训练的双语者和译员以类似的方式执行读后重复和翻译任务，因为他们受到的操纵变量的影响相同。"在这些实验的基础上，Dong 和 Lin[②] 又进行了两项重要实验，以探讨并行加工过程的影响因素。结果表明，口译中源语理解过程中目标语的并行加工受两个重要因素的影响，即源语到译语的连接强度和在源语理解过程中译员对译语加工的认知资源补充。

5.3　非对称有限并行加工观

与串行加工和并行加工相比，非对称有限并行加工观是由中国心理语言学家董燕萍于 2010 年首次提出的新概念。通过回顾和分析之前的研究，她发现串行加工和并行加工模型都有其局限性。所以，在检验先前研究的基础上，她提出了"非对称有限并行加工观"。她认为，该模型能更好地反映口译中语言重构的机制。由于串行加工是源语理解的基础，所以主要争议在于并行加工，而不是串行

---

① Macizo, P. , Bajo, M. T. Reading for repetition and reading for translation：do they involve the same processes？[J] . Cognition，2006（99）：1 - 34.

② Dong, Y. P. & Lin. J. X. Parallel processing of the target language during source language comprehension in interpreting [J] . Bilingualism：Language and Cognition，2013，16（3）：682 - 692.

加工：是否存在并行加工模型？董艳萍和她的同事认为并行加工对于口译而言是常态，但并行加工程度取决于许多因素，包括双语者语言转换能力相关因素（如工作能力、协调能力、双语能力、言外知识、口译训练）、语言转换方向因素等。这些因素都可能会引起并行加工的"非对称"。

董艳萍[1]认为在非对称有限并行加工模型中，"并行"的意思是，译员的两种语言都处于高度激活的状态，至少对于流利双语者或专业译员来说如此，因此源语理解阶段的双语并行加工应该是一个常态的模式。"有限"的意思是，实际口译任务中，输入语言的速度决定了译员不可能完全并行加工所有的词或者词块，不可能逐词或者词块"匹配"源语和译语。"非对称"的意思是，并行加工的程度受到许多因素的影响，比如语言水平等。对于不平衡双语者而言，从第二语言向母语翻译可能比相反方向的翻译存在更多的并行加工。

在王非[2]的"记忆与信息加工模型"中，他首先认可了董艳萍的"非对称有限并行加工模型"的存在，然后对模型进行了补充。根据实验结果，他得出了以下重要结论。第一，英汉翻译比汉英翻译需要更多的并行加工。第二，记忆水平较低的译员会在他们的大脑中进行更多的并行加工。第三，在词汇层面存在更多的并行加工信号，尤其是处理那些对口译员工作记忆"敏感"的词汇时。相比之下，在语法层面发现的并行加工信号较少。

6. 结语

通过回顾和分析以往口译的研究，得出以下结论。第一，工作记忆在口译活动中起着重要的作用，且不同的口译活动对口译员的工作记忆有着不同的影响。第二，在宏观层面上，口译的信息加工机制可以用达意理论（即释意理论）来解释。但对于"脱离源语语言外壳"，还需要进行更具体的探索和更科学的实验，以更准确、更有说服力地解释这一过程。第三，从微观层面上，图式理论主要用于解释信息加工机制。根据该理论，信息以自下而上的方式存储，以自上而下的方式提取。第四，关于加工模型，一些学者持串行加工观，一些学者持并行加工观，还有一些持非对称有限并行加工观。我们应该做更多新的实证研究，而不是

---

① 董燕萍．交替传译中的语言转换心理机制：非对称有限并行加工模型［J］．中国英语教育，2010（4）：1-11.

② 王非．口译过程研究：记忆机制与信息加工模型［M］．北京：科学出版社，2017.

使用那些常用的研究范式为这些模型提供新的证据。

近年来，口译的认知研究成为了一种趋势，对心理语言学研究、口译训练与实践及翻译研究的其他形式都做出了贡献。然而，目前关注口译认知研究的学者主要是心理语言学家和口译从业者，他们都被局限在了各自的领域。因此，今后应开展更多的跨学科研究，为口译的阐释提供更多的可能性。例如，语言学、心理学、口译、笔译、神经科学等领域的研究者和学者应该共同合作，在此领域进行更深入的探索。除此之外，研究人员和学者可以利用三角测量法，而不仅仅关注心理实验范式，在研究中应用两种或两种以上的方法重新检验关于同一研究对象的实验结果。鲍刚[①]提出可采用的方法还有许多，如经验学习法、归纳法、内省法、"黑箱"法、实地观察法、调查法、话语分析法、模型设定法、实验法、跨学科法等。不仅如此，为了获得更科学、更直接的结论，也可以使用神经科学领域的高科技设备。如功能核磁共振成像（fMRI）、正电子发射断层成像（PET）、经颅磁刺激（TMS）、脑电图（EEG）和脑磁图（MEG）等高新技术也可以应用于口译研究。

---

① 鲍刚．口译理论概述［M］．北京：旅游教育出版社，1998.

第五章 口译信息产出协调加工认知

第一节 注意力分配认知

概要：口译是一项涉及多重任务处理的高强度、高难度脑力劳动。译员注意力分为适应口译地点环境的注意力、接收信息的注意力、译语表达的注意力，以及译员对自身和发言人、观众实施监测的注意力。译员必须将有限的注意力分配到听、记忆和监测译语产出等过程中；同时，还要高度集中注意力，避免其他因素的干扰。译员注意力一旦失衡，就会对译文质量和译员表现产生影响。因此，合理的注意力分配对译员，尤其是对于口译初学者来说至关重要。本节主要从吉尔的"认知负荷模型"角度分析译员表达注意力分配，以及在表达过程中遇到的困难与挑战，并进一步探讨译员表达注意力分配的科学方法。

1. 绪论

随着全球化和中国对外开放的不断推进，与全世界的融合与沟通正在对中国产生深远影响。为了进一步促进跨文化交流和经济的发展，历史悠久的口译活动不可或缺，并逐渐发展成为一个成熟的职业。如今，它在国际舞台发挥着不可或缺的作用。

自从口译的重要性在全球化进程中得到了广泛认可后，不论是整个口译过程到探究译员思维上的"黑匣子"，还是从从业者的经验总结和高效的培训方法实验，越来越多的人逐渐开始这一领域的研究。"注意力"是感觉器官对客观现实的引导和集中，也是关注感知和认知行为的开始。美国哲学家和心理学家威廉·詹姆斯（1842—1910）解释的注意力的概念被奉为经典：每个人都知道注意力的概念。它以清晰生动的形式从几个可能同时存在的对象或思路中占有一个。意识的集中是其本质。因此，注意力与口译过程之间存在着密切联系。

与口译密切相关的注意力特征如下：注意力的稳定性，集中性，紧张性和广泛性。注意力的稳定性指长期关注听觉感知。假设口译员的注意力稳定性不太好，那么收到的信息将是不完整的，并且联想记忆也会扭曲方向。因此，从源语言到目标语言的转换则不能完全得到实现。

2. 相关研究

当注意力高度集中时，注意力的紧张度被定义为积极的。口译员将沉浸在注意力的对象中，忽视周围的所有环境。当然，口译员必须没有高压，否则会导致许多心理压力，干扰甚至阻碍有意识的回忆。

注意力广泛性是指口译员在一定时期内感知的目标数量。严格地说，口译员注意力的目标不仅与源语言有关，而且与说话者的表达，姿势，情感以及位置有关，环境对语境的影响也很大。也就是说，根据说话者的不同表情，姿势，情感和位置或环境差异，相同的句子也可能具有不同的含义。

从心理学的角度来看，注意力分为四种类型；他们是集中型注意力，选择型注意力，联合型注意力和持续型注意力。在上述四种类型中，联合型注意力在口译中起着至关重要的作用。因为双重任务或多重任务的同时进行需要口译员用联合型注意力以确保口译任务的成功。

兰伯特一直在进行一系列关于口译注意力的研究。他认为，专业口译员所需要的联合注意力是一种后天培养的能力。兰伯特[①]指出，口译员不得不在初期阶段采取额外的关注或迅速分散注意力的策略来完成口译任务。然而，当口译员具

---

① Lambert S. Information processing among conference interpreters: a test of the depth-of-the-hypothesis [J]. Meta, 1988, 33 (3): 18.

有同时分散进行几个任务的能力时，额外的注意力将因此而减少。而一些心理活动将明显自动化。除了兰伯特的研究，吉尔也观察了交替传译中记笔记和注意力的关系。他还证明，记笔记可以分散口译员的听力注意力，并且导致口译员在实验中的听力注意力的质量明显下降。吉尔认为在正常情况下笔记记录需要消耗部分听力和分析的精力。因此，译员倾听演讲者讲话的注意力受到影响。

维也纳大学的库尔茨研究了母语非英语的说话者对学生口译表现的影响，提供了可以扶持吉尔的认知负荷模型的证据。她的论文和多米妮卡·科德兰扎2001年的硕士论文内容一致，该论文由库尔茨本人监督完成。在科德兰扎的实验中，学生口译员同时解读德语和英语两个源文本的录音版本。一个版本由母语人士阅读，另一个版本由非母语人士阅读。实验结果包括口译员对译文建议的准确度的评价，口译员在问卷中的主观反馈，以及关于两种源语文本在术语、发音和语速方面的难度的反馈。正如库尔茨所言，科德兰扎的实验结果证实了吉尔[①]提出的与精力相关问题的假设，即说话者的非本地口音对同声传译的质量有负面影响，因为它迫使翻译过程更加注重理解阶段（吉尔的倾听和分析）。

刘爱云教授和她的学生韩丹丹（2010）对交替传译中关于注意力分配的辩证关系进行了实证研究。注意力的应用能力，选择性和分配理论的应用分布有限，主要讨论了交替传译中注意力水平（水准、效果）和口译效果的辩证关系以及口译过程中注意力水平的作用。观察和实验研究表明，注意力水平和交替传译存在正相关关系。其次，影响注意力的因素很多，其中笔记和记忆力影响较大。更重要的是，新手翻译的注意力主要分布在听力、理解、记忆以及记笔记中。郭佳（2008）曾经提到，注意力是口译成功的关键。就她而言，注意力分为积极注意和被动注意。一般而言，在口译过程中使用的注意力属于后者。它还会引起无意识的注意，即不自觉或无意识的情况。这自然是关注的焦点。除此之外，她还简要介绍了口译员在口译过程中如何保持持久的注意力。

董智颖[②]通过实验证明，注意力的分配和协调对于口译质量至关重要。分配给每个任务的注意力总是在改变或互相替换。只有科学合理地配置和协调注意力才能使口译顺利进行。作者还强调，在口译的过程中，为了寻找合适的词语和最合适的表达方式，会出现犹豫或延迟的现象。

① Gile D. Basic concepts and models for interpreter and translator training ［M］. Amsterdam/Philadelphia：John Benjamins Publishing Company，1995：176.

② 董智颖. 口译中的注意力分配与协调 ［J］. 青年文学家，2013（30）：108-108.

　　不同类型的注意力在口译过程中发挥着越来越重要的作用。然而，作为口译认知过程的重要组成部分，口译员在口译中的注意力模型应该得到高度重视。换句话说，很少有人提到口译员注意力分配的具体模型。接下来，作者将结合自己的口译实践，进一步探讨口译人员注意力的分配问题。

3. 认知负荷模型理论

　　法国教授丹尼尔·吉尔应用认知心理学理论来探究口译的认知过程，并在1995 年出版的《口译和翻译训练的基本概念和模型》一书中提出了认知负荷模型。该操作模式强调了口译者在口译过程中的注意力分配。它可以作为口译过程的一个良好的结构分析模型来解释和预测口译员的实际表现。根据吉尔的观点，口译是一个多任务的源语言解码过程，它包含三个基本的认知负荷：听力和理解力，言语产出和记忆力。丹尼尔·吉尔提出了两种精力模型，一种用于同声传译（SI），另一种用于交替传译（CI）。在这里，我们主要讨论了交替传译认知负荷模型。基于该模型，交替传译过程可分为两个阶段：

　　第一阶段：CI（交替传译）= L（听力和分析）+ N（记笔记）+ M（短期记忆努力）+ C（协调合作）

　　第二阶段：CI（交替传译）= Rem（记忆力）+ Read（笔记阅读）+ P（言语产生）

　　一般来说，交替传译的第一阶段是听力和记笔记，交替传译的第二阶段是言语产出。吉尔[1]指出，听力分析或理解力是"分析传递到译员耳朵里的源语言语音的声波，通过识别单词，最终决定'话语的意义'"；译文产出意味着"口译的输出部分"。在口译过程中，每项努力都具有不同的处理能力要求。交替传译中所需的注意力总量不能大于口译员大脑的注意力总量。

　　根据认知心理学，非自动化加工包括诸如检测短暂刺激，识别不熟悉的刺激或在恶劣条件下呈现的熟悉刺激，将信息存储在记忆中供以后使用，为非自动化加工做准备。控制一个动作的准确性，或在认知系统中操纵符号。自动操作包括解码在有利条件下呈现的熟悉刺激，触发自动响应，以及在不受控制的情况下运行（理查德，1980）。因此，所需的口译任务属于非自动化加工的范畴。

---

　　① Gile D. Basic concepts and models for interpreter and translator training［M］. Amsterdam/Philadelphia：John Benjamins Publishing Company，1995：162 - 168.

如果没有适当地分配每个步骤所需的注意力，或者如果总可用处理能力饱和，则会出现口译错误和信息遗漏。根据丹尼尔·吉尔的认知负荷模型理论，由于大脑资源的不变性，在一个方面过分强调将不可避免地导致其他方面的注意力不足。因此，如新手翻译如何合理分配注意力成为一个不容忽视的问题。

在电子通信科学的基础上，布罗德本特（1958），莫拉伊（1967），卡赫曼（1976）提出了自动化加工和非自动化加工的观点。后者需要处理能力，而前者不需要。在口译实践中，非自动化加工需要处理能力，这需要从我们大脑的有限能量供应中获取能量。如果特定任务的可用处理能力不足，则性能可能会下降。

4. 言语产生中的注意力分配

4.1　产出负荷的难点

产出负荷指的是目标语言的输出。言语的产生从来都不是轻而易举的，它的特征是容易有瞬间的犹豫，正如麦克莱和奥斯古德①所言，犹豫与寻找词汇单位和句法决策有关。语音传递通常需要时间来找出正确的单词并决定如何在句法结点处操纵句子。由于普通语音生成是非自动的，因此口译输出将需要更多努力。

塞莱斯科维奇（1978：79）说："我们容易有口头习惯。用陈词滥调、谚语和口号来代替理性的陈述是很容易的。"这表明为什么口译产出变得困难。口译员不能自由地表达自己的思想，他们必须遵循源语发言人的说法，他们应该找出逻辑，理解意思，重新安排原演讲的结构。此外，因为不同文化背景之间没有确切的对等关系，解释源语言的习惯表达被证明是一项非常困难的任务。这就是为什么口译的一般规则是基于含义而不是源语言的话语来产生目标语言的原因。

产出负荷还有另一个难点。口译员必须在他们不熟悉的领域中工作。因此，高难度的技术性词汇和特定的说话风格可能给口译员带来困难。因此，上述原因将产出负荷纳入非自动类别。

4.2　负荷分配应对策略

从吉尔的交替传译负荷模型的角度来看，交替传译的第二阶段是言语产生，

---

① Maclay，H. and Osgood，C. Hesitation phenomena in spontaneous English speech. Word，1959，(15)：360-372.

包括 Rem（记忆）、Read（读笔记）和 P（言语产出）。因此，言语产生的良好表现涉及三个方面的努力。

首先，倾听和记笔记。发言者通过他/她的声音将信息传达至口译员的耳朵。口译员认真听取了耳朵收到的信息，并观察了说话者的表情和手势。同时，口译员分析并理解了信息，并立即存储在短时记忆中。与此同时，把更多的注意力放在记笔记上。

众所周知，笔记只不过是一种缓解记忆压力的辅助工具，而这种压力可以唤起译员的记忆。通过这种方式，口译员就不需要增加他们的记忆负担，继续用他们的脑力去积极地倾听讲话的剩余部分。然而，如果没有熟练的记笔记技巧，口译员将无法快速识别他们的笔记。结果笔记不能提示或激活口译员的记忆，相反，它们将成为从大脑中检索信息的障碍。因此，分配给笔记和识别的注意力将增加，而在源语言的逻辑分析和记忆上分配的注意力将减少，口译质量从而受到影响。戴炜栋和徐海铭[①]指出，学生口译员对笔记的要求与专业口译员的要求有很大的不同，学生口译员的笔记不容易辨认，字迹模糊，信息不一致，内容查找时间长。下面将详细讨论记笔记过程中的注意力分配。

什么时候记？口译员应在必要时尽快做记录。他们不必等待句子完整或听到完整的语法从句才开始记录。

记什么内容？建议口译员把注意力集中在讲话的中心思想上，把信息、观点、动词时态、数字、日期、人名、清单等串联起来，以减轻口译员的记忆压力。然而，记笔记在很大程度上是个人习惯的问题。要避免的是把每件事都记录下来而忽略了口译员对原文的积极倾听理解。

怎么记？总的来说，从结构和连接的角度出发，译者应注意列表的对角线布局、左侧留白和笔记垂直布局。

至于话语的具体内容，经常采用缩写和符号代替，这样可以节省笔记时间，提高笔记记录的效率。此外，缩写和符号必须是明确易懂，对于口译员来说是合乎逻辑的，并形成一个有机的系统。

在记笔记过程中，译者偶尔会遇到这样的情况：没有听到信息，或者听到信息后没有立即写下来，而译者显然知道自己漏掉了一些东西。于是译者在注释的右边空白处划了一个很大的叉，与注释中缺失的项目处于同一水平线上。这会使

---

① 戴炜栋，徐海铭. 汉英交替传译过程中译员笔记特征实证研究 [J]. 外语教学与研究，2007（2）：136－144.

他在那一页找到重点。然后他仔细倾听，并向演讲者提出问题。

讲座中，演讲者用PPT进行讲解，分散了译者的注意力。从听、记笔记到看PPT，译者都投入了大量的精力，这让译者感到紧张和焦虑。除此之外，译者还通过目光交流和点头信号与演讲者沟通，以提醒演讲者何时停止和开始。这个阶段要求口译员不断听取源语言，同时立即做笔记。在此过程中需要高度集中注意力。

其次，更重要的是读笔记，选词和组织语言注意力。与交替传译的第一阶段不同，第二阶段完全由口译员自己协调和管理。在收到信息后，不熟练的口译员可能会立即专注于阅读笔记，由于笔记难以辨认，可能会消耗大量精力。不清晰的笔记混合着自己头脑中的想法，他/她可能会浪费很多时间和注意力来识别笔记。一个不熟练的口译员通常过分依赖于逐字逐句地记录而不是主旨大意，因此他在阅读笔记的过程中很容易卡壳，导致了翻译不够流畅或长时间的停顿。实际上，口译员应该学习自上而下看笔记的技巧，不断提醒自己接下来要说什么，并且在看向听众的时候传递这部分内容。同时，当讲话者停顿时，口译员应尽力选择合适的单词。口译员根据会议的性质和听众的不同而应当选择合适的词语。

最后而同样重要的是，口译员的注意力必须分散到监测上。监测注意力分为自我监测和外部因素监测。口译员的自我监测是指口译员的注意力用于监督他/她在言语产出过程中的语音、语法、句子结构的口译。在整个口译过程中，口译员的声音应该是一致的。他们花费了大量的精力检查所犯的语法错误，并及时改正。自我监测也用于检查句子结构是否符合目标语言的表达习惯。此外，自我监测工作还包括口译员理解不充分时，对讲话者提供的信息缺失解释以及立即纠正和补充。外部因素监测指的是口译员和发言人以及现场观众之间的沟通。现场交际包括与说话者和听众的言语交际和非言语交际。当口译员通过眼神交流和观察表情发现他们在听了口译后感到困惑时，会向观众及时解释信息。

总而言之，只有将上面讨论的方法相互协调，口译员才能取得良好的翻译效果。吉尔（1995）将此描述为"协调精力"，指的是口译员协调和组合上述三种工作时所付出的精力。在交替传译实践现场，由于发言人讲话的速度很快，译者确实经历了精力协调的困难，因此作者必须将注意力集中在上述方法上。

5. 结语

口译是一项多任务、高强度、高压力的工作。译员的注意力必须集中在听力，记忆和监测的再表达上；同时，译员应该高度集中注意力，将自己从其他因素中解脱出来。如果译员的注意力分布不均衡，翻译质量将会受到影响。本节主要从负荷模型的角度研究口译员在口译过程中的注意力分配问题。作者的观点可归纳如下：首先，口译员可以在他/她的言语产出中克服许多困难，例如犹豫的时刻，发现逻辑困难，理解语义，重新安排原演讲的结构，以及现场环境的干扰等。其次，从吉尔的交替传译负荷模型的角度来看，交替传译的第二阶段是言语产出，包括 Rem（记忆）、Read（记笔记）和 P（言语产出）。因此，良好的言语表达需要三个方面的努力。只有将努力听和记笔记的注意力；阅读笔记、选词、组织语言注意力、监控注意力三者相互协调，才能使译员在口译过程中取得良好的效果。吉尔[①]将此描述为"协调精力"。

第二节　词汇口译模糊处理认知加工

概要： 随着全球化进程的加快，口译已成为跨文化交际中一种普遍且占主导地位的方式。模糊性作为一种自然语言的固有特征，几乎存在于语言形式的各个层次，在人类交际中起着重要的作用。由于口译活动的时效性，口译人员需要及时传达原文的意思。因此，在口译中运用模糊语言来促进跨文化交际是不可避免的。本节旨在探讨口译人员在跨文化交际中应遵循的原则。本节除引言和结语外，主要包括三个部分。第一部分，作者回顾了口译的定义和发展的历史，以及前人对语言模糊性的研究。第二部分详细分析了口译的特点以及模糊用语的功能。最后，笔者试图找出一些可行的应对策略来说明模糊用语在口译中的意义。

1. 绪论

改革开放以来，翻译研究引起了国内许多学者的兴趣。然而，与西方相比，

---

① Gile D. Basic concepts and models for interpreter and translator training ［M］. Amsterdam/Philadelphia：John Benjamins Publishing Company，1995.

尤其在口译领域，仍然缺乏系统的理论基础。口译的定义为将源语言转换为目标语言的口头过程。并非逐字逐句的口译，而是口译者需要传达的隐含在话语中的思想。当来自不同语言的两个人想要交流时，需要一个"翻译"来促进他们的交流。这种跨文化交流是双方沟通的桥梁。

不同于"信、达、雅"的翻译标准，好的口译应该是正确、流畅、快速反应的结果。口译的这些特点决定了口译必须传达话语的核心内容部分，而不是次要的细节。合格的口译员应抓住原文的要点和逻辑关系，重新组织它们，然后立即转换为目的语。由于紧急情况时有发生，口译员应保持冷静，并适应不断变化的环境。

模糊性是语言的一种固有的语言特征。它指语言单位或模式上的一种不确定性，涵盖了没有明确边界的语义范畴。语言的模糊性源于人类思维和认知的不确定性，包括人类认知的局限性，语言环境的变化以及口语的随机性和随意性。模糊表达具有泛化和灵活性的特点，用于口译中既可减少信息的损失和口译人员的负担，又可提高工作效率。

2. 相关研究

2.1 口译演变

根据《朗文当代英语词典》，"口译"的意思是"将口语单词从一种语言翻译成另一种语言。"（朗文当代英语词典，2009）当说不同语言的人需要相互交流时，口译是一种有效的表达思想的方式，可以让说话人互相理解。作为一种跨文化的交际活动，口译是由精通两种语言的人进行的，目的是促进理解和连接文化。

口译的分类因定义标准的不同而不同。目前最常见的分类方法是将其分为会议口译，包括交替传译和同声传译，以及联络口译。还有很多其他分类标准。例如，根据不同的情景，它可以分为外交口译、商务口译、法院口译、医院口译、会议口译等。至于工作模式，有交替传译、同声传译、翻译接力、联络口译和耳语口译。如果按照所涉及的语言数量进行分类，有单语、双语、三语或多语口译。考虑到口译的传播方式和技术，我们将口译分为现场口译、远程口译和机器口译。

口译产生于原始社会不同民族和国家之间的交往。直到第二次世界大战结

束，口译学术研究才开始受到西方学者的重视。1953 年，国际会议口译员协会
（AIIC）成立，这是历史上第一个专业的口译组织。从那时起，专业口译人员在
社会上享有较高的地位，对全世界的交流具有重要意义。如今，专业口译人员的
市场需求巨大，但口译理论研究远远落后于翻译，因此，从理论角度进行学术研
究是一个很有价值的课题。

2.2　"模糊性"研究

长期以来，不同学科的学者都承认语言的模糊性。直到最近几年，中国学者
才开始对模糊语言学的研究产生兴趣。

自从在《信息与控制》（*Information and Control*）杂志上引入"模糊集"
概念以来，扎德（L. A. Zadeh）博士被认为是西方国家第一个系统研究模糊性
的学者。他认为，大多数人的认知及其与外界的互动都是模糊集的形式存在
的，这些模糊集的成员在类别之间逐渐过渡，没有明确的界限。他还表示，
"模糊性可以用模糊集的形式来正式处理，模糊集是一类实体，具有连续的成
员等级。这种集合的特征是一个隶属度函数（特征），它为每个实体分配一个
从零开始到一结束的隶属度等级，记作［0，1］"[1]。此外，他给对冲词一个定
义：带有模糊概念的词，或在一定程度上修饰"模糊性"的词。像"almost
（几乎）"、"completely（完全）"、"more or less（或多或少）"、"quite（相当）"
和"about（大约）"这样的词都是人们常用的对冲词。继扎德之后，"模糊性"
引起了学者们的极大关注，并发展成为模糊数学、模糊逻辑、模糊语言学等不
同的学科。

作为模糊语言学领域的主要人物之一，乔安娜·史奈尔在她的《模糊语言》
中阐述了"模糊性"的内涵，以及不同类型的模糊语言。她的结论是，模糊词的
解释离不开相关的语境和推理。如果想更具体地解释一个句子的意思，就有必要
考虑上下文。

美国语言学家拉考夫将经典的句子"三分法"分解为真、假和缺乏真值。在
在他的著作《模糊限制语：意义标准与模糊概念逻辑研究》中，他认为模糊限制
语是最有研究价值的问题。除此之外，他还运用扎德的模糊集理论来研究意义。
他认为组件边界存在"一定程度的模糊性"，即"隶属度"。最后，他得出结论，

---

[1]　Zadeh L A. Shadows of fuzzy sets［J］. Probl Peredachi Inf，1965，2（1）：37-44.

没有绝对程度的真理，只能在特定的情况下解决。

在中国，模糊语言的研究始于 20 世纪 70 年代末。伍铁平教授是第一位通过模糊语言学初步研究引入模糊语言学概念的学者。1999 年，他出版了《模糊语言学》一书，涵盖了他以往的大部分研究成果，为中国的模糊语言学研究奠定了基础。他不仅将模糊理论与汉语理论相结合，而且在词汇、词源、修辞等方面进行了系统的研究。

此后，中国的许多其他学者开始关注模糊语言学。张乔从语义的角度研究了模糊集理论，介绍了模糊语义函数、句子的模糊性、变异性以及模糊语义的定量分析。石安石阐述了"模糊度"的概念，将语义模糊性与普遍性和模糊性区分开来。一般来说，国内的研究主要集中在模糊理论的基础上，以及模糊与其他语言学如句法、语义、语用学、音位学等应用语言学领域的关系。

3. 模糊用语与口译

3.1 口译的特征

（1）口译实质上是一种语言的即席的口头再现。在大多数情况下，口译员必须在有限的时间内完成大量任务，包括听力、分析、记忆和表达。因此，译员需要较高的语言水平和心理素质。口译的自发性给口译员带来了很大的挑战，因为一旦他们听不清客户的话，交流就会中断。

（2）与翻译相比，口译员需要更快的反应能力。工作期间，口译员大多只有一次机会听到发言者说的话。即使他/她漏掉了几个单词或听到了一些他/她不知道的单词，口译员也必须尽力跟上原说话人的思路，抓住中心意思并转换成目标语言。

（3）口译发生在交际环境中。与翻译不同，口译员要与在场的两个人一起工作，所以必须时刻注意自己的行为举止。有时口译员可以用面部表情或手势来表达自己的意思。此外，礼貌是非常重要的，有利于沟通的舒适环境对双方来说很有必要。

3.2 模糊措辞与口译

（1）提高语言准确性

虽然模糊与准确看上去是矛盾的，但模糊的措辞可以使语言更加准确、客观、可靠。当确切的信息，如数字、日期和时间不确定时，沟通中使用模糊的措辞是很有必要，以免给出错误的信息。

例 1：*Financial and professional services in UK account for over 10 percent of UK's GDP，a sector employs over one million people in UK，and whatever the investments or capitals requirements or business，they all have in common the need for expert advice on the wide range of issues：connecting with international capital markets，mergers and acquisitions，commercial liquidations，international arbitration，corporate laws and intellectual property issues.*①

英国的金融和专业服务占英国国内生产总值的 10% 以上，一个部门在英国雇佣了超过一百万人，无论投资或资本要求或业务如何，他们都有共同点，即需要专家建议广泛性的问题：与国际资本市场的并购，商业清算，国际仲裁，公司法和知识产权问题。

该发言人用几个数字描述了英国金融和专业服务的重要性。虽然这些数字不够准确，但它们确实客观地反映了实际情况。事实上，说话者使用模糊的数字反而展现了精确，这意味着对他所说的话负责。

例 2：比如，我国居民人均存款已超过 4 万元，我们身边愿意参与扶贫的人包括"果粉"越来越多，但实际上我国社会资源投入扶贫的总量与经济社会发展、民众财富水平不相匹配。2011 年全社会慈善捐赠总额 817 亿元，仅占 GDP 比重的 0.17%，其中个人捐赠额占比不到 20%，而在美国这一比例高达 75%。(people's Daily，oct. 20，2014)

以上摘录的新闻充满了模糊用语。《人民日报》作为中共中央的官方报纸，理当传递客观、准确的信息。记者们之所以使用这些模糊的术语，是因为很难计算出确切的数字，所以为了精确起见，模糊处理是必要的。

（2）提高表达效率

从语用学的角度来看，人们使用语言来达到自己的特定目的，遵循的是语言的两个基本原则：合作与省力。模糊信息的不确定性通常用最少的努力传递足够的信息。

---

① 何其莘. 基础口译 ［M］. 北京：外语教学与研究出版社，2009：91－101.

例 1：*Would you like something to drink?*

你想喝点什么吗？

在上面的句子中，说话者试图了解听话者想要喝什么，但是他/她使用"something（某物）"而不是提供所有选择，因为后者是不必要的。

例 2：我听说香港会议展览中心是亚洲第二大会展中心，并且*功能多样*，*屡获殊荣*。您能再详细介绍一下吗？

上述句子中，演讲者使用"功能多样"和"屡获殊荣"来赞扬香港会议展览中心（HKCEC）。此处没有必要详细列出所有功能和奖项。此外，发言人可能也不知道会展中心的具体资料。因此，这种模糊表达有助于语言的简洁。

（3）礼貌语和委婉语

在人际交往中，模糊信息可以起到最小化或避免不礼貌、过于绝对或武断等消极影响的作用。像 sort of（稍稍），a little bit（一点），kind of（一点），more or less（或多或少），quite（相当）和 some（一些）这样的词经常被用在批评的话语中使之更容易被接受。

例 1：*I'm somewhat suspicious of his intentions.*

我有点怀疑他的意图。

例 2：*Your essay will be better if there were less spelling mistakes.*

如果拼写错误较少，你的论文会更好。

在上面的两个例子中，说话者在指出问题的时候尽量做到了礼貌，这样会使听者少一些尴尬。

根据《牛津高阶英汉双解词典》，委婉语是指人们经常用来指代尴尬或不愉快的事情的间接词汇或短语，有时是为了让它看起来比实际情况更容易被接受。模糊表达通常用于使话语更加委婉。

例 3：*Senior citizens are respected in our country.*

退休人群在我国受到尊重。

例 4：*These special men support their family by themselves.*

这些特殊人群独自支撑他们的家庭。

"Senior citizens（退休人群）"指的是老年人，"special men（特殊人群）"指

的是残疾人，这些句子听起来礼貌客气得多，避免了直接说出来的负面影响。事实上，委婉语在人际交往中被广泛使用。另一个例子是，无论是汉语还是英语，都有很多方式来表达死亡。

4. 应对策略

4.1 词汇层面的策略

模糊性作为人类语言的固有特征，存在于语言的各个层面。因此，口译员可以在各种层次上使用模糊措辞。由于口译的即时性特点，口译员遇到生词或遗漏某些信息的现象是很常见的。有时候，对于一个中国成语或短语，在其他语言中没有对等的解释，所以此时需要适当转换意义。也有口译员主动选择模糊的时刻，目的也是让观众更容易理解。在这种情况下，模糊用语将有助于保持表达的连贯性并提高沟通效率。

例1： *全面贯彻中央八项规定精神，开展群众路线教育实践活动，坚决反对"四风"，严格执行"约法三章"。中央国家机关"三公"经费减少35%，31个省份本级公务接待费减少26%。加大廉政建设和反腐败工作力度，一批违法违纪分子受到惩处。*

We fully implemented the CPC Central Committee's eight-point decision on improving Party and government conduct, carried out the campaign to heighten awareness of and implement the mass line, firmly opposed <u>formalism, bureaucracy, hedonism and extravagance</u>, and strictly implemented the State Council's three-point decision on curbing government spending. Spending by central government bodies on <u>official overseas visits, official vehicles, and official hospitality</u> was reduced by 35%, and spending by <u>provincial-level governments</u> on official hospitality decreased by 26%. Efforts to uphold integrity and fight corruption were strengthened and a number of people violating the law or discipline were brought to justice.

以上示例摘自2014年3月5日李克强总理的政府工作报告。原文中，李总理提到了"四风"，"三公"和"31个省份"等具体数字，然而口译员选择省略这些数字并直接翻译所述内容。

例2： *伊朗核问题谈判进入了关键阶段。各方都应拿出诚意，本着互相尊*

重、平等协商、互谅互让的精神，再努一把力，啃掉"硬骨头"，尽早达成一项公正、平衡、共赢的全面协议。

The negotiations on the Iranian nuclear issue have entered a crucial stage. All parties should show sincerity, make further efforts in the spirit of mutual respect, equality, coordination and mutual accommodation, and work hard to tackle the most difficult issue, so as to reach an early and win-win agreement that is comprehensive, fair and balanced.

这段文字摘自中国外交部长王毅在第 69 届联合国大会上的发言的摘录中，下划线的这句话充满了中国特色，如果逐字逐句翻译，可能会让英语母语的人难以理解。所以口译员省略了这句话，而这并不影响意思的表达。

例 3：好多人问这个问题，实际上……你只要认清以下几点，其他问题都会迎刃而解。

There are a lot of people who have asked this question, but actually... So long as people realized the following things, this issue can be resolved very easily.

成语"迎刃而解"不一定需要直译。相反，说得简单些，外国人更容易理解，也可以提高表达的效率。

4.2　句法层面的策略

口译的即时性要求表达清晰，尤其在原话冗长复杂的时候。因此，口译员应该学会总结，必要时重新排列原句结构，才能传达出单词以外的主旨。

例 1：重组食品药品监管机构，深入开展食品药品安全专项整治，对婴幼儿奶粉质量按照药品管理办法严格监管，努力让人民吃得放心、用得安心。

We merged food and drug oversight agencies, carried out a campaign to improve food and drug safety, exercised strict oversight over the quality of infant formula in accordance with drug supervision regulations, and strove to ensure that people have access to safe food and drug.

在上面的句子中，翻译人员并非逐字翻译，而是改变句子结构，使其清晰简洁。由于措辞模糊，英语版本的译文在保持说话人主要思想的同时也更加简练。

例 2：聚精会神搞建设，一心一意谋发展。

Concentrate on construction and development.

这是一个典型的在政府报告中使用的中文短语，因此当口译员试图重新安排句法结构时，把它从一个复合句变成了一个简单句。这样做可以加快口译的速度，并实现表达的连贯性。

4.3 语义层面的策略

在实际的工作环境中，口译员往往需要把握原文的大意。而使用模糊用语，可以使谈话气氛放松，从而提高效率，避免尴尬，创造幽默的氛围。

例1： *人类的智慧是无穷无尽的。科学技术作为这种智慧的一座光芒四射的灯塔，经过无数科学家们的艰辛努力，<u>正在不断地透过层层叠嶂照耀到更高的群峰之上</u>。*

Human wisdom is inexhaustible. A great many scientists，one after another，have kept scaling new heights in science and technology after overcoming numerous obstacles through arduous efforts.

不管原始形式如何，口译员应尽力使内容易于理解，否则场面就会变得很尴尬，且会违背说话人的初衷。一个没有经验的口译员更可能逐字翻译，而这不是一个优秀的口译员应该秉持的原则。

中国人经常说"请多提宝贵意见"，如果直接解释为"Please give us your valuable comments（请给提供我们你的宝贵意见）"，观众会感到有压力，因为西方人会认为只能提有价值的建议，如果没有，他们不应该发表任何评论。在这种情况下，一位优秀的口译员应该说"Please give us your comments.（请给我们您的意见）"或"We welcome your comment.（我们欢迎您的意见）"。

5. 结语

本节尝试将模糊用语应用于口译实践。模糊性是自然语言的固有特征之一，它几乎存在于语言形式的各个层面。本节主要论述了模糊语言在人际交往中的解释特点、主要功能，并从不同的角度提出了几种应对策略。本节旨在为口译员提供更可行的翻译策略，以促进跨文化交际。

然而，语言的模糊性是一个广泛而复杂的问题，需要研究人员付出更多的努力。由于作者的理解程度，本节存在一些局限性，例如口译材料和实例不够充分，对模糊词语的其他功能的研究不够充分，所能提出的策略有限。在进一步的研究中，笔者倾向于对自己提出一些浅显的建议：挖掘更多资料得出更深入、更可靠的研究结果。这需要对模糊用语进行更深入的理论研究。希望本节能对口译中的模糊用语应用研究有所启发。

参考文献

1. Bart，A.，Sven，S.，Arjan，B. About the distinction between working memory and short-term memory [J]. Frontiers in Psychology，2012，3：1 - 9.

2. Agnieszka，S.，Kazysztof，K. Cognitive load in intralingual and interlingual respeaking—apreliminary study [J]. Studies in Contemporary Linguistics，2016，52：209 - 233.

3. Anderson，A.，Lynch，T. Listening [M]. Oxford：Oxford University Press，1988.

4. Anne，S. Efforts and models in interpreting and translation research：A tribute to Daniel Gile [J]. Perspectives，2011，19（4）：367 - 373.

5. Rydning，A. F. TAPs（Think-aloud-protocols）-A useful method in throwing light on the translation process. www. duo. uio. no/roman/Art/RF11/Rydning. doc 该论文的口头版本于 2000 年 4 月 28 日至 30 日曼彻斯特翻译研究模式会议上首次提出。

6. Baddeley，A. D.，Hitch，G. J. Working memory [M]. New York：Academic Press，1974.

7. Baddeley，A. D. The episodic buffer：a new component of working memory？ [J] Trendsin Cognitive Science，2000，4：417 - 423.

8. Bajo，M. T.，Padilla，F. & Padilla，P. Comprehension processes in simultaneous interpreting. A. Chesterman，N. G. S. Salvador，& Y. Gambier（Eds.），Translation in context. Amsterdam：John Benjamins Publishing Company，2000：127 - 142.

9. Bajo，M. T.，Padilla，F.，& Padilla，P. Comprehension processes in simultaneous interpreting [M]. Amsterdam：John Benjamins Publishing Company，2000.

10. Balliu，C. Cognition et déverbalisation. Meta：journal des traducteurs，2007，52（1）：3 - 12.

11. Bao，S.，Zhang，L.，Chen，E.，& et al. LSM：Language sense model for information retrieval [C] // International Conference on Web-Age Information Management. Springer，Berlin，Heidelberg.

12. Barik, H. C. A description of various types of omissions, additions and errors of translation encountered in simultaneous interpretation [J] . Meta, 1971, 16 - 4: 199 - 210.

13. Barik, H. Simultaneous interpretation: Temporal and quantitative data [J] . Language and Speech, 1973, 16 (3): 230 - 270.

14. Bell, R. T. Translation and translating: Theory and practice [M] . Beijing: Foreign Language Teaching and Research Press, 2001.

15. Breitmeyer B G. Perception: Unconscious influences on perceptual interpretation[J] . Encyclopedia of Consciousness, 2009: 159 - 173.

16. Brown, G. , Yule, G. Teaching listening comprehension: Teaching the spoken language (Vol. 2) . New York: Cambridge University Press, 1983.

17. Brown, G. , Yule, G. Discourse analysis [M] . Cambridge: Cambridge University Press, 1983.

18. Brown, G. , Yule, G. Discourse analysis [M] . Beijing: Foreign Language Teaching and Research Press, 2000.

19. Bühler, H. Linguistic (semantic) and extra-linguistic (pragmatic) criteria for the evaluation of conference interpretation and interpreters [J] . Multilingua, 1986, 5 (4): 231 - 235.

20. Carmen, T. , Raymond, N. E. Identifying areas of competence needed by educational interpreters. Linguistics and Language Behavior Abstracts, 2007, 83: 179 - 190.

21. Carrell. P. L. , Eisterhold, J. C. Schema theory and ESL reading pedagogy [J] . TESOL QUARTERLY, 1983, 17 (4): 553 - 573.

22. Carroll, David W. Psychology of language [M] . Monterey Calif: Brooks/Cole Pub. Co. , 1986.

23. Channell, Joanna. Vague language [M] . Shanghai: Shanghai Foreign Language Education Press, 2000.

24. Chao, D. An empirical study of interpreting quality with interpretive theory and teaching strategies. Theory and Practice in Language Studies, 2014, 4: 2466 - 2471.

25. Chao Han, Mehdi. Investigating the effects of speech rate and accent on simultaneous interpretation: A mixed-methods approach [J] . Across Languages and Cultures, 2017, 18 (2): 237 -259.

26. Charles Goodwin. Audience diversity, participation and interpretation [M] . Cambridge: Cambridge University Press, 1986.

27. Chen, Y. , Song, Z. W. & Wu, C. Z. Syntactic linearity as a strategy in simultaneous interpreting: A case study on English-Chinese interpretation. T & I Review, 2015, (5): 29 - 69.

28. Chesterman, A. , Wagner, E. Can theory help translators? A dialogue between the ivory tower and the wordface [M] . Beijing: Foreign Language Teaching and Research Press, 2006.

29. Choi Jungwha. The interpretive theory of translation and its current applications [J] . Interpretation

studies, 2003: 1-15.

30. Christoffels, I. K., de Groot, A. M. B. & Waldorp, L. J. Basic skills in a complex task: A graphical model relating memory and lexical retrieval to simultaneous interpreting [J] . Bilingualism: Language and Cognition, 2003: 201-211.

31. Cioffi, Delia. Beyond attentional strategies: A cognitive-perceptual model of somatic interpretation [J] . Psychological Bulletin, 1991, 109 (1): 25-41.

32. Cowan, Nelson. Attention and memory. An Integrated Framework. New York/Oxford: Oxford University Press, 1995.

33. Cowan, N. The magical number 4 in short-term memory: A reconsideration of men talstorage capacity. Behavioral and Brain Sciences, 2001, (24): 87-185.

34. Dai, C., Liu L. The effectiveness of explicit instruction of certain decoding skills in improving Chinese EFL listeners' general comprehension performance [J] . Chinese Journal of Applied Linguistics, 2012, 35 (2): 243-255+257.

35. Darò, Valeria and Fabbro, Franco. Verbal memory during simultaneous interpretation: Effects of phonological interference. Applied Linguistics, 1994: 365-381.

36. Darò, V., Lambert, S. & Fabbro, F. Conscious monitoring of attention during simultaneous interpretation [J] . Interpreting, 1996: 101-124.

37. De Bot, K. Simultaneous interpreting as language production. In B. E. Dimitrova, & K. Hyltenstam (Eds.) . Language Processing and Simultaneous Interpretation. Amsterdam/Philadelphia: John Benjamins Publishing Company, 2000: 65-88.

38. De Groot, A. A Complex-skill approach to translation and interpreting. In Tirkkonen-Condit and Jaaskelainen (Eds.) . Tapping and Mapping the Processes of Translation and Interpreting: Outlooks on Empirical Research. Amsterdam/Philadelphia: John Benjamins Publishing Company, 2000: 53-70.

39. Delia Chiaro, Giuseppe Nocella. Interpreters' perception of linguistic and nonlinguistic factors affecting quality: A survey through the world wide web [J] . Meta, 2004: XLIX.

40. Dong, Y. P, Lin. J. X. Parallel processing of the target language during source language comprehension in interpreting. Bilingualism: Language and Cognition, 2013, 16 (3): 682-692.

41. Dozer, C. V. Improving ESL learners' listening skills: At the workplace and beyond [J] . Adult Education, 1997: 6.

42. Edwards, R. Listening and message interpretation [J] . International Journal of Listening, 2011, 25: 47-65.

43. Ericsson, K. Anders, Kintsch, Walter. Long-term working memory [J]. Psychological Review, 1995: 211-245.

44. Ericsson, K. Anders, Delaney, Peter F. Working memory and expert performance [M] .

Hove: Psychology Press, 1998: 93 - 114.

45. Ferdinand de Saussure. Cours de Linguistique Générale, Edited by Charles Bally and Albert Sechehaye. Paris: Payot, 1949.

46. Field, J. An Insight into listeners' problems: Too much bottom-up or too much top-down? [J] System, 2004, 32: 363 - 377.

47. Franz Pochhacker. Introducing interpreting studies [M] . Shanghai: Shanghai Foreign Language Education Press, 2009.

48. Gass S et al. Differential effects of attention [J] . Language Learning, 2003, (3): 497 - 545.

49. Gerardo L. Febres. A proposal about the meaning of scale, scope and resolution in the context of the information interpretation process. Axioms, 2018

50. Gerver D. A psychological approach to simultaneous interpreting [J] . Meta 20, 1975, (2): 119 - 128.

51. Gerver, David. Empirical studies of simultaneous interpretation: a review and a model [A] . Brislin R. Translation: Applications and Research [C] . New York: Gardner Press, 1976.

52. Gile, D. L'évaluation de la qualité de l'interprétation par les délégués: une étude de cas. The Interpreters' Newsletter, 1990, (3): 66 - 71.

53. Gile, D. Basic theoretical components in interpreter and translator training, in Dollerup, C and Loddegaard, A (eds), 1992: 185 - 194.

54. Gile Daniel. Basic concepts and models for interpreter and translator training [M] . Amsterdam/Philadelphia: John Benjamins Publishing Company, 1995.

55. Gile, D. The processing capacity issue in interpretation. Babel 37, 1995, 1: 15 - 27.

56. Gile, D. Conference interpreting as a cognitive management problem. In Danks et al. (eds.), 1997: 196 - 214.

57. Gile, D. Testing the effort models' tightrope hypothesis in simultaneous interpreting—A contribution. HERMES—Journal of Language and Communication in Business, 1999, 12 (23): 153 - 172.

58. Gile D. Consecutive vs. simultaneous: Which is more accurate? Tsuuyakukenkyuu Interpretation Studies, 2001, 1: 18 - 20.

59. Gile D. The history of research into conference interpreting [J] . Target, 2001, 12 (2): 297 - 321.

60. Gile, D. Empirical research into the role of knowledge in interpreting: Methodological aspects. Knowledge systems and translation. Berlin & New York: Mouton de Gruyter, 2005.

61. Gile, D. Conference interpreting. Encyclopedia of language and linguistics (2nd ed) . Oxford: Elsevier, 2006a.

62. Gile, D. Interpreting studies as an academic discipline: sociological and scientific aspects. West and

east: Developments in translation studies. Tianjin: Baihua Literature and Art Publishing House, 2006b.

63. Gile, D. Basic concepts and models for interpreter and translator training [M]. Shanghai: Shanghai Foreign Language Education Press, 2011.

64. Goh, C. C. M. A Cognitive perspective on language learners' listening comprehension problems [J]. System, 2000, 28: 55 – 75.

65. Guadalupe, V., Claudis, A. Interpreters, interpreting, and the study of bilingualism [J]. Annual Review of Applied Linguistics, 2003, 23: 58 – 78.

66. Guangjun Wu, Kefei Wang. Consecutive interpretation: A discourse approach. Towards a revision of Gile's effort model [J]. Translators' Journal, 2009.

67. Habibollah, M., Moslem, F. & Maryam, P. Self-efficacy and prediction of note-taking inclination among undergraduate translation students [J]. Theory and Practice in Language Studies, 2015, 5: 2366 – 2372.

68. Hansen, G. The speck in your brother's eye—the beam in your own: Quality management in translation and revision. In Hansen, G., Chesterman, A., & Gerzymisch-Arbogast, H. (Ed.), Efforts and Models in Interpreting and Translation Research. Amsterdam/Philadelphia: John Benjamins Publishing Company, 2008: 255 – 280.

69. Herbert, J. 高级口译手册 [M]. 北京: 北京出版社, 1984.

70. Hess, M. W. Language and sense perception [J]. Thomist A Speculative Quarterly Review, 1947: 10.

71. Hess, Polt, Holmqvist et al., HESS, Eckhard H. & James M. Polt. Pupil size in relation to mental activity in simple problem solving [J]. Science, 1964, (143): 1190 – 1192.

72. Higgs T V. Principles and practice in second language acquisition by Stephen D. Krashen [M] // Principles and practice in second language acquisition.

73. Hildegund Bühler. Language and translation: Translation and interpreting as profession, Software available at https: //www. cambridge. org/core.

74. Hiroko Yamada. Interpreting process analyzed based on the multidirectional reformulation activities of new learners. Theory and Practice in Language Studies, 2018, 8: 267 – 277.

75. Hiroko Yamada. Validity of note-taking for new consecutive interpreting learners: An empirical study of university interpretation courses [J]. Theory and Practice in Language Studies, 2018, 8: 1387 – 1396.

76. Holmqvist, Kenneth; Marcus Nystrom; Richard Andersson; Richard Dewhurst; Halszka Jarodzka & Joost van de Weijer. Eye tracking: A comprehensive guide to methods and measures [M]. New York: Oxford University Press, 2011.

77. Ingrid K. Christoffels, Annette M. B. de Groot, Judith F. Kroll. Memory and language skills

in simultaneous interpreters：The role of expertise and language proficiency［J］. Journal of Memory and Language，2006：324 - 345.

78. James W. The principles of psychology［M］. Charleston：Bibliolife，2000.

79. Jeff Hawkins. On Intelligence［M］. New York：Times Books，2004.

80. Johnson，M. K. ，Hashtroudi，S. & Lindsay，D. S. Source monitoring. Psychological Bulletin，1993，114：3 - 28.

81. Johnson，M. K. Identifying the origin of mental experience. In M. S. Myslobodsky（Ed. ），The mythomanias：The nature of deception and self-deception. Mahwah，NJ：Erlbaum，1997：133 - 180.

82. Jones R. Conference interpreting explained［M］. Shanghai：Shanghai Foreign Language Education Press，2008.

83. Jungwha，Choi. The interpretive theory of translation and its current applications［J］. Interpretation Studies，2003，3：1 - 15.

84. Kahnamen D. Attention and effort［M］. Englewood Cliffs，NJ：Prentice-Hall，1973.

85. Kang Qiang. Application of the interpretive theory of translation in interpreting practice. Canadian social science，2013：236 - 241.

86. Kant，I. Critique of pure reason［M］（N. K. Smith，Trans. ）. London：MacMillan Publishing Co. ，1781.

87. Kashani，A. S. ，Sajjadi，S. ，Sohrabi，M. R. & Younespour，S. Optimizing visually-assisted listening comprehension. Language Learning Journal，2011，39（1）：75 - 84.

88. Kelley P J. Objective interpretation and objective meaning in Holmes and Dickerson：Interpretive practice and interpretive theory［J］. Nev，2001.

89. Köpke，Barbara and Nespoulous，Jean-Luc. Working memory performance in expert and novice interpreters. Interpreting，2006：1 - 23.

90. Korpal，P. Omission in simultaneous interpreting as a deliberate act. In Pym，A. & Orrego-Carmona，D. （Ed. ），Translation Research Projects，2012，4：103 - 111. Tarragona：Intercultural Studies Group.

91. Lakeoff，G. Hedges：A study in meaning criteria and the logic of fuzzy concepts. Netherlands：Springer，1975.

92. Lambert S. Information processing among conference interpreters：A test of the depth-of-the-hypothesis［J］. Meta，1988，33（3）：377 - 387.

93. Lederer，M. The interpretive theory of translation：a brief survey. Publicos de la Ciudad de Buenos Aires，1988.

94. Lederer，M. La traduction aujourd'hui：le modèle interprétatif. Paris：Hachette，1994.（中译本：刘和平译. 释意学派口笔译理论. 北京：中国对外翻译出版公司，2011.）

95. Lederer，Marianne. Translation：The interpretive model. Trans. Ninon Larche. Manchester：St. Jerome Publishing，2003.

96. Leech R，Aydelott J，Symons G，et al. The development of sentence interpretation：Effects of perceptual，attentional and semantic interference ［J］. Developmental Science，2007，10 (6)：794 – 813.

97. Lesch，H. M. Plain Language for interpreting in consulting rooms ［J］. Curationis，2007，30 (4)：73 – 78. https：//doi. org/10. 4102/curationis. v30i4. 1119

98. Liu，M. Expertise in simultaneous interpreting：A working memory analysis. Unpublished doctoral dissertation. The University of Texas at Austin，2001.

99. Macizo，P.，Bajo，M. T. Reading for repetition and reading for translation：Do they involve the same processes? ［J］ Cognition，2006，(99)：1 – 34.

100. Madani，B. S.，Kheirzadeh S. The impact of pre-listening activities on EFL learners' listening comprehension ［J］. International Journal of Listening，2018，00：1 – 15.

101. Mahmoodzadeh，K. Consecutive interpreting：Its principles and techniques. In Dollerup，C and Loddegard，A (eds)，1992：231 – 236.

102. Maria Teresa Bajo. Articulatory suppression in language interpretation：Working memory capacity，dual tasking and word knowledge ［J］. Bilingualism：Language and Cognition，2005：207 – 219.

103. Marianne Lederer. 释意学派口笔译理论 ［M］. 北京：中国对外翻译出版公司，2001.

104. Marianne Lederer. How the explicit/implicit bifurcation of meaning impacts on translation ［J］. Chinese Translators Journal，2005，3：33 – 36.

105. Massaro，D. W. Experimental psychology and information processing ［M］. Chicago：Rand McNally，1975.

106. Masson M E J，Macleod C M. Reenacting the route to interpretation：Enhanced perceptual identification without prior perception. ［J］. Journal of Experimental Psychology：General，1992，121 (2)：145 – 176.

107. Miller. G. A. The magic number seven plus or minus two：Some limits on our capacity for processing information ［J］. The Psychological Review，1956，63 (2)：343 – 352.

108. Mizuno，A. Simultaneous interpreting and cognitive constraints. 青山学院大学文学部『纪要』2017，(58)：1 – 28.

109. Moser，B. Simultaneous interpretation：A hypothetical model and its practical application ［A］. D. Gerver& H. W. Sinaido. Language Interpretation and Communication ［C］. New York：Plenum，1978.

110. Moser-Mercer，B. Beyond curiosity：Can interpreting research meet the challenge? ［A］. Danks，et al. Cognitive Processes in Translation and Interpreting ［C］. Sage Publications，1997.

111. O'BRIEN，Sharon. Eye tracking in translation-process research：Methodological challenges and solutions. In Mees，Inger M.；Fábio Alves & Susanne Göpferich（Eds.），Methodology，Technology and Innovation in Translation Process Research. Copenhagen：Samfunds litteratur，2009：251－266.

112. Oberauer，Klaus. Access to information in working memory：Exploring the focus of attention［J］. Journal of Experimental Psychology：Learning，Memory，and Cognition，2002：411－421.

113. O'Reilly M P. Hermeneutics：An introduction to interpretive theory-by stanley E. Porter and Jason C. Robinson［J］. Reviews in Religion & Theology，2012，19（4）：509－511.

114. Padilla，F.，Bajo，M. T. & Macizo，P. Articulatory suppression in language interpretation：Working memory capacity，dual tasking and word knowledge［J］. Bilingualism：Language and Cognition，2005：207－219.

115. Paradis，M. Toward a neurolinguistic theory of simultaneous translation：the framework［J］. International Journal of Psycholinguistics，1994，10（3）：319－335.

116. Paul Ricoeur. Interpretation theory：Discourse and the surplus of meaning. TCU Press，1976. 1：107.

117. Ping，L. A learning-centered course design of interpreting for non-English majors—An empirical study［J］. Theory and Practice in Language Studies，2015，5：2469－2479.

118. Pinkham，Joan. The guide to Chinglish［M］. Beijing：Foreign Language Teaching and Research Press，2004.

119. Pöchhacker，F. "Those who do…"：A profile of research（ers）in interpreting［J］. Target，1995，7（1）：47－64

120. Pochhacker，F. Introducing interpreting studies［M］. London：Routledge Taylor & Francis Group，2004.

121. Pym，A. On Omission in simultaneous interpreting：Risk analysis of a hidden effort. In Hansen，G.，Chesterman，A. & Gerzymisch-Arbogast，H.（Ed.），Efforts and Models in Interpreting and Translation Research. Amsterdam/Philadelphia：John Benjamins Publishing Company，2008：83－105.

122. Rao Yajun. On the note-taking in consecutive interpretation［D］. CNKI：2007.

123. Ribas，M. A. Problems and strategies in consecutive interpreting：A pilot study at two different stages of interpreter training. Meta 57，2012，3：812－835.

124. Robison P. Attention，memory and the "noticing" hypothesis［J］. Language Learning，1995（22）：83－331.

125. Rost，M. Teaching and researching listening［M］. Pearson Education，2002.

126. Šárka TIMAROVÁ. Working memory and simultaneous interpreting. KuLeuven，2008：1－28.

127. Sawyer, D. B. Monitoring process in conference interpreting: towards a model for interpreter-trainees. Meta 39, 1974, 3: 433 – 438.

128. Seeber, K. G. , Kerzel, D. Cognitive load in simultaneous interpreting: Model meets data ［J］. International Journal of Bilingualism, 2012, 16（2）: 228 – 242. https: //doi. org/ 10. 1177/1367006911402982.

129. Seleskovitch, D. Langage, langues et mémoire, étude de la prise de notes en interprétation consécutive ［M］. Paris: Lettres Modernes Minard, 1975.

130. Seleskovitch, D. Interpreting for international conferences ［M］. Washington: Pen & Booth, 1978a.

131. Seleskovitch, D. Language and cognition ［A］. Paris: Lettres Modernes Minard, 1978.

132. Seleskovitch, D. L'interprète dans les conférences internationales, problèmes de langue et de communication. （中译本: 孙慧双译. 口译技巧. 北京: 北京出版社, 1979）.

133. Seleskovitch, D, Lederer, M. A systematic approach to teaching interpretation. Silver Spring, MD: The registry of interpreters for the deaf.

134. Seleskovitch. D. Fundamentals of the interpretive theory of translation. Expanding horizons. Silver Spring, 1992.

135. Seleskovithch, D, Marianne Lederer. A systematic approach to teaching interpreting ［M］. Pairs: Didier Erudition, 1995.

136. Setton, R. Simultaneous interpretation: A cognitive-pragmatic analysis. Amsterdam/ Philadelphia: John Benjamins Publishing Company, 1999.

137. Shang, H. F. An investigation of cognitive operations on L2 listening comprehension performance: An exploratory study ［J］. International Journal of Listening, 2005, 19（1）: 51 –62.

138. Shang, H. F. Listening strategy use and linguistic patterns in listening comprehension by EFL learners ［J］. International Journal of Listening, 2008, 22（1）: 29 – 45.

139. Shuttleworth, M. , M. Cowie. Dictionary of translation studies ［M］. Manchester: St. Jerome Publishing, 1997.

140. Sinikka, H. , Rauni, P. , Gun-Viol, V. & Christina, M. K. On interpreters' working memory and executive control ［J］. International Journal of Bilingualism, 2016, 20: 297 – 314.

141. Sohee Jungwha Choi. The interpretive theory of translation and its current applications. Interpretation Studies（JAIS）, 2003.

142. Spolsky E. Summoning: Ideas of the covenant and interpretive theory ［J］. Summoning, 1993, 18（1）: 139.

143. Stavroula Stavrakaki, Kalliopi Megari, Mary H. Kosmidis, Maria Apostolidou & Eleni Takou. Working memory and verbal fluency in simultaneous interpreters ［J］. Journal of

Clinical and Experimental Neuropsychology，2012：624－633.

144. Takeda，K. What interpreting teachers can learn from students：A case study［J］．Translation & Interpreting，2010，2（1）：38－47.

145. Teresa M. Signorelli. Woking memory in simultaneous interpreters. Dissertation：The City University of New York，2008.

146. Tymczyn'ska，M. Trilingual lexical processing in online translation recognition. The Influence of Conference Interpreting Experience. In Gabrys'-Barker，D.（Ed.），Cross-linguistic Influences in Multilingual Language Acquisition. Berlin：Springer-Verlag Berlin Heidelberg，2012：151－167.

147. Wu G. J.，WANG K. F. Consecutive interpretation：a discourse approach towards a revision of Gile's effort model［J］．Meta，2009，（3）：401－416.

148. Yanping Dong，Jiexuan Lin. Parallel processing of the target language during source language comprehension in interpreting［J］．Bilingualism：Language and Cognition，2013，16（3）：682－692. Cambridge University Press.

149. Yeh-Zu Tzou，Zohreh R. Eslami，Hsin-Chin Chen，Jyotsna Vaid. Effect of language proficiency and degree of formal training in simultaneous interpreting on working memory and interpreting performance：Evidence from Mandarin-English speakers［J］．International Journal of Bilingualism，2011：213－227.

150. Zadeh，L. A. Quantitative fuzzy semantics. Information Secience，1971.

151. Zhong，W. H. Memory training in interpreting［J］．Translation Journal，2003，（3）．

152. Zhou，Y. Causal factors and coping strategies of the interpreter's effort imbanlance in light of Gile's effort model——A report on business interpreting at ERGO's Jinan representative office. Thesis for Master Degree. Shandong University，2017.

153. 安新奎. 口译的预测机制管窥［J］．中国科技翻译，2001，14（3）：27－29.

154. 白雅丽. 释意理论视角下的新能源讲座口译实践报告.（Doctoral dissertation，湖南大学，2018）.

155. 鲍刚. 口译理论概述［M］．北京：旅游教育出版社，1998.

156. 鲍刚. 口译理论概述［M］．北京：中国对外翻译出版公司，2005.

157. 鲍刚. 口译理论概述［M］．北京：中国对外翻译出版公司，2011.

158. 鲍晓英. 口译标准"信"的实现［A］．口译的专业化道路：国际经验和中国实践［C］．上海：上海外语教育出版社，2006.

159. 蔡小红. 以跨学科的视野拓展口译研究［J］．中国翻译，2001，（22）：26－29.

160. 蔡小红. 口译研究新探［M］．香港：开益出版社，2002.

161. 陈雪梅. 双语记忆表征视域下的"脱离原语语言外壳"［J］．上海大学学报（社会科学版），2013（3）：129－140.

162. 程跃珍. 从吉尔的口译模式看商务英语口译能力要素的构成［J］. 华北电力大学学报（社会科学版），2010：110－114.

163. 丹妮卡·塞莱斯科维奇. 口译技巧［M］. 北京：北京出版社，1979.

164. 丹妮卡·塞莱斯科维奇. 口译技艺［M］. 上海：上海翻译出版公司，1992.

165. 戴炜栋，徐海铭. 汉英交替传译过程中译员笔记特征实证研究［J］. 外语教学与研究，2007（2）：136－144.

166. 董燕萍. 交替传译中的语言转换心理机制：非对称有限并行加工模型［J］. 中国英语教育，2010，（4）：1－11.

167. 董燕萍，蔡任栋，赵南，林洁绚. 学生译员口译能力结构的测试与分析［J］. 外国语，2013：75－85.

168. 董智颖. 口译中的注意力分配与协调［J］. 青年文学家，2013，（30）：108.

169. 范丽娟. 法国释意理论的国内外研究现状［J］. 文学界（理论版），2011，（09）：70－71.

170. 冯汝源. 吉尔口译理解公式对提升口译员能力的启示——2013 年 IBM CSC 银川项目口译实践报告［D］. 宁夏大学，2014.

171. 冯卓. 浅谈认知负荷模式中"听"与"记"的平衡［J］. 才智，2013，（27）：311.

172. 高彬，柴明颎. 释意理论的历史性解读［J］. 解放军外国语学院学报，2009，32（03）：71－76.

173. 高彬，柴明颎. 西方同声传译研究的新发展——一项文献计量研究［J］. 中国翻译，2009，（2）：17－21.

174. 高彬，柴明颎. 同声传译模型教学研究［J］. 外语电化教学，2016，（167）：62－66.

175. 高纯娟. 从 Daneil Gile 的认知负荷模型探讨口译译前准备［J］. 临沂大学学报，2012，（6）：101－104.

176. 高璐璐，朱云翠. 从释意理论看交替传译中"意义脱离语言外壳"现象［J］. 东北师范大学学报（哲学社会科学版），2013（6）：177－180.

177. 高奇. 会议同传中省略策略浅析［J］. 神州，2013，（30）：153.

178. 高永欣. Cognitive investigation on interpreting theories and cognitive approach to interpreting［D］. 厦门大学，2007.

179. 龚龙生. 心理压力对口译解码过程的影响［J］. 外语电化教学，2006，（108）：40－43.

180. 龚龙生. 从释意理论看口译研究［J］. 中国外语，2008，（02）：80＋84＋90.

181. 龚龙生. 从释意理论看口译研究［J］. 纵横论译，2012.

182. 管荣. "顺句驱动"原则在英汉同声传译中的运用［J］. 长江丛刊，2018，（8）：88.

183. 桂诗春. 新编心理语言学［M］. 上海：上海外语教育出版社，2000.

184. 桂诗春. 心理语言学［M］. 上海：上海外语教育出版社，2004：86－90.

185. 郭兰英. 口译与口译人才培养研究［M］. 北京：科学出版社，2007.

186. 郝苗. 目的论指导下外交口译中模糊语的翻译策略——以政府记者招待会口译为例［J］.

海外英语，2016，(14)：88－90.

187. 何其莘. 基础口译 [M]. 北京：外语教学与研究出版社，2009.

188. 胡庚申，盛茜. 中国口译研究又十年 [J]. 中国科技翻译，2000.

189. 胡学云. 语感的概念和语感形成的规律 [J]. 外语教学，1992 (2)：9－16.

190. 华静. 释意理论对会议诗词口译的指导意义——温家宝总理记者招待会中文言古诗词口译评析 [J]. 华东理工大学学报，27 (06)：107－113.

191. 黄友义. 坚持"外宣三贴近"原则，处理好外宣翻译中的难点问题 [J]. 中国翻译，2004 (06)：29－30.

192. 贾玉凤，刘懋琼. 认知语境视角下的英语听力解码研究 [J]. 教学探究，2016，(1)：87－90，101.

193. 蒋凤霞，吴湛. 口译的跨学科理论概述 [J]. 外国语文，2011，27 (2)：79－84.

194. 金奕彤. Deverbalization 对解除口译中语言转换障碍的作用——以 2012 年总记者会口译为例 [J]. 浙江理工大学学报，2013，30 (06)：912－918.

195. 莱德雷尔. 释意学派口笔译理论 [M]. 北京：中国对外翻译出版公司，2003.

196. 莱德雷尔. 刘和平译. 释意学派口笔译理论 [M]. 北京：中国对外翻译出版公司，2001.

197. 冷建明. 口译中的语感机制 [J]. 外语教育，2007 (00)：203－209.

198. 黎昌抱，周崇明. 语感培养与听力理解 [J]. 台州学院学报，1996 (4)：40－44.

199. 黎难秋. 中国口译史 [M]. 青岛：青岛出版社，2002.

200. 李春怡. 同声传译的顺句驱动和非顺句驱动策略 [J]. 中国翻译，2009，30 (3)：69－73.

201. 李逵六. 口译——理论与实践，语言与交际 [M]. 北京：外语教学与研究出版社，1994.

202. 李美. 关联理论视角下汉语隐喻认知及口译策略研究——以总理记者招待会为例 [J]. 科学导刊，2017.

203. 栗蔷薇，赵保成. On teaching of interpreting from interpretive theory [J]. 海外英语，2013 (11x)：148－149.

204. 李泉. 论语感的性质、特征及类型 [J]. 中国人民大学学报，1995，9 (4)：99－102.

205. 李珊林. 语感训练的思考和做法 [J]. 语文学习，1990 (9).

206. 李姝. 同声传译中顺句驱动的必要性探究 [J]. 青年作家，2014 (18)：166.

207. 李文革. 西方翻译理论流派研究 [M]. 北京：中国社会科学出版社，2004.

208. 李小红. 从吉尔的认知负荷模型与理解等式看交替传译中的理解障碍 [D]. 福建师范大学，2015.

209. 李雄伟. 英语专业学生口译能力问题与对策研究 [J]. 吉首大学学报，2014：176－179.

210. 李学兵. 口译过程中影响理解的因素及理解能力的培训策略 [J]. 外语教学，2005，(3)：85－89.

211. 李雪. 吉尔口译理解公式视角下中非交往项目口译实践报告 [D]. 外交学院，2017.

212. 连淑能．英汉对比研究［M］．北京：高等教育出版社，2010.

213. 林洁绚，董燕萍．汉英口译中语言转换的时间起点——串行加工观和并行加工观［J］．外国语，2011，（4）：56－63.

214. 林洁绚，董燕萍，蔡任栋．口译中源语理解和语码重构在资源分配上的层级关系［J］．外语教学与研究，2015（3）：447－457.

215. 林郁如，雷天放等．中英英语合作项目小组．新编英语口译教程学生用书［M］．上海：上海外语教育出版社，1999.

216. 刘和平．口译技巧——思维科学与口译推理教学法［M］．北京：中国对外翻译出版公司，2001.

217. 刘和平．口译理论与教学研究现状及展望［J］．中国翻译，2001（2）：17－18.

218. 刘和平．释意学派理论对翻译学的主要贡献——献给丹妮卡·塞莱斯科维奇教授［J］．中国翻译，2001（04）：62－65.

219. 刘和平．口译理论研究成果与趋势浅析［J］．中国翻译，2005（4），71－74.

220. 刘和平．口译理论与教学［M］．北京：中国对外翻译出版公司，2005.

221. 刘和平．法国释意理论：质疑与探讨［J］．中国翻译，2006，27（04）：20－16.

222. 刘佳．语境层次理论对吉尔口译理解公式的解释及应用［D］．中国地质大学，2007.

223. 刘宓庆．当代翻译理论［M］．北京：中国对外翻译出版公司，1999.

224. 刘宓庆．当代翻译理论［M］．北京：中国对外翻译出版公司，2003.

225. 刘宓庆．口笔译理论研究［M］．北京：中国对外翻译出版公司，2004.

226. 刘宓庆．翻译与语言哲学（修订版）［M］．北京：中国对外翻译出版公司，2007.

227. 刘文红．论英语口译中的听觉解码［J］．湘潭师范学院学报（社会科学版），2005，27（1）：111－112.

228. 路云芳．A study of note taking in consecutive interpretation［D］．河北大学，2010.

229. 伦芳，李德萍．吉尔口译教学模式在外贸英语口译与听力课程中的运用［J］．广西职业技术学院学报，2012（1）：43－46.

230. 吕颖．从吉尔口译理解模式看本科口译教材的选编［J］．长沙铁道学院报（社会科学版），2010（2）：127－129.

231. 玛丽安·莱德雷尔．释意学派口笔译理论［M］．北京：中国对外翻译出版公司，2001.

232. 马馨琼．认知负荷模型对交替传译的指导［D］．兰州大学，2015.

233. 毛伟宾，杨治良．工作记忆容量研究新进展［J］．心理科学，2008（3）：741－743.

234. 梅德明．高级口译教程［M］．上海：上海外语教育出版社，2000.

235. 梅德明．高级口译教程［M］．上海：上海外语教育出版社，2006.

236. 蒲艳春．从释意理论的发展看我国的口译研究［J］．莱阳农学院学报（社会科学版），2004，16，（10）．

237. 让·艾赫贝尔．口译须知［M］．北京：外语教学与研究出版社，1982.

238. 塞莱斯科维奇.D，莱德雷尔.L. 口译理论实践与教学［M］. 汪家荣等译. 北京：旅游教育出版社，1990.

239. 塞莱斯科维奇等. 孙慧双译，口笔译概论［M］. 北京：北京语言学院出版社，1992.

240. 尚张立. 认知负荷模型解析同声传译. 2015（9）：289.

241. 石安石. 模糊语义及其模糊度［J］. 中国语文，1988.

242. 司继涛. 语际转换中的语感机制［J］. 上海翻译，2008（1）：17-20.

243. 孙黎，王武娟. 谈语感机制对译文的优化作用［J］. 西安工程大学学报，2007，21（4）：565-568.

244. 谭载喜. 奈达论翻译［M］. 北京：中国对外翻译出版公司，1984.

245. 万宏瑜，杨承淑. 同声传译中顺译的类型与规律［J］. 中国翻译，2005，26（3）：73-77.

246. 王斌华. "口译能力"评估和"译员能力"评估——口译的客观评估模式初探［J］. 外语界，2007：44-50.

247. 王斌华. 口译即释意？——关于释意理论及有关争议的反思［J］. 外语研究，2008（05）：72-76.

248. 王东风. "谈《当代翻译理论》"［J］. 中国翻译，1999.

249. 王非. 口译过程研究：记忆机制与信息加工模型［M］. 北京：科学出版社，2017.

250. 王厚平，郑雨轩，徐海铭. 工作记忆应用于口译研究综述. 外语研究，2017（5）：70-74.

251. 王建华. 英汉口译记忆的认知心理学研究［M］. 北京：外文出版社，2009：61-116.

252. 王建华. 口译心理学［M］. 北京：外文出版社，2013.

253. 王建华. 口译认知研究［M］. 北京：外文出版社，2015.

254. 王柳. 吉尔的同声传译精力分配模型［J］. 佳木斯职业学院学报，2018（8）：444.

255. 王茜. The role of background knowledge in simultaneous interpretation—A schematic view［D］. 上海外国语大学，2006.

256. 王甦，汪安圣. 认知心理学［M］. 北京：北京大学出版社，1992.

257. 王湘玲. 口译认知过程中信息处理模型的图式诠释［J］. 湖南大学学报（社会科学版），2011，25（5）：107-110.

258. 王雪梅. 英语语感的认知阐释——内涵、心理机制及应用［J］. 外语教学，2006，27（1）：6-13.

259. 王颖. 论输出对外语语感培养的作用［J］. 山东大学学报（哲学社会科学版），2003（6）：81-84.

260. 韦志成. 语文教学情境论［M］. 南宁：广西教育出版社，1996.

261. 吴琼. 口译中的精力分配［J］. 集美大学学报（哲学社会科学报），2002，5（4）：81-86.

262. 伍铁平. 模糊语言学［M］. 上海：上海外语教育出版社，1999.

263. 吴振国. 汉语模糊语义研究［M］. 武汉：华中师范大学出版社，2003.

264. 吴志平. 浅谈口译的解码功能与听力教学［J］. 海外英语，2015（4）：55-56.

265. 夏宁满．多媒体信息输入、认知负荷与英语听力解码［J］．外语电化教学，2014（155）：33－38.

266. 肖晓燕．同声传译的多任务处理模式［J］．中国翻译，2001（2）．

267. 肖晓燕．西方口译研究：历史与现状的批判性分析［J］．外语学报，2002（4）：71－76.

268. 邢家伟．认知能力与口译能力关系探究［J］．沈阳师范大学学报，2010：86－88.

269. 徐翰．口译信息解码与动态语境的关联性研究．江西师范大学学报（哲学社会科学版），2008，41（4）：145－148.

270. 徐翰．交替传译中精力分配失衡现象的实证研究——以非职业口译培训学员为例［J］．南昌航空大学学报社会科学报，2014，16（4）：71－77.

271. 许均．翻译释意理论辨——与塞莱斯科维奇教授谈翻译［J］．中国翻译，1998.

272. 许钧．文学翻译的理论与实践［M］．南京：译林出版社，2001.

273. 许均，袁筱一．当代法国翻译理论［M］．北京：北京大学出版社，2001.

274. 许钧．释意理论辨［J］．中国翻译，2009：9－13.

275. 徐立群．美国黑人英语对口译听觉解码的影响［C］．世界翻译大会．第18届世界翻译大会论文集，2008.

276. 许明．口译认知过程中"deverbalization"的认知诠释［J］．中国翻译，2010（3）：5－11.

277. 许明．论同声传译研究方法［J］．中国翻译，2013（1）．

278. 徐添兴，陈孚．语块对同声传译认知负荷的缓解作用——基于认知负荷模型的认知心理分析［J］．电视指南，2017（11）：201－202.

279. 杨眉．论认知负荷理论在交替传译中的应用及其对口译教学的启示［D］．上海外国语大学，2007.

280. 杨小虎．工作记忆与同声传译实验研究综述［J］．外语教学理论与实践，2009：77－83.

281. 杨晓华．即席口译的理解过程［J］．西安外国语学院学报，2003（1）：82－84.

282. 杨晓荣．汉译英能力解析［J］．中国翻译，2002（6）：16－19.

283. 叶圣陶．叶圣陶论创作［M］．上海：上海文艺出版社，1982.

284. 于善志．语境、图式与第二语言听力解码［J］．河南大学学报（社会科学版），2003，43（3）：132－134.

285. 俞敏洪，包凡一．英语现代文背诵篇章［M］．北京：世界图书出版公司，2006.

286. 曾天娇．Cultivation of English language sense：A study from the perspective of implicit learning in SLA［J］．海外英语，2014（13）：109－110.

287. 张发勇．从认知心理学看长时记忆和工作记忆在口译理解中的作用［J］．外语电化教学，2010（5）：74－79.

288. 张吉良．交替传译与同声传译辨［J］．上海科技翻译，2003.

289. 张吉良．巴黎释意学派口译过程三角模型研究［J］．外语教学理论与实践，2011（2）：74－80.

290. 张景祥. 英语语感漫谈 [J]. 外语教学，2000（1）：88 - 92.

291. 张凌. 图式理论在翻译过程中的实现 [D]. 重庆外国语大学，2007.

292. 张明，沈毅. 工作记忆与理解关系的研究与展望 [J]. 东北师范大学学报（哲学社会科学版），2002（2）：121 - 127.

293. 张乔. 模糊语义学 [M]. 北京：中国社会科学出版社，1988.

294. 张威. 工作记忆在不同方向同传中的作用 [J]. 外语教学与研究，2009（5）：371 - 378.

295. 张威. 同声传译认知加工分析工作记忆能力与同声传译效果的关系——一项基于中国英语口译人员的实证研究报告 [J]. 外国语文，2009：128 - 134.

296. 张威. 口译认知研究：同声传译与工作记忆的关系 [M]. 北京：外语教学与研究出版社，2011.

297. 张威. 工作记忆与口译技能在同声传译中的作用与影响 [J]. 外语教学与研究，2012a，44（5）：751 - 764.

298. 张威. 同声传译工作记忆模型研究 [J]. 解放军外国语学院学报，2012b，35（3）：67 - 72.

299. 张玉翠. 英汉口译信息解码中的语义噪音干扰及排除 [J]. 盐城工学院学报（社会科学版），2012，25（3）：77 - 80.

300. 张竹君. 吉尔模式下对口译理解的研究.（Doctoral dissertation，上海外国语大学）. 招待会为例. 科教导刊，2017（08）：45 - 47。

301. 赵红. 问卷：一种数据收集方法 [J]. 继续医学教育，2009，20（29）.

302. 赵艳芳. 认知语言学概论 [M]. 上海：上海外语教育出版社，2001.

303. 仲伟合. 口译训练：模式、内容、方法 [J]. 中国翻译，2001，（2）.

304. 仲伟合. 口译研究方法论 [M]. 北京：外语教学与研究出版社，2012.

305. 仲伟合，贾兰兰. 中国口译研究的发展和研究走向浅析——一项基于国内口译研究博士论文的分析 [J]. 中国翻译，2015，36（02）：19 - 25，128.

306. 朱青. 理解汉语交际中的语用模糊 [M]. 上海：同济大学出版社，2010.

307. 祝怡. 释意理论下政府记者招待会口译策略研究 [D]. 北京外国语大学，2018.

308. 朱义华，包通法. 解读同传的服务属性——从 Daniel Gile 的认知负荷模型谈起 [J]. 外国语，2011.

309. 庄志勤，王建忠. 翻译中的思维调节和语感机制 [J]. 科技创新导报，2007，（28）：118 - 119.

310. 邹姗姗. 吉尔的口译理解公式对译员的启示 [J]. 郑州航空工业管理学院学报，2005：82 - 84.

中国人民大学出版社外语出版分社读者信息反馈表

尊敬的读者：

感谢您购买和使用中国人民大学出版社外语出版分社的 ＿＿＿＿＿＿＿＿＿ 一书，我们希望通过这张小小的反馈卡来获得您更多的建议和意见，以改进我们的工作，加强我们双方的沟通和联系。我们期待着能为更多的读者提供更多的好书。

请您填妥下表后，寄回或传真回复我们，对您的支持我们不胜感激！

1. 您是从何种途径得知本书的：

☐书店　　　　☐网上　　　　☐报纸杂志　　　　　☐朋友推荐

2. 您为什么决定购买本书：

☐工作需要　　☐学习参考　　☐对本书主题感兴趣　　☐随便翻翻

3. 您对本书内容的评价是：

☐很好　　　　☐好　　　　☐一般　　　　☐差　　　　☐很差

4. 您在阅读本书的过程中有没有发现明显的专业及编校错误，如果有，它们是：

＿＿＿＿＿＿＿＿＿＿＿＿＿＿＿＿＿＿＿＿＿＿＿＿＿＿＿＿＿＿＿＿＿＿＿＿

＿＿＿＿＿＿＿＿＿＿＿＿＿＿＿＿＿＿＿＿＿＿＿＿＿＿＿＿＿＿＿＿＿＿＿＿

＿＿＿＿＿＿＿＿＿＿＿＿＿＿＿＿＿＿＿＿＿＿＿＿＿＿＿＿＿＿＿＿＿＿＿＿

5. 您对哪些专业的图书信息比较感兴趣：

＿＿＿＿＿＿＿＿＿＿＿＿＿＿＿＿＿＿＿＿＿＿＿＿＿＿＿＿＿＿＿＿＿＿＿＿

＿＿＿＿＿＿＿＿＿＿＿＿＿＿＿＿＿＿＿＿＿＿＿＿＿＿＿＿＿＿＿＿＿＿＿＿

6. 如果方便，请提供您的个人信息，以便于我们和您联系（您的个人资料我们将严格保密）：

您供职的单位：＿＿＿＿＿＿＿＿＿＿＿＿＿＿＿＿＿＿＿＿＿＿＿＿＿＿＿＿

您教授的课程（教师填写）：＿＿＿＿＿＿＿＿＿＿＿＿＿＿＿＿＿＿＿＿＿＿

您的通信地址：＿＿＿＿＿＿＿＿＿＿＿＿＿＿＿＿＿＿＿＿＿＿＿＿＿＿＿＿

您的电子邮箱：＿＿＿＿＿＿＿＿＿＿＿＿＿＿＿＿＿＿＿＿＿＿＿＿＿＿＿＿

请联系我们：贾乐凯　吴振良　黄婷　程子殊　王琼　鞠方安

电话：010-62515580，62515538，62512737，62513265，62515573，62515576

传真：010-62514961

E-mail：jialk@crup.com.cn　　wuzl@crup.com.cn　　huangt@crup.com.cn
　　　　chengzsh@crup.com.cn　　crup_wy@163.com　　jufa@crup.com.cn

通信地址：北京市海淀区中关村大街甲 59 号文化大厦 15 层　　邮编：100872

中国人民大学出版社外语出版分社